Film und Fernsehen

Vortragsfilme

Malesch – Abenteuer im Roten Meer
Allein über den Atlantik
Im Meer der Kariben
Ich segelte allein um die Welt
Ein Mann und sein Boot
Leinen los! Wir segeln um die Welt
Abenteuer Pazifik

Fernsehsendungen

Ich segelte allein um die Welt *(zweiteilige Serie) ZDF, ORF, SRG, Schweden, Italien*
Tom Neale – Robinson unserer Zeit *ZDF, ORF*
Im Inselreich des Pazifik *ZDF*
Unter Segeln um die Welt *ZDF, ORF*
Zur Insel der Meuterer *ZDF*

DELIUS KLASING

Rollo Gebhard

Logbuch eines Lebens

Delius Klasing Verlag

Von Rollo und Angelika Gebhard sind darüber hinaus
folgende Titel im Delius Klasing Verlag erschienen:
Blaue Donau – Schwarzes Meer
Ein Mann und sein Boot – Vier Jahre allein um die Welt
Freiheit auf dem Wasser – Über Flüsse und Meere von Paris nach St. Petersburg
Gewässer ohne Grenzen – Unterwegs zwischen Elbe und Oder
Leinen los – Wir segeln um die Welt
Mit Rollo auf Abenteuerkurs
Mit Rollo um die Welt
Seefieber – Allein über die Ozeane
Unter falscher Flagge – Über russische Ströme von St. Petersburg nach Moskau und Astrachan
Wellen, Wind und Abenteuer – Angelikas Tagebuch einer Weltumseglung
Zauber der Wolga

Bibliografische Information Der Deutschen Bibliothek
Die Deutsche Bibliothek verzeichnet diese Publikation in der
Deutschen Nationalbibliografie; detaillierte bibliografische
Daten sind im Internet über »http://dnb.ddb.de« abrufbar.

2. Auflage
ISBN 3-7688-1684-2
ISBN 978-3-7688-1684-7

Fotos: Rollo Gebhard, bis auf:
Andrey Alexander: Schutzumschlagrückseite links unten,
Seiten 50/51, 216, 220/221, 227 unten
Alexei Birkun: Seite 213
Hans-Otto Cohrs: Seiten 140/141
Deutsches Generalkonsulat: Seite 155
Angelika Gebhard: Schutzumschlagtitel und -rückseite rechts oben und unten, Seiten
167/168, 174, 180, 183 rechts, 184, 185 oben, 186, 190, 196, 202, 204, 205, 212, 217
Ulrich Karlowski: Seite 227 Mitte
Privat: Schutzumschlagrückseite oben links und Mitte, Seiten 42, 105, 142, 147
Fritz Schneider: Seiten 195, 207, 208, 209
Ehepaar Ullmann: Schutzumschlagrückseite links Mitte, Seiten 33, 36, 37, 38, 40, 41
Gemäldereproduktion auf den Seiten 20/21: Bernardo Bellotto: Dresden vom
rechten Elbufer unterhalb der Augustusbrücke/Gemäldegalerie Alte Meister,
Staatliche Kunstsammlungen Dresden (Galerienummer 606)
Schutzumschlaggestaltung und Layout: Gabriele Engel
Reproduktionen: scanlitho.teams, Bielefeld
Druck: aprinta druck, Wemding
Printed in Germany 2006

Delius Klasing Verlag, Siekerwall 21, D - 33602 Bielefeld
Tel.: 0521/559-0, Fax: 0521/559-115
E-Mail: info@delius-klasing.de · www.delius-klasing.de

Inhalt

Für Angelika

Vorwort

Und süßer noch wird die Erinnerung an unsere Mond- und Sonnenjahre, wenn jäher Schrecken sie beendete. Dann erst begreifen wir, wie sehr es schon ein Glücksfall für uns Menschen ist, wenn wir in unseren kleinen Gemeinschaften dahinleben, unter friedlichem Dach, bei guten Gesprächen und mit liebevollem Gruß am Morgen und zur Nacht. Ach, stets zu spät erkennen wir, dass damit schon das Füllhorn reich für uns geöffnet war.

Ernst Jünger
»Auf den Marmorklippen«, 1939

Je länger meine erste Weltumsegelung zurückliegt, um so häufiger werde ich von Besuchern meiner Vorträge und Filmvorführungen gefragt: »Wie sind Sie eigentlich auf die Idee gekommen, was gab Ihnen den Anstoß, so ein unglaubliches Abenteuer zu wagen?« Ich erkläre dann meistens: »Um diese Frage zu beantworten, müsste ich vieles aus meiner Kindheit erzählen, denn schon damals sind meine Träume von Seefahrt und Schiffen entstanden.« Der Gedanke an eine so gewaltige Unternehmung, die den Verlauf meines Daseins mit Beruf, Familie und Ausbildung vollständig verändern würde, konnte allerdings erst spät in meinem Leben Gestalt annehmen: Erst nach sechs harten Kriegsjahren, und nachdem ich über minimalste Mittel verfügte, um an Abenteuer dieses Ausmaßes denken zu können. Einstweilen träumte ich seit der Schulzeit davon, später einmal als Marineoffizier auf stolzen Schiffen zur See zu fahren.

Der Zweite Weltkrieg bereitete allen kindlichen Träumereien ein jähes Ende. Während zweier Jahrzehnte ging es nur noch um harten Einsatz, um das nackte Überleben von Körper und Seele. Nach Kriegsende war die Seeschifffahrt für Deutschland von der Militärregierung verboten worden und damit auch die Möglichkeit für eine entsprechende Ausbildung.

Es dauerte über zehn Jahre, bis ich in der Lage war, die längst totgeglaubten Wunschträume vorsichtig aus einem Winkel meines Herzens wieder hervorzuziehen.

Zunächst wagte ich erste größere Fahrten mit einer Jolle, die ich auf einem alten Hänger vom Starnberger See an die Adria transportierte. Eine auch nur halbwegs seetüchtige Yacht besaß ich nicht, und meine Ausrüstung wie auch meine finanziellen Mittel lagen weit unter dem, was selbst damals als Mindestaufwand für eine Überquerung großer Ozeane angesehen wurde.

Wenn ich heute zurückdenke, dann schaudert es mich bei dem Gedanken, wie leicht ich seinerzeit einen so schwerwiegenden Entschluss fassen konnte. Es waren besondere Umstände, sicher auch ein Teil Verzweiflung über mein scheinbar verpfuschtes Leben, die mich dazu trieben, Haus, Geschäft und Freunde hinter mir zu lassen und auf fast alles zu verzichten, was ich mir in zwei Jahrzehnten nach dem Krieg als Existenzgrundlage geschaffen hatte. Vor allem aber war es meine ungeheure Begeisterung, die am Ende alle Bedenken beiseite schob und mich den so lange gehegten Traum von der Seefahrt verwirklichen ließ. Wie es dazu gekommen ist, will ich in diesem Buch schildern.

»Den Springbrunnen mieten wir!«

Mein Vater Arthur Heinrich Gebhard-L'Estrange. Seine buddhistisch-theosophische Lehre gab mir ein Leben lang seelischen Halt.

Nie hat mir meine Mutter gesagt, in welchen Verhältnissen mein Vater in der Welt lebte; rufe ich mir aber alles das ins Gedächtnis zurück, was sie mir schon in meiner frühesten Jugend von ihm erzählte, so muss ich wohl glauben, dass es ein mit tiefen Kenntnissen begabter, lebenskluger Mann war.

E.T.A. Hoffmann in »Die Elixiere des Teufels«

Geboren wurde der kleine Schreihals am 7. Juli 1921 in einem Salzburger Krankenhaus, wo seine auf der Reise befindlichen Eltern den D-Zug nach Wien nur Stunden zuvor verlassen hatten. Seine etwas ungewöhnliche Zahl von Vornamen, die gemäß dem Wunsch der Eltern ins Taufregister der evangelischen Gemeinde eingetragen wurden, nämlich Gustav, Karl-Adolph, Paul, Eugen, Arthur und Rollo bezogen sich auf den Vater, die beiden Großväter und einen Onkel. Der Rufname Rollo dagegen hatte Geschichte. Er sollte den Bezug herstellen zum Urahn der englischen Familie L'Estrange, einem Wikingerfürsten, der über die Nordsee segelnd in der Normandie gelandet war, diese erobert hatte, dem König von Frankreich gewaltig zusetzte und nach Beendigung der Feindseligkeiten mit der Normandie belehnt wurde.

Meine Großmutter war eine der Letzten dieser alten englischen Familie und bestimmte in ihrem Testament, dass mein Vater, ihr Lieblingssohn, den ruhmreichen Namen als zusätzliches Erbteil übernehmen sollte.

Großvater *Gustav* Gebhard väterlicherseits, Gründer einer großen Seidenfabrik, stammte aus Elberfeld und war später auch Mitbegründer der Deutschen Bank in Berlin, wo er 1900 starb. Da mein Vater bereits 65 Jahre alt war, als ich geboren wurde, habe ich seine Eltern jedoch nie gekannt.

Karl-Adolph war der von meiner Mutter heiß geliebte Vater, an den ich mich recht gut erinnere. Anlässlich eines Besuchs auf dem Schloss, der 1000 Jahre alten Burg Kuckuckstein, Stamm-

Meine Mutter, geborene Maria Josepha von Carlowitz verwitwete von Hoesch, hält ihren kleinen Rollo auf dem Arm.

sitz der Familie von Carlowitz, wurde ich ihm von meiner Mutter stolz als sein Enkel präsentiert, und ich verbrachte einige frohe Tage meiner Kindheit auf der romantischen Burg. Opapa, wie ich ihn nannte, war bis wenige Jahre zuvor Kammerherr des letzten Königs von Sachsen gewesen und besaß als Enkel des berühmten Generals Carl-Adolph von Carlowitz, der in den Freiheitskriegen auf preußischer Seite gekämpft hatte und mit den großen Persönlichkeiten jener Zeit, dem Freiherrn vom Stein, den Dichtern Heinrich von Kleist und Novalis befreundet gewesen war, eine der berühmtesten Bibliotheken des Landes.

Meine Mutter versuchte später, die Tradition der Familie aufrechtzuhalten, indem sie einen vornehmen Landsitz in der Schweiz mietete. Ein kleiner Springbrunnen plätscherte während der Sommerzeit im Obstgarten der prächtigen weißen Villa, die im parkartigen Garten einer wohlhabenden und angesehenen Schweizer Familie einst als Gästehaus dienen sollte. Herrliche Obstbäume standen auf der Wiese rings um das runde, etwas über einen Meter tiefe Becken, und wenn die Sonne strahlend hell vom blauen Himmel schien, dann sah man zwischen den grünen Apfel- und Birnbäumen in der Ferne weiße Gipfel leuchten: die berühmte Gebirgskette von Jungfrau, Mönch und Eiger im Berner Oberland. Der fünfjährige Junge im Matrosenanzug aber, der auf dem Rand des Beckens kniete, sah nur seine Schiffchen, die er aus Kiefernrinde gefertigt hatte und nun auf den Wellen des Brunnens schaukeln ließ. Als Masten dienten ihm Streichhölzer, weiße Papiersegel ließen die gebrechlichen Rindenstücke beim leisesten Windhauch über das Becken treiben. Ganze Tage konnte der kleine Rollo, unbekümmert um seine nassen Hosen und Strümpfe, auf diese Weise am Wasser verbringen.

Häufig griff ich auch zu Spielzeug-Dampfschiffen, deren Motoren sich mit einem Schlüssel wie

Die prächtige Villa im Schlosspark von Gümligen bei Bern, in der ich fünf Jahre meiner Kindheit verbrachte. Im Vordergrund die Fontäne des Springbrunnens.

Mein Vater, damals 73, erklärt mir die Steuerung der großen Modellyacht aus Amerika.

eine Uhr aufziehen ließen und damals von der Firma Märklin als prächtige Modelle hergestellt wurden.
Allein schon die Kataloge mit ihren farbigen Bildern der verschiedenen Schiffstypen bis hin zum tauchfähigen U-Boot, aus denen ich mir zu Weihnachten, vor allem aber zu meinem Geburtstag im Sommer, einen Wunschzettel zusammenstellen durfte, regten mich zu kühnsten Träumen an: Am liebsten hätte ich den Rand des Betonbeckens mit den Namen großer Häfen geschmückt, um mir vorstellen zu können, wohin und wie weit ich »über See« gefahren war.
Gerieten die Schiffchen zu dicht an den Wasserstrahl in der Mitte des Brunnens, dann spritzten die Tropfen in den Schornstein und das Federwerk begann zu rosten. Insgeheim aber war es aufregend für mich zu sehen, wie so eine kleine *Titanic* langsam voll Wasser lief, erst Schlagseite bekam und dann rasch mit dem Heck zuerst in der Tiefe verschwand. Toll! Ein geplanter Untergang! Das waren wohl die ersten Anfänge meiner Abenteuerlust. Mehr Neugierde und Lust an gefährlichen Erlebnissen zeigte sich, wenn meine Mutter, was sie häufig tat, mit mir eine Dampferfahrt auf einem der landschaftlich so herrlichen Schweizer Seen unternahm. Meine häufigste Frage lautete dann: »Mutti, gibt es auf diesem See auch Stürme? Sind hier schon große Schiffe untergegangen?«
Wenn sie dann etwas erstaunt antwortete: »Sicher sind hier schon Boote bei Sturm gesunken, aber ein Dampfer? Davon weiß ich nichts. Wahrscheinlich hat es noch kein solches Unglück gegeben.« Dann verlor der See für mich den Reiz des Gefährlichen und Sensationellen, und ich blickte durch die weite Öffnung in den Maschinenraum. Dort fand ich Nervenkitzel ganz anderer Art: Ich beobachtete die riesigen Pleuelstangen der Dampfmaschinen mit ihrer von Öl glänzenden Oberfläche, wie sie fauchend und schnaubend vor und zurück wuchteten. Was für ungeheure Kräfte waren da am Werk!
Als wir später mit allem Hab und Gut vom ländlichen Gümligen in die Stadt Bern zogen und ich das dortige Gymnasium besuchte, gab es keinen Teich mehr im Garten und auch nur noch selten Dampferfahrten.
Zuvor allerdings erhielt ich in Gümligen noch mein erstes richtiges, weil segelfähiges Schiffsmodell. Ein Freund meines Vaters, Ewald Schniewind aus New York, kam zu Besuch und brachte mir überraschend das meterlange Modell

einer Segelyacht mit, ein für Wettfahrten konstruiertes, sorgfältig in Handarbeit aus Holz gearbeitetes Prachtstück mit elegantem Stabdeck, Tuchsegeln und einem hohen Mast mit Saling. Echt professionell war die Ruderanlage konstruiert, die sich über dünne Schoten mit Großbaum und Pinne verbinden ließ und somit dem Schiff die Möglichkeit zur Selbststeuerung gab. Aber wie? Ich fragte meinen Vater, der mir erklärte, dass diese Yacht nur auf einem größeren Gewässer segeln könne. Als einstiger Rennruderer wusste er, dass so ein Modell nicht auf den Gartenteich, sondern auf einen See gehört, und da der Thuner See von Gümligen nicht weit entfernt liegt, nahm er mich bei der Hand und fuhr mit mir nach Thun.

Er mietete ein Ruderboot, setzte sich auf die Ducht, griff nach den Riemen und tat ein paar Schläge. Doch er kam nicht weit, nicht einmal aus dem Hafen hinaus auf freies Wasser. Müde ließ er die Riemen sinken und sagte leise und resigniert: »Es ist vorbei, es geht nicht mehr!«

Mein Bruder Vidar. Sein beachtlicher Charme war damals schon ausgeprägt.

Obwohl ich nicht verstand, was er damit meinte, traf mich der Schmerz in seiner Stimme zutiefst. Mein Vater konnte etwas nicht! Mein Vater, zu dem ich aufsah wie zu einem Heiligen, und dessen Wissen mir unendlich schien, war einer Anstrengung nicht gewachsen! Ich ahnte, fühlte wohl auch, dass ich nie mehr eine Bootsfahrt mit ihm erleben würde.

Aber mein Vater hatte mir die Begeisterung für Schiffe, vor allem Segelschiffe, schon lange zuvor ins Herz gelegt, in Holland nämlich, wo wir bis zu meinem fünften Lebensjahr wohnten. Dort, im klassischen Land der Seefahrer, hatte meine Leidenschaft für die See und für Schiffe begonnen. In Haarlem, nahe Amsterdam, nur wenige Kilometer von den Stränden der Nordsee entfernt, hatten meine Eltern bald nach Ende des Ersten Weltkriegs ein Stadthaus gemietet, und oft fuhr meine Mutter mit mir in das nahe gele-

Als ich zehn Jahre alt war, ließen mich meine Eltern malen. Ich musste mehrfach »Modell« sitzen, was mir gar nicht gefiel.

Ich war sieben Jahre alt, mein Vater 72, als Brüderchen Vidar das Licht der Welt erblickte. Meine Mutter, damals 35, litt lange Zeit unter den Strapazen der Geburt.

gene Seebad, wo ich nach Herzenslust im Sand spielen durfte.

Dort, vom Hotel aus, das hoch auf den Dünen stand, blickte ich zum ersten Mal über die Wasserfläche der Nordsee und sah an ihrem scheinbaren Ende den Horizont, ein bis heute nicht vergessener, tiefer Einruck. Staunend wollte ich wissen: »Mutti, was liegt dahinter?« Meine Mutter erklärte mir: »Dahinter liegt England, da kann man aber nur mit einem Schiff hinkommen. England ist eine Insel.« Ich wollte es genauer wissen und fragte vorsichtig: »Ist England sehr weit?« »Ja, es liegt weit, weit hinter dem Horizont! Die Erde, auf der wir leben, ist rund, und wir sehen immer nur den Teil, der vor dem Horizont liegt.« Ich konnte mir das nicht richtig vorstellen, aber ich hatte zwei wichtige Dinge gelernt: Es gab Länder, die konnte man nur über das Wasser erreichen, und dieses Wasser reichte unendlich weit. Der Horizont war nicht das Ende der Welt.

Bald hörte ich aus Gesprächen, die meine Eltern führten, dass mein Vater nach Amerika fahren wollte. »Das ist noch viel, viel weiter als England; dorthin kann man nur mit einem großen Schiff gelangen, einem Ozeandampfer.«

Ich wollte das große Schiff natürlich sehen, das meinen Vater über die Wellen tragen würde, und so nahm meine Mutter mich zum Abschied mit nach Rotterdam. Wir gingen auch an Bord der *Woolendam*, einem Oceanliner der Holland–Amerika-Linie.

Was ich erhofft hatte, einen Blick auf das Meer, den fand ich nicht, doch nach dem Abschied ging mein Vater mit uns ein Stück durch das Schiff, begleitete uns zum Ausgang. Meine Mutter wurde durch das langsame Rollen des großen Schiffes im Hafen seekrank.

Hoffentlich werde ich niemals seekrank, dachte ich bei mir und sagte auch gleich: »Mutti, mir ist aber gar nicht schlecht, ich merke nicht einmal die Bewegung.«

Nach Rückkehr meines Vaters aus den Staaten erlebte ich jeden Morgen meine schönste Stunde, wenn ich an sein Bett kommen durfte und er mir von der Seefahrt und von Segelschiffen erzählte. Er erklärte mir dabei ausführlich, dass Segelschiffe viel sicherer seien als die modernen Dampfschiffe. Oft holte er dann seinen in Leder gebundenen »Webster« aus dem Regal und zeigte mir den Takelriss eines Dreimasters. Mein Vater war zwar nie beruflich zur See gefahren, aber er erzählte mir mit Stolz, dass er in seinen jungen Jahren – er war 1856 geboren und somit bereits 70 Jahre alt – Rennruderer gewesen sei und einen Einer besessen habe, den er in seinem Bootshaus in Waren an der Müritz stationiert hatte.

Mein Drang zum Wasser wuchs von Tag zu Tag. Als meine Eltern einmal zum Einkaufen gingen und meinten, sie könnten mich für kurze Zeit mir selbst überlassen, wäre fast ein Unglück geschehen, denn wieder einmal suchte ich einen Weg zum Wasser. Ich lief zuerst in den Garten, fand aber keine noch so kleine Pfütze. Dann fiel mir der Keller ein. Ich nützte die seltene Stunde, in der ich unbeobachtet war, um meinen eigenen See zu gestalten. Im Keller, so erinnerte ich mich, hatte ich doch einen Wasserhahn gesehen? Ich tappte die Treppe hinunter und richtig: Nicht weit von den Stufen sah ich im Halbdunkel goldenes Messing blitzen: ein Wasserhahn! Ich drehte auf und sah begeistert zu, wie ein dicker Strahl auf den Boden des Kellers sprudelte. Ich hatte den Haupthahn gefunden! Es dauerte nicht lange, bis der Boden überflutet war. Bald schien mir der Teich groß und tief genug, der sich gebildet hatte, und ich wollte nun den Wasserfluss beenden, aber, o weh, ich konnte den Hahn nicht mehr erreichen. Er lag bereits unter dem Wasserspiegel! Ich suchte die Treppe und stapfte voller Angst nach oben. Das Wasser stieg hinter mir immer schneller und hatte fast die oberste Stufe erreicht, als meine Mutter aus der Stadt zurückkam.

Sie sah die Bescherung und erschrak. Sofort alarmierte sie die Feuerwehr, die bald kam und den Keller auspumpte. Auf mich warteten eine gehörige Standpauke und ein paar Schläge mit dem Teppichklopfer. Meine Eltern hatten wohl verstanden, dass ich die Gefahr, die von dem Haupthahn ausging, noch nicht kennen konnte und aus kindlicher Naivität gehandelt hatte.

Bald nach dem missglückten Teich im Keller fuhr meine Mutter mit mir in das nahe Seebad Nordwijk. Hochgezogen bis zur Strandpromenade lagen dort die Fangboote der Fischer. Bei gutem Wetter veranstaltete man mit diesen robusten und geräumigen Segelschiffen auch Gästefahrten. Ich rief begeistert »Ja!«, als meine Mutter mich fragte, ob ich auf so einem Fischerboot mitfahren wolle? Alsbald schoben zwölf oder mehr kräftige Männer unter Rufen und Kommandos eines der schweren Schiffe durch

Tage reinen Glücks auf dem Rand des Springbrunnens in Gümligen mit meinem Yachtmodell aus Amerika.

die Brandung in tieferes Wasser. Dann wurden die Passagiere, etwa zehn Personen, einer nach dem anderen auf den Schultern kräftiger Seeleute durch die Brandung getragen.

»Vorsicht!« schrien die Fischer, wenn der Wind den dicken und schweren Baum mit dem braunen Großsegel über das Deck und die Köpfe schwingen ließ. Ich fühlte Neugierde und Angst zugleich vor dem Unbekannten, das mir bevorstand. Die Besatzung, etwa fünf Mann, machte sich an den Segeln zu schaffen, die knatternd im Wind flatterten. Dann watete nochmals ein halbes Dutzend Männer im Ölzeug durch die Brandung und gaben unserem Schiff einen letzten Stoß in tieferes Wasser. Was war das alles aufregend und unheimlich!

Das 900 Jahre alte Schloss Kuckuckstein bei Liebstadt, Erbsitz der Vorfahren von Carlowitz und Geburtsort meiner Mutter.

Ich erschrak furchtbar, als sich der Kutter – er hatte nur einen Mast und war gaffelgetakelt – im Wind zur Seite legte und der Bug klatschend die noch immer schaumbedeckten Wellen durchschnitt. Wasser spritzte über Deck, Frauen schrieen und kicherten. Doch allmählich wurde die See ruhiger – wir hatten den Bereich der Brandung verlassen –, und der Rudergänger ging auf Kurs. Das schwere Schiff nahm Fahrt auf.
Die heiseren Rufe der Seeleute und ihr schnelles Hantieren mit dem Tauwerk zeigten mir, dass die Sache kein Spaß war, sondern harte Arbeit.
Schnell gewöhnte ich mich an die Bewegungen des Bootes und genoss jeden Augenblick der zweistündigen Fahrt. Das also war mein erster Segeltörn. Noch am selben Tag schenkte mir meine Mutter ein gut gefertigtes, schwimmfähiges Modell dieser Fischkutter, aus Holz gearbeitet, mit braunen Segeln, dunkelbraunem Rumpf und eisernem Kiel, der dem Modell als Ballast diente. Noch viele Jahre habe ich dieses Modell als Erinnerung an meine erste Segelfahrt aufgehoben und immer mal wieder zu Wasser gebracht.
Meine Mutter nahm mich mit, als sie später in der Schweiz, in der Nähe von Bern, eine neue Wohnung suchte. In dem hübschen Dorf Gümligen wurde sie fündig, und wir besichtigten den schon geschilderten Obstgarten der schönen weißen Villa. Sofort entdeckte ich den Springbrunnen und schrie begeistert: »Mutti, den Springbrunnen mieten wir, ein Haus ist auch dabei!«
Diesen überschwänglichen Ausruf hat meine Mutter nie vergessen. Sie hatte bei mir Freude über das schöne Haus, die Villa mit Balkon, Wintergarten und dem großen parkartigen Garten erwartet, doch ich sah und hörte nur das Plätschern des Wassers. Dort, bei diesem Springbrunnen verbrachte ich die glücklichsten Jahre meiner Kindheit.
Von Gümligen aus, wo mir eine Hauslehrerin das nötige Schreiben und Rechnen beigebracht hatte, zogen meine Eltern nach Bern. Dort begann für mich der Ernst des Lebens. Zum Bau von Schiffsmodellen blieb keine Zeit mehr, und vor allem hatte ich keine Gelegenheit, sie schwimmen zu lassen.
Ich besuchte das Gymnasium, wurde aber von den anderen Schülern als Fremder und Ausländer empfunden und litt darunter, nicht in die Gemeinschaft aufgenommen zu werden. So entwickelte ich mich damals schon zum Einzelgänger und hatte entsprechende Schwierigkeiten, mich in die Ordnung der Schule einzugliedern.
Meine Mutter wollte deshalb, dass ich eine deutsche Schule besuchte und nahm dafür einen weiteren Ortswechsel in Kauf. Mein Vater dagegen weigerte sich, in dem krisengeschüttelten Deutschland von 1932 zu leben.
Zwar kam es zu keiner Scheidung, aber ich erlebte einen weiteren Umzug, als meine Mutter nach längeren Auseinandersetzungen ihre Möbel, Bücher und sonstige Habe einpackte und mit mir und meinem Brüderchen – er war damals erst vier Jahre alt, ich selbst war elf – in ihre alte Heimat nach Dresden zog.
Vater verschwand aus meinem Leben, und damit ging die glücklichste Zeit meiner Kindheit un-

Porträt von General Moreau
Napoleon, der das Schloss wegen der Bibliothek von Carl-Adolph von Carlowitz besuchte, entdeckte das Bildnis des abtrünnigen Generals und schnitt mit seinem Taschenmesser die französische Kokarde heraus, klebte sie unter das Porträt und schrieb davor: »Le traitre en etait indigne«, »Der Verräter war ihrer nicht würdig«. Aber Napoleon ließ das Schloss seines Feindes nicht plündern oder zerstören!

Als Schüler (15) in Dresden.

Einer der zahlreichen Zeitungsartikel über Carl-Adolph von Carlowitz. Carl-Adolph gründete das »Banner der freiwilligen Sachsen« gegen Napoleon. Er wurde preußischer und russischer General.

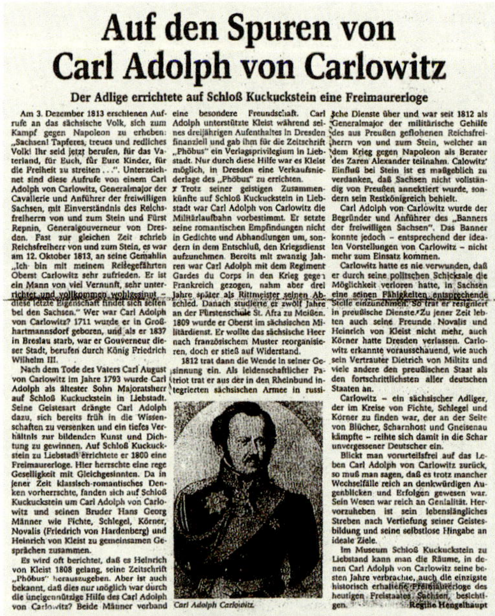

Auf den Spuren von Carl Adolph von Carlowitz

Der Adlige errichtete auf Schloß Kuckuckstein eine Freimaurerloge

Am 3. Dezember 1813 erschienen Aufrufe an das sächsische Volk, sich zum Kampf gegen Napoleon zu erheben: „Sachsen! Tapferes, treues und redliches Volk! Ihr seid jetzt berufen, für das Vaterland, für Euch, für Eure Kinder, für die Freiheit zu streiten ...". Unterzeichnet sind diese Aufrufe von einem Carl Adolph von Carlowitz, Generalmajor der Cavallerie und Anführer der freiwilligen Sachsen, mit Einverständnis des Reichsfreiherrn von und zum Stein und Fürst Repnin, Generalgouverneur von Dresden. Fast zur gleichen Zeit schrieb Reichsfreiherr von und zum Stein, es war am 12. Oktober 1813, an seine Gemahlin „Ich bin mit meinem Reisegefährten Oberst Carlowitz sehr zufrieden. Er ist ein Mann von viel Vernunft, sehr unterrichtet und vollkommen wohlgesinnt – diese letzte Eigenschaft findet sich selten bei den Sachsen." Wer war Carl Adolph von Carlowitz? 1711 wurde er in Großhartmannsdorf geboren, und als er 1837 in Breslau starb, war er Gouverneur dieser Stadt, berufen durch König Friedrich Wilhelm III.

Nach dem Tode des Vaters Carl August von Carlowitz im Jahre 1793 wurde Carl Adolph als ältester Sohn Majoratsherr auf Schloß Kuckuckstein in Liebstadt. Seine Geistesart drängte Carl Adolph dazu, sich bereits früh in die Wissenschaften zu versenken und ein tiefes Verhältnis zur bildenden Kunst und Dichtung zu gewinnen. Auf Schloß Kuckuckstein zu Liebstadt errichtete er 1800 eine Freimaurerloge. Hier herrschte eine rege Geselligkeit mit Gleichgesinnten. Da in jener Zeit klassisch-romantisches Denken vorherrschte, fanden sich auf Schloß Kuckuckstein um Carl Adolph von Carlowitz und seinen Bruder Hans Georg Männer wie Fichte, Schlegel, Körner, Novalis (Friedrich von Hardenberg) und Heinrich von Kleist zu gemeinsamen Gesprächen zusammen.

Es wird oft berichtet, daß es Heinrich von Kleist 1808 gelang, seine Zeitschrift „Phöbus" herauszugeben. Aber ist auch bekannt, daß dies nur möglich war durch die uneigennützige Hilfe des Carl Adolph von Carlowitz? Beide Männer verband eine besondere Freundschaft. Carl Adolph unterstützte Kleist während seines dreijährigen Aufenthaltes in Dresden finanziell und gab ihm für die Zeitschrift „Phöbus" ein Verlagsprivilegium in Liebstadt. Nur durch diese Hilfe war es Kleist möglich, in Dresden eine Verkaufsniederlage des „Phöbus" zu errichten.

Trotz seiner geistigen Zusammenkünfte auf Schloß Kuckuckstein in Liebstadt war Carl Adolph von Carlowitz die Militärlaufbahn vorbestimmt. Er setzte seine romantischen Empfindungen nicht in Gedichte und Abhandlungen um, sondern in dem Entschluß, den Kriegsdienst aufzunehmen. Bereits mit zwanzig Jahren war Carl Adolph mit dem Regiment Gardes du Corps in den Krieg gegen Frankreich gezogen, nahm aber drei Jahre später als Rittmeister seinen Abschied. Danach studierte er zwölf Jahre an der Fürstenschule St. Afra zu Meißen. 1809 wurde er Oberst im sächsischen Militärdienst. Er wollte das sächsische Heer nach französischem Muster reorganisieren, doch er stieß auf Widerstand.

1812 trat dann die Wende in seiner Gesinnung ein. Als leidenschaftlicher Patriot trat er aus der in den Rheinbund integrierten sächsischen Armee in russische Dienste über und war seit 1812 als Generalmajor der militärische Gehilfe des aus Preußen geflohenen Reichsfreiherrn von und zum Stein, welcher an dem Krieg gegen Napoleon als Berater des Zaren Alexander teilnahm. Calowitz' Einfluß bei Stein ist es maßgeblich zu verdanken, daß Sachsen nicht vollständig von Preußen annektiert wurde, sondern sein Restkönigreich behielt.

Carl Adolph von Carlowitz wurde der Begründer und Anführer des „Banners der freiwilligen Sachsen". Das Banner konnte jedoch – entsprechend der idealen Vorstellungen von Carlowitz – nicht mehr zum Einsatz kommen.

Carlowitz hatte es nie verwunden, daß er durch seine politschen Schicksale die Möglichkeit verloren hatte, in Sachsen eine seinen Fähigkeiten entsprechende Stelle einzunehmen. So trat er resigniert in preußische Dienste. Zu jener Zeit lebten auch seine Freunde Novalis und Heinrich von Kleist nicht mehr, auch Körner hatte Dresden verlassen. Carlowitz erkannte vorausschauend, wie auch sein Vertrauter Dietrich von Miltitz und viele andere den preußischen Staat als den fortschrittlichsten aller deutschen Staaten an.

Carlowitz – ein sächsischer Adliger, der im Kreise von Fichte, Schlegel und Körner zu finden war, der an der Seite von Blücher, Scharnhost und Gneisenau kämpfte – reihte sich damit in die Schar unvergessener Deutscher ein.

Blickt man vorurteilsfrei auf das Leben Carl Adolph von Carlowitz zurück, so muß man sagen, daß es trotz mancher Wechselfälle reich an denkwürdigen Augenblicken und Erfolgen gewesen war. Sein Wesen war reich an Genialität. Hervorzuheben ist sein lebenslängliches Streben nach Vertiefung seiner Geistesbildung und seine selbstlose Hingabe an ideale Ziele.

Im Museum Schloß Kuckuckstein zu Liebstand kann man die Räume, in denen Carl Adolph von Carlowitz seine besten Jahre verbrachte, auch die einzigste historisch erhaltene Freimaurerloge des heutigen Freistaates Sachsen, besichtigen.

Regine Hengelhaupt

Carl Adolph Carlowitz

widerruflich zu Ende. Auch in Dresden verhinderte meine Mutter jeden Verkehr mit anderen Jungen oder gar Mädchen. Was diese »Klausur« für meine Lebenseinstellung bedeutete, wurde mir erst Jahrzehnte später klar. Nach einem Vortrag über meine Alleinfahrt um die Welt sprach mich nach der Veranstaltung in Nürnberg ein Herr in Schweizer Dialekt an, der sich als Mitschüler des Gymnasiums in Bern vorstellte.

Ich war voller Freude, dass er sich an seinen einstigen Klassenkameraden erinnerte, erschrak dann aber, als er nach ein paar lobenden Worten über meine sportliche Leistung bemerkte: »Dass Sie allein um die Welt gesegelt sind, wundert mich überhaupt nicht bei der Erziehung, die Sie genossen haben! Sie durften ja damals von niemandem eingeladen oder besucht werden, nicht einmal von den Nachbarn. Da mussten Sie ja zum Alleinsegler werden.«

»Schloss Kuckuckstein und die Kirche von Liebstadt«. Gemälde von Eugen Bracht, das meine Mutter von ihrem ersten Mann, Alfred von Hoesch, zur Hochzeit erhielt. Der Wallgraben, den ich als Schüler oft bewunderte, ist deutlich zu sehen.

Mein Großvater Karl-Adolph von Carlowitz hoch zu Pferde in seiner Ritterrüstung, die ich als Kind andächtig betrachtete und mit der ich auch herumspielte. Sie stand auf einem Gestell im so genannten Rittersaal, der heute für Festlichkeiten und Trauungen zur Verfügung steht. Das Foto-Gemälde entstand gegen Ende des 19. Jahrhunderts anlässlich eines Turnierfestes. Als Knappe posierte sein junger Neffe Günther von Carlowitz.

Unter Verdacht

Mutter, mein kleinerer Bruder und ich beim Bau einer Sandburg am Strand von Baabe auf Rügen (1934).

In Dresden wurde ich im angesehenen Vitzthumschen Gymnasium aufgenommen, einer »Eliteschule«, wie man heute sagen würde, und machte dort mit 17 Jahren mein Abitur.
Ich war glücklich, in Deutschland leben zu dürfen, das ich bis dahin nur von Reisen und Besuchen bei den Großeltern kannte. Heimatliebe und Nationalgefühl hatten sich im Ausland in mir verstärkt, denn das Leben in der Fremde hatte in mir ein Idealbild Deutschlands entstehen lassen, das damals die meisten Auslandsdeutschen in sich trugen.

So begann ich, obwohl erst elf Jahre alt, mich für die Vorgänge in der Öffentlichkeit und damit auch für Politik zu interessieren. Ich war ja auch in eine aufregende Epoche deutscher Geschichte geraten! Verstärkt wurde mein Interesse dadurch, dass meine Mutter nur mich als Ansprechpartner hatte und mit mir die täglichen Ereignisse der Politik besprach. So nahm ich alle Vorgänge, die schließlich zur Machtergreifung Hitlers führten, sehr intensiv wahr. Und manches, was heute in der Politik geschieht, erinnert mich an die damaligen Zustände: Arbeitslosigkeit, soziale Prob-

leme und Parteienzwist. Aber ebenso beherrschten Unklarheiten über die Zukunft die Tagesgespräche der Verwandten, wenn sie zu uns zu Besuch kamen.
Manche Schlagzeile von 1933 vor und besonders nach der Regierungsübernahme der Nationalsozialisten ist mir noch in lebhafter Erinnerung. Staunend las ich die Berichte über den Abend der Machtergreifung in Berlin. Auch der Fackelzug der SA durch das Brandenburger Tor gefiel mir, es sah abenteuerlich aus – und abenteuerlich war es ja auch! Die Reaktion der Erwachsenen schwankte zwischen: »Ich habe es immer befürchtet!« und dem klaren: »Das geht nicht gut! Nun kommt die Katastrophe!« Dass diese Katastrophe zunächst nicht kam, sondern eine Reihe großer politischer Erfolge, hat dem »Führer« viele begeisterte Anhänger zugeführt.
In der Schule fühlte ich mich wohl, hatte keine Schwierigkeiten, auch Lehrer und Klassenkameraden zeigten Verständnis für meine Zurückhaltung und Schüchternheit im Umgang mit meinen Kameraden. Ich kam ja aus dem Ausland, war also »neu« in Deutschland und in der Schule. Etwas weniger Verständnis zeigten Lehrer und Kinder für meine Namen. Da war zunächst der Vorname »Rollo«, der mir täglich in neuen Varianten nachgerufen wurde. Der

Meine geliebte Staatsoper Dresden, in der ich 1935–1940 zwei bis drei Abende in der Woche verbrachte und einmalige künstlerische Spitzenleistungen erleben durfte.

Familienname machte mich dann vollends zum Außenseiter: Gebhard-L'Estrange, mein Doppelname, der damals wie heute noch Erstaunen hervorruft. Jede Rechtschreibprüfung stolpert zudem über das große »L« und das große »E«. Dazu kamen noch die insgesamt sieben Vornamen! Und nach dem Beruf meines Vaters gefragt, musste ich antworten: Privatgelehrter. Alles zusammen war das für die meisten Mitschüler und auch Lehrer etwas zu viel – und so passte ich am Ende doch wieder nicht in die Klassengemeinschaft. Vielleicht hätte ich bei Mädchen eher Verständnis gefunden, aber da wachte meine Mutter sehr genau. Jedenfalls war sie durch die Trennung von meinem Vater und die Streitigkeiten in ihrer Familie in und um Dresden stark belastet.

Mit der Versteigerung des Familienstammsitzes, des Ritterguts Großhartmannsdorf bei Freiberg, wo wir kurz zuvor noch zu Besuch gewesen waren und das vom jüngeren Bruder meiner Mutter zugrunde gerichtet worden war, begann ein schrecklicher, unheilvoller Kreislauf familiärer Kämpfe, die meine Schulzeit in Dresden überschatteten. Indessen nahm die Tragödie ihren Lauf.

Auch Schloss Kuckuckstein, wo meine Mutter geboren war, wurde versteigert. Es begann die völlige Verarmung der nächsten Verwandten. Mein Onkel Georg, letzter Carlowitz auf Kuckuckstein, konnte sich und seine Frau nur mühsam als Taxifahrer ernähren. Oft radelte ich an Wochenenden die 35 Kilometer von Dresden

Wunderbares Dresden – »Elbflorenz« zur Zeit Augusts des Starken, vom rechten Elbufer unterhalb der Augustusbrücke, 1748: Die Frauenkirche war bereits vollendet, die katholische Hofkirche befand sich noch im Bau. Gemälde von Bernardo Bellotto (1721–1780)

aus zu ihm nach Liebstadt, um die schöne alte Burg meiner Vorfahren wenigstens vom Tal aus bewundern zu können. Spiele mit Schiffsmodellen trieb ich nur noch in der Fantasie, aber meine beruflichen Pläne und Hoffnungen waren weiter mit der Seefahrt verbunden.

An der Straße nach Liebstadt, nur 18 km von Dresden entfernt, stand das Schloss Zehista, Besitz meiner Großtante Gräfin Rex. Auch dort war ich jederzeit willkommen. Zum Schloss gehörte ein schöner großer Park, und in diesem lag ein Teich mit einer Insel in der Mitte. Der bloße

Anblick des Inselchens regte mich zu Seefahrtsträumen an, und ich überlegte, wie ich die kurze Distanz über das Wasser (zum Schwimmen war es zu flach!) zurücklegen konnte. Eines Tages fasste ich mir ein Herz und suchte zwischen Viehställen und Vorratsschuppen nach einem Fass oder Bottich. Dann griff ich mir noch zwei Stecken und brachte meine »Ausrüstung« zum Ufer des Teichs, stieg in das wackelige Fahrzeug und versuchte, mich mit den Stöcken vorwärts zu bewegen. Es ging nicht gut, aber es ging. Im Fass sitzend und mit den Stöcken paddelnd erlebte ich die Überfahrt zu meiner »einsamen« Insel. Bis zur Hüfte saß ich im Wasser, denn das Fass war nicht mehr dicht. Danach musste ich mich in der Schlossküche trocknen, bevor ich nach Hause fahren konnte.

In den großen Ferien reiste meine Mutter mit meinem Bruder und mir an die See, bis Stettin mit der Bahn und dann per Schiff auf die Insel Rügen. Am meisten freute ich mich jeweils auf die Überfahrt mit dem Bäderdampfer. Die Strände waren oft überfüllt, und viele Menschen tummelten sich um uns herum. (Auslandsreisen waren damals wegen der knappen Devisen nicht erlaubt.) Eine besondere Freude war es, wenn ich mir ein Ruderboot mieten durfte, um dann – meist allein – eine Stunde auf die See hinaus zu pullen. So blieb für mich ein gewisser Bezug zu Wasser und Meer auch in der Schulzeit erhalten, und nach jedem Ferienaufenthalt war ich wieder ganz sicher, später einmal Seeoffizier zu werden! Wenn ich geahnt hätte, dass es dieses »Später« gar nicht geben würde!

Von der Schule aus kam ich automatisch in die Vorstufe der Hitlerjugend, in das »Jungvolk«, der Organisation für die 10- bis 14-jährigen Jungen. Sonntags hatten wir Dienst. Es hieß in Reih und Glied antreten, marschieren, Lieder singen, Befehle schreien und gehorchen. All das gefiel mir nicht. Aber einfach austreten konnte ich auch nicht. Erst als ich das Alter von 14 Jahren erreicht hatte, wurde ich als Mitglied gestrichen und zum Eintritt in die HJ aufgefordert. Wir sangen: »Es zittern die morschen Knochen ...« und: »Wir werden weiter marschieren, wenn alles in Scherben fällt, denn heute gehört uns Deutschland und morgen die ganze Welt!« Diese Worte gaben mir zu denken: Wer hatte die morschen Knochen? Was sollte in Scherben fallen? Und die ganze Welt sollte uns gehören? Bis wohin? Bis Indien und China? Bis nach England und Amerika, wo mein Vater lebte? Das ging doch gar nicht.

Ein für meine spätere Einstellung entscheidender Vorfall ereignete sich, als mein Onkel Ernst von Ehrenthal, genannt »Ohm«, zu einer Teestunde bei uns weilte und ich meine Mutter in seinem Beisein bat: »Mutti, bitte wasch mir mein Braunhemd, ich muss es sauber haben bis zum Sonntag!« Darauf sagte er scharf: »Dieses Hemd könnt ihr waschen, so oft ihr wollt, ihr werdet es niemals sauber bekommen! Nicht in eurem ganzen Leben!« Völlig verdattert, mit dem Hemd in der Hand, fragte ich: »Aber Ohm, warum denn nicht?« Und er antwortete verächtlich: »Das Hemd ist voll Dreck und Blut. Es ist durch und durch schmutzig! Glaubt ihr vielleicht, das ließe sich mit Wasser und Seife reinigen?« Der Ohm war Hauptmann im Generalkommando in Dresden, im Ersten Weltkrieg schwer verwundet worden, und war – auch das dürfte ziemlich einmalig sein – bis 1933 Parteimitglied gewesen. Wenige Wochen nach der Machtergreifung trat er aus, gerade als sich so viele um Aufnahme in die Partei bemühten.

Er war einer der ganz wenigen Menschen, die schnell erkannten, zu welchen Verbrechen die NS-Regierung fähig und entschlossen war. Deshalb ging er so weit zu schwören, dass niemand mit einem Parteiabzeichen an der Jacke seine Schwelle übertreten dürfe. Tatsächlich hielten sich seine Bekannten an diese Forderung, und sogar der Ortsgruppenleiter der NSDAP, mit dem er von früher befreundet war, legte brav

sein Parteiabzeichen auf dem Fensterbrett ab, wenn er zu Besuch kam.
Es begann die Zeit der stillen Opposition. Fast alle unsere Verwandten der Familie von Carlowitz, aber auch andere, besuchten den Ohm regelmäßig und diskutierten die politische Lage in Deutschland. Angesichts der unbestreitbaren Erfolge der NS-Regierung hielten ihn viele seiner Freunde für ein wenig verrückt. Der Ohm war ein harter Mann und versuchte, auch mir eine gewisse Härte beizubringen, die mir bis dahin fremd geblieben war. So pflegte er seine Zigarren in meiner Handfläche auszudrücken. Wehe, ich gab einen Laut von mir! Sein Lebensmotto lautete: »Der Tapfere stirbt nur einmal!«
Ein erster Schreck über das Verhalten der Regierung durchfuhr mich, als ich in der Zeitung, die ich morgens vor der Schule immer im Treppenhaus holte, die Schlagzeile las: »Verschwörung Röhm-Schleicher niedergeschlagen!« Was war das für eine Verschwörung? Beide waren erschossen worden! Zwei berühmte Männer in Ministerstellung! Wie konnte das passieren? Sie waren doch niemals verurteilt worden? Wie konnten die einfach erschossen werden? Hatte am Ende der von vielen Verwandten als »leicht verrückt« eingestufte Ohm mit seinem vernichtenden Urteil über den neuen Staat und die Regierung doch Recht?
Ich hatte mich nicht für die Hitlerjugend angemeldet, es gab dafür kein Gesetz, es sollte ja alles

Rollo, der Wikingerfürst – Denkmal in Rouen. (»Rollon« ist die französische Form von Rollo. Historisch korrekt ist »Rollo«.) Er war der erste Herzog der Normandie und seine Nachkommen eroberten 1066 unter Wilhelm dem Eroberer durch ihren Sieg in der Schlacht bei Hastings England. Die englische Familie »L' Èstrange« meiner Großmutter Gebhard ging auf Rollo zurück.

Als junger Soldat der Luftwaffe Anfang 1940 auf dem Kurfürstendamm in Berlin. Ich war damals in der Fliegerbildschule Schönwalde nahe Spandau stationiert und befand mich in der Ausbildung zum Fotografen. An den Wochenenden besuchte ich die Staatsoper unter den Linden oder das Schauspielhaus am Gendarmenmarkt.

»freiwillig« geschehen. Druck auf meinen Vater konnte die Partei nicht ausüben, er lebte im Ausland. Zum ersten Mal wurde mir klar, dass die Trennung meiner Eltern auch eine gute Seite hatte. Bezüglich meiner beruflichen Zukunft allerdings und der Findung einer Lebensaufgabe fühlte ich mich nun aufgrund der politischen Lage und der schwierigen Familienverhältnisse mehr und mehr verunsichert.

Innerhalb und auch außerhalb der Schule blieb ich ein Einzelgänger. Ich fand aber in der Oper, die ich zweimal in der Woche oder öfter besuchen durfte, einen Ausgleich. Die wunderbaren Aufführungen in der weltbekannten Dresdner Oper gaben mir Erfüllung und wiesen mir den Weg ins Leben. Nur selten begleitete mich einer meiner Klassenkameraden. Allmählich wurde das Theater meine eigene Welt, eine Welt, die meine Gefühle und Gedanken beherrschte und die ich mit niemandem teilen wollte. Bei geduldigem Anstehen, meist ein bis zwei Stunden vor Kassenöffnung, erhielten Schüler damals für nur 60 Pfennige oft sehr gute Karten.

Diese 60 Pfennige gab mir meine Mutter gern, dienten sie doch meiner Bildung in Poesie und Musik. In der Oper, das war für sie sicher, kam ich nicht »auf dumme Gedanken«.

Mein Ohm hatte zunehmend Schmerzen in seinen alten Kriegsverletzungen und konnte deshalb die Arbeit am Modellschiff, an dem er jahrelang gearbeitet hatte, nicht mehr fortsetzen; die schöne Werkstatt blieb unbenutzt. Dass ich ihn in Dresden als väterlichen Freund gefunden hatte, war eine gütige Fügung des Schicksals, denn ich verdanke ihm Weisungen und Erkenntnisse, die für mein ganzes Leben maßgeblich blieben.

Im April 1939, nur wenige Tage nach meinem Abitur, packte unsere Mutter wieder einmal Möbel, Bilder, Teppiche und was wir sonst noch besaßen, bestellte einen 12-Meter Möbelwagen und reiste mit unserer gesamten Habe in die Schweiz. Dies geschah auf Wunsch meines Vaters, der seine Familie nicht länger als nötig in Nazi-Deutschland sehen wollte.

Meine Mutter wählte sich Genf als neuen Wohnsitz, da sie alles Französische seit ihrer Studienzeit in Paris besonders liebte. Nun gab es für mich eine völlige Umstellung. Ich sollte studieren und schrieb mich an der Universität für Jura ein, da nur dieses Fach in Deutsch gelesen wurde. Die Vorlesungen waren gut, und die Jurisprudenz begann mich mehr und mehr zu interessieren.

In den Semesterferien im Sommer 1939 unternahm meine Mutter mit uns Brüdern eine letzte große Reise: diesmal nicht zum Vergnügen, sondern um ihren Mann und unseren Vater wiederzusehen. Über Paris und Rouen, wo wir das Grab meines Urahn Rollo besuchten, des ersten Herzogs der Normandie, reisten wir weiter mit Bahn und Fähre nach London und von dort in das nahe gelegene Guildford. Dort hatte mein Vater ein kleines Haus gekauft. Meine Eltern sahen sich nach langer Zeit wieder, aber es sollte das letzte Mal sein.

Ich litt unter der gereizten Atmosphäre. Meine Mutter versuchte, Vater zur Rückkehr in die Schweiz zu überreden. Er weigerte sich, England zu verlassen. So nahm sie mein Brüderchen an der Hand und fuhr nach zwei Tagen zurück in ihr geliebtes Genf. Ich blieb allein in einem kleinen Zimmer in London.

Die Welt-Metropole imponierte mir gewaltig, auch war es der erste Aufenthalt ohne meine Mutter in einem fremden Land. Um die Wochen, die ich völlig allein, ohne Freunde, in der riesigen Stadt verbrachte, für meine Fortbildung nutzen zu können, nahm ich neben Englisch auch Unterricht in Schreibmaschine. Ich lernte fleißig, wollte ich doch schon meinem Vater zuliebe die englische Sprache möglichst bald beherrschen. Täglich verfolgte ich in den großen Zeitungen die verzweifelten Versuche

gemustert worden und einer Truppe zugeteilt. Doch ich bekam die überraschende Antwort des Beamten: »Bleiben Sie ruhig in London, es besteht keine unmittelbare Kriegsgefahr. Wir geben Ihnen Bescheid, wann Sie England verlassen sollten.«

Mein Vater hatte bedeutend mehr Durchblick. Er rief mich noch am selben Tag an und bat mich, am nächsten Morgen zu ihm nach Guildford zu kommen, der Krieg stünde unmittelbar bevor. Ich nahm den ersten Zug und war glücklich, meinen wunderbaren Vater in dieser schwierigen Lage sehen und sprechen zu können. Er sagte mir klipp und klar, dass er mich, wenn ich in England bliebe, nicht vor Gefangenschaft oder Internierung schützen könne. Aber wollte ich denn wirklich in Nazi-Deutschland Soldat werden?

Er sah mich lange an. In seinem Lehnstuhl sitzend erklärte er mir: »Du weißt, dass ich das Regime in Deutschland hasse, aber ich habe volles Verständnis dafür, wenn für dich deine Pflicht gegenüber dem Vaterland Vorrang hat. Auch kann ich dir hier nicht helfen, du würdest nach Kriegsbeginn automatisch interniert und bliebest bis zum Kriegsende Gefangener. Ich habe mich erkundigt: Morgen früh geht eine Fähre nach Holland. Es ist die letzte Möglichkeit für dich, England zu verlassen.«

Wir führten ein langes Gespräch, und es wurde ein schwerer Abschied, ein Abschied für immer. Wir wussten es beide. Ich fragte ihn: »Papa, wirst du nicht später zu Mutter und mir zurückkommen?« Und er sprach leise: »Mein Junge, was deine Mutter betrifft kann ich dir nur sagen: ›Hätt' es nie in deinen Zweigen, heilige Eiche, mir gerauscht!‹«

Seine Worte trafen mich in tiefster Seele, denn ich ahnte, dass ich von nun an allein stand in einer sich auflösenden Welt. Nichts würde wieder so sein wie in meiner Kindheit. Nach Genf, zu meiner Mutter, während mein Vater in England

Als Soldat einer Stabsbildabteilung während des Vormarsches in Russland nahe dem Dnjepr. Wir machten das Foto, weil uns die Weite der russischen Landschaft beeindruckte.

Englands einen Krieg zu verhindern. Aber auch die letzten Verhandlungen in Berlin blieben erfolglos. Hitler tat nichts, um den Krieg zu vermeiden, sondern stellte in seinem Hochmut Forderungen, die von England nicht erfüllt werden konnten. Der Mann aus Braunau wusste zu wenig von der Welt, um sich auch nur annähernd vorstellen zu können, was ein Krieg gegen England bedeuten würde.

Ich meldete mich bei der deutschen Botschaft als Wehrpflichtiger, denn ich war bereits in Dresden

lebte, wollte ich keinesfalls. Für mich blieb als Zuflucht nur der Ohm in Dresden und danach die Wehrmacht.

Ich entschied mich in diesen Minuten zur sofortigen Flucht aus England und wartete in Den Haag, Holland, bis die ersten Schüsse fielen. Am Radio hörte ich Hitler in seiner berühmten Rede vor dem Reichstag: »Seit heute früh um 5 Uhr wird zurückgeschossen!«

Über Düsseldorf und Köln fuhr ich nach Dresden zum Ohm. Er war sehr still und bedrückt. An einen Sieg der Nazis wollte er nicht glauben, eine zweite Niederlage Deutschlands innerhalb so weniger Jahre wäre aber auch schrecklich. In den Nächten blieben die Straßen dunkel, die Bahnhöfe und die Züge waren ebenfalls verdunkelt. Kein Lichtschein durfte auf die Straßen dringen. Ich fand nur schwer meinen Weg, die meisten Menschen blieben im Haus. Man sprach wenig, die Leute waren verzweifelt. Als einzige Hoffnung sagten sie sich: »Es wird nicht lange dauern, länger als ein halbes Jahr halten wir einen modernen Krieg nicht durch.«

In Dresden wohnte ich beim Ohm, hatte aber kein Geld mehr. Meine Mutter schickte mir keines aus der Schweiz, und dem Ohm wollte ich die Kosten für meinen Lebensunterhalt nicht aufbürden. Mein Weg führte mich deshalb zum Wehrersatzamt, und dort erfuhr ich, dass ich weder bei der Marine, wo ich mich zuerst meldete, noch beim Heer angenommen würde; nur die Luftwaffe suchte noch zusätzliche Soldaten. Am 1. Oktober 1939 meldete ich mich beim Flieger-Ausbildungsregiment Nr. 41 in Frankfurt / Oder. Damit begann für mich ein nie für möglich gehaltener Lebensabschnitt: sechs Jahre Soldat.

Die Ausbildung war extrem hart und überstieg an Schleiferei alles, was später in dem bekannten Roman »08 / 15« an Schikanen geschildert wurde. Vier meiner Kameraden legten während der ersten Wochen den Kopf auf die Schienen der nahen Bahnlinie. Für mich aber wurden die Quälereien noch weit schlimmer. Ich hatte Mutter meine Feldpostadresse nach Genf mitgeteilt, und sie schrieb mir sogleich einen langen Brief aus der Schweiz. Aber es war Krieg, Soldatenpost aus dem Ausland wurde kontrolliert und auf dem Geschäftszimmer des Regiments gelesen.

Meine Mutter, wie immer gewohnt, über mein Leben zu bestimmen, schrieb ohne jede Überlegung oder Rücksichtnahme: »Ich rate dir dringend, sofort zu mir in die Schweiz zu kommen!« Die Aufregung der Vorgesetzten, als sie diese Zeilen lasen, war unbeschreiblich und erreichte ihren Höhepunkt, als ich, nach meinem Vater gefragt, stotternd bekennen musste: »Der lebt in England.« Das war zu viel. Es folgte die Frage nach dem Beruf des Vaters und als sie »Privatgelehrter« hörten, fing der Hauptfeldwebel an zu schreien. Verzweifelt sagte ich: »Aber ich habe mich doch freiwillig zum Wehrdienst gemeldet.« Der Feldwebel schüttelte den Kopf und schrie noch lauter: »Mann, das macht die Sache doch noch schlimmer!« Dann fügte er leiser hinzu:

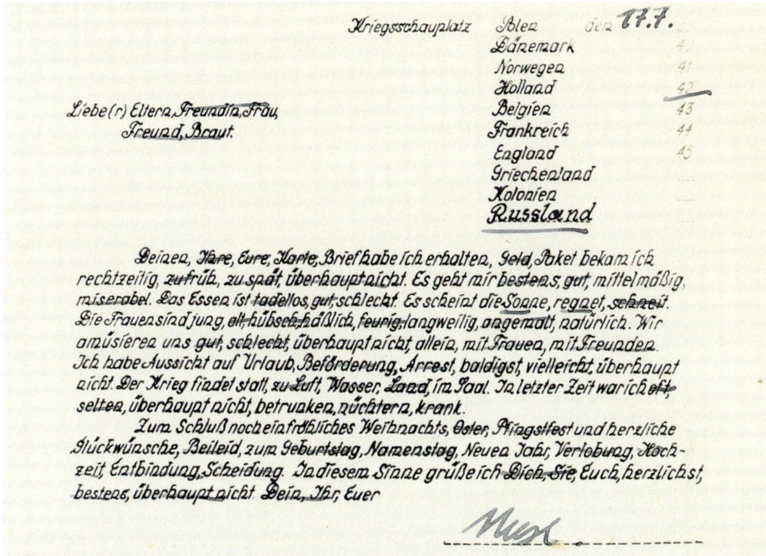
Kriegsschauplatz Polen den 17.7.
Dänemark 40
Norwegen 41
Holland 42
Belgien 43
Frankreich 44
England 45
Griechenland
Kolonien
Russland

Liebe(r) Eltern, Freundin, Frau, Freund, Braut.

Deinen, Ihre, Eure, Karte, Brief habe ich erhalten, Geld, Paket bekam ich rechtzeitig, zu früh, zu spät, überhaupt nicht. Es geht mir bestens, gut, mittelmäßig, miserabel. Das Essen ist tadellos, gut, schlecht. Es scheint die Sonne, regnet, schneit. Die Frauen sind jung, alt, hübsch, häßlich, feurig, langweilig, angemalt, natürlich. Wir amüsieren uns gut, schlecht, überhaupt nicht, allein, mit Frauen, mit Freunden. Ich habe Aussicht auf Urlaub, Beförderung, Arrest, baldigst, vielleicht, überhaupt nicht. Der Krieg findet statt, zu Luft, Wasser, Land, im Saal. In letzter Zeit war ich oft, selten, überhaupt nicht, betrunken, nüchtern, krank.

Zum Schluß noch ein fröhliches Weihnachts, Oster, Pfingstfest und herzliche Glückwünsche, Beileid, zum Geburtstag, Namenstag, Neuen Jahr, Verlobung, Hochzeit, Entbindung, Scheidung. In diesem Sinne grüße ich Dich, Sie, Euch, herzlichst, bestens, überhaupt nicht. Dein, Ihr, Euer

Nux

Solche Postkarten, die für jede Gelegenheit dienten und keine Zeit zum Schreiben erforderten, fertigten wir als Scherz-Post in der Bildstelle an. Es war ja verboten, in der Feldpost genaue Angaben über die Einheit und den Frontabschnitt zu machen. Diese Karte ging an meine Mutter und die Unterschrift heißt: »Nux«. So nannte mich meine Mutter, wenn sie besonders lieb sein wollte. Datum war der 17.7.1942, der Ort vermutlich bei Rschew vor Moskau.

»Sie haben sich gemeldet, um Spionage zu betreiben. Das ist doch völlig klar. Raus jetzt!« Kein Zweifel: Man hatte einen Spion vor sich. Ich bekam keinen Ausgang mehr in die Stadt, das Soldbuch und der Personalausweis wurden mir abgenommen. Aus!
Ich war praktisch ein Gefangener. Dennoch hoffte ich, dass sich die Dinge normalisieren würden, wenn ich nach Abschluss der Grundausbildung zu einem anderen Truppenteil versetzt würde.
Ich kam zu den Flugzeugmechanikern in Schönwalde bei Berlin. Dort wurde der Spionageverdacht noch strenger gesehen. Ich durfte niemals in die Nähe eines Flugzeugs. Es begann eine Leidenszeit. Ich musste den ganzen Tag Latrinen reinigen oder in der Kleiderkammer Wäsche zählen. Tätigkeiten, bei denen ich »keinen Schaden anrichten« konnte.
Selbstverständlich war jeder Ausgang aus der Kaserne gestrichen. Eines Tages traf ich auf der Kleiderkammer einen Kameraden, der im Geschäftszimmer arbeitete. Er fragte nach meinem Namen und starrte mich dann an: »Menschenskind«, sagte er, »du armer Hund! Wenn ich deine Papiere hätte, würde ich mich sofort aufhängen.«
Mir war sofort klar: der Hauptfeldwebel im Ausbildungsregiment hatte die entsprechenden Eintragungen in meine Personalpapiere gemacht. Ich fasste meinen ganzen noch verbliebenen Mut zusammen und meldete mich zum Rapport beim Kompanieführer. Mit Stahlhelm und Leibriemen stand ich am nächsten Morgen vor dem Chef, einem sehr freundlichen, lebensfrohen jungen Leutnant. »Herr Leutnant, ich darf die Kaserne nicht verlassen, bekomme keinen Sonntagsurlaub, ich muss nur Latrinen reinigen – was habe ich getan?«
Der junge Offizier blickte zu Boden, dann sagte er mit gedämpfter Stimme: »Ich weiß, das ist furchtbar für Sie, aber was soll ich machen? Ich kann Ihnen Ausgang geben, aber wer steht mir dafür gerade, dass Sie abends zurückkommen?« Er blickte mir in die Augen und fügte hinzu: »Wenn Sie in die Schweiz abhauen, dann stehe ich vor dem Kriegsgericht!«
So war das also. Ich reinigte weiter Toiletten, ordnete Wäsche in der Kleiderkammer, zählte Stiefel und schrubbte Fußböden in den Unteroffiziersstuben. Wenn der Ausbilder schlechte Laune hatte, dann musste ich den Holzboden mit der Zahnbürste reinigen!
In meiner Verzweiflung fiel mir eine letzte Möglichkeit ein. Ich hatte im Kasernengelände eine Telefonzelle entdeckt und gesehen, dass in einem nahe gelegenen Neubau eine Fliegerbildschule untergebracht war.
»Menschenskind«, dachte ich, »eine Fotografenausbildung wäre die Rettung!« Ich besaß eine Leica, war begeisterter Hobbyfotograf und hatte mir zu Hause eine Dunkelkammer eingerichtet. Nur ein Wechsel zu dieser Bildschule bot mir noch Aussicht auf ein normales, wenn auch hartes Soldatenleben. Ich rief den Ohm in Dresden an, schilderte meine verzweifelte Lage – und er versprach Hilfe.
Ein paar Tage danach wurde ich auf das Geschäftszimmer befohlen und erhielt mein Soldbuch zurück. Argwöhnisch befahl mir der Hauptfeldwebel: »Melden Sie sich sofort beim Kommandeur der Fliegerbildschule gegenüber!« Eilig machte ich mich auf den Weg.
Ein älterer Offizier saß hinter seinem Schreibtisch und musterte mich wohlwollend: »So, Sie sind also Flieger Gebhard«, sagte er nickend. »Wollen Sie zu uns kommen und einen Lehrgang als Fotograf mitmachen?« Ich nahm Haltung an und sagte laut und deutlich: »Jawohl, Herr Hauptmann!« Eine Zentnerlast fiel mir von der Seele.
Er lächelte und fuhr fort: »Ich weiß Bescheid, Sie haben eine schwere Zeit hinter sich, reden wir nicht darüber. Am besten, Sie holen jetzt Ihre Sachen und melden sich drüben auf dem Ge-

schäftszimmer kurz ab. Aber sprechen Sie mit niemandem über die Verlegung! Nachher melden Sie sich bei uns zum Dienst und lassen sich Ihr Quartier zuweisen.«

Der Name vom Ohm, der meine Versetzung offenbar veranlasst hatte, fiel kein einziges Mal. Aber er erzählte mir später, er habe sein Offiziersehrenwort gegeben für meine Zuverlässigkeit.

Der böse Verdacht war damit ausgeräumt. Ich war nun berechtigt, als Soldat mit meinen Kameraden zu arbeiten und – falls erforderlich – auch zu sterben. Im Zuge der Ausbildung lernte ich eine Menge, nicht nur über Fotografie, sondern auch über Elektrotechnik und Motorenkunde. Jede Bildstelle bestand aus drei Arbeitsbereichen: der Foto-Gruppe, den Auswertern, den Gerätewarten und einer Kfz-Abteilung, die mit meist mehr als zehn dreiachsigen Lkws für den Transport der Mannschaft, der Waffen und der Geräte verantwortlich war.

Für jede der drei Gruppen machten wir eine mehrmonatige Schulung durch. Hervorragende Fachkräfte standen als Lehrer zur Verfügung: zum Teil namhafte Fotografen und erfahrene Chemiker, Grafiker, Mechaniker und Elektrotechniker.

Nach Abschluss der Lehrzeit wurde ich zur Bildstelle des Luftgaukommandos in Dresden versetzt. Wir hatten dort einen angenehmen Dienstplan, einer Behörde entsprechend, und

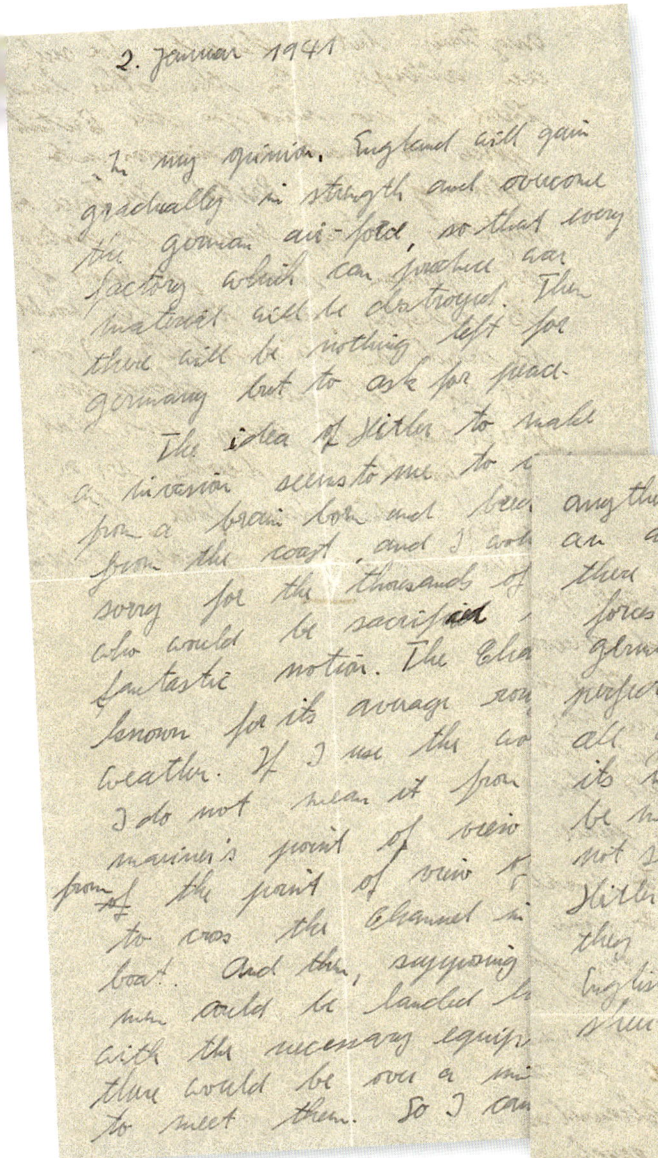

2. Januar 1941

In my opinion, England will gain gradually in strength and overcome the german air-force, so that every factory which can produce war material will be destroyed. There will be nothing left for germany but to ask for peace.

The idea of Hitler to make
a invasion seems to me to
from a brain born and bre
from the coast, and I
sorry for the thousands of
who would be sacrificed
fantastic notion. The Cha
known for its average rou
weather. If I use the wo
I do not mean it from
mariner's point of view
from the point of view to
to cross the Channel in
boat. And then, supposing
men could be landed
with the necessary equip
there would be over a mi
to meet them. So I can

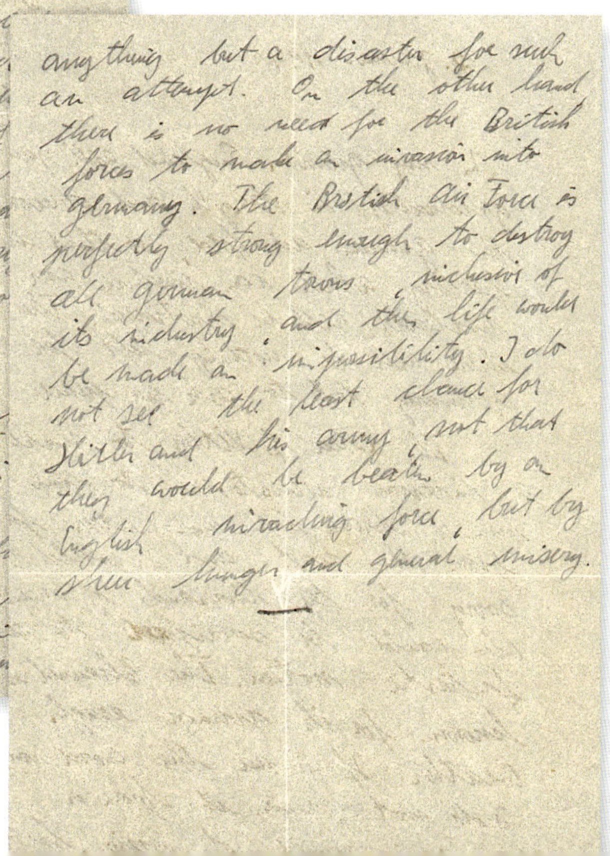

anything but a disaster for such an attempt. On the other hand there is no need for the British forces to make an invasion into germany. The British Air Force is perfectly strong enough to destroy all german towns, inclusive of its industry, and then life would be made an impossibility. I do not see the least chance for Hitler and his army, not that they would be beaten by an English invading force, but by sheer hunger and general misery.

Dieses Schreiben verfasste ich im Januar 1941 nach dem Sieg über Polen, Frankreich, Belgien, Norwegen und Holland, als sich in Deutschland noch niemand vorstellen konnte, dass wir den Krieg verlieren würden. Ich wollte auf jeden Fall, auch über meinen eventuell baldigen Tod hinaus dokumentieren, dass ich schon damals an einen Sieg Hitlers nicht geglaubt habe. Ich schrieb meine Meinung auf Englisch nieder, damit niemand in meiner Nähe meine Einstellung erkennen konnte.

Mein Bruder Vidar, von mir im Urlaub aufgenommen, als er noch Schüler war.

jeden Abend frei. So konnte ich oft in die Oper gehen und bekam als Soldat auch meistens Karten. Eines Tages wurde ich zum Chef der Abteilung befohlen. Der ältere und sehr freundliche Major, vor dem ich stand, sprach mich an: »Sie haben Abitur gemacht und sind nicht vorbestraft, ich werde Sie zur Offiziersschule vorschlagen.« Ich war verblüfft, entschied mich aber sofort, diese Laufbahn besser abzulehnen, um mich nicht mit dem NS-Regime identifizieren zu müssen. »Herr Major, ich möchte nicht auf den Lehrgang und Offizier werden!« »Warum nicht?« Ich gebrauchte allerlei Ausflüchte, doch der Major blieb bei seinem Wunsch: »Sie müssen Offizier werden! Damit sichern Sie sich Ihre Zukunft.« Er führte noch mehrere Gründe an, ich versuchte immer wieder, meine Ablehnung zu begründen und sagte schließlich: »Herr Major, ich würde mich mein Leben lang schämen, wenn ich die Uniform tragen müsste, die Sie anhaben.« Mir wurde sofort klar: das war Wahnsinn! Ich hatte eine Riesendummheit begangen. Es konnte mein Todesurteil sein.

Der Major war geschockt, sah mich eine Minute lang an und sagte dann leise: »Wir haben uns wohl nichts mehr zu sagen. Sie können gehen!«

Anfang des Jahres 1941 saß ich im Abteil eines D-Zugs Richtung Wien und Budapest. Es ging in den Osten Europas, an die Balkanfront. Vielleicht nach Jugoslawien, an die Adria? An eine Küste des Mittelmeers?

Nachts riss mich Lärm jäh aus meinen Träumen. Ich flog in eine Ecke des Abteils, hörte Schreie: »Der Zug brennt, raus!« Wir sprangen aus der Tür, liefen auf die Wiese, und tatsächlich: Der Wagen vor uns brannte lichterloh, die Lok war im Rauch schon nicht mehr zu erkennen. Irgendjemand rief: »Der Lokführer und der Heizer sind tot!« Der Krieg hatte nun auch für mich begonnen.

Wir sprangen aus dem Wagen, retteten uns auf die Felder und erreichten in einem Ersatzzug aus Güterwagen und stehend mit großer Verspätung Wien. Dort gelang es unserem verantwortlichen Transportleiter, einem Leutnant, zu erkunden, dass wir nicht vor Mitternacht mit der Weiterfahrt rechnen konnten. Es war 8 Uhr früh, und 16 Stunden in dem ungeheizten Wagen zu stehen, schien mir einfach schrecklich, denn ich hatte noch nicht die Gleichgültigkeit erworben, die mich in späteren Kriegsjahren ähnliche Situationen völlig ungerührt überstehen ließ.

Mein heißer Wunsch, wenn auch nur für Stunden etwas von Wien zu sehen, war übermächtig. So beriet ich mich mit einem Kameraden, der als Kraftfahrer der gleichen Bildstelle zugeteilt war. »Willst du mit mir nach Wien reinfahren und abends ins Theater gehen?« Der liebe Kamerad, er hieß Fenske, war zunächst skeptisch und meinte, es könne Ärger geben, ließ sich aber von mir begeistern und stimmte zu. Wir bewegten

uns im Gedränge des engen Waggons auf den Transportführer zu, und ich fragte ganz direkt: »Herr Leutnant, ich bin ein großer Freund des Theaters und wünsche mir glühend, in Wien ins Burgtheater zu gehen. Die Vorstellungen beginnen jetzt wegen der Verdunkelung sehr zeitig, wir sind bestimmt um 22.00 Uhr zurück. Ich gebe Ihnen mein Ehrenwort, dass wir pünktlich sind.«
Der Leutnant, ein feiner Mann, war zunächst völlig verblüfft, stimmte dann aber vorsichtig zu: »Ich kenne Sie nicht, aber ich will Ihnen glauben. Sie wissen, dass mein Leben auf dem Spiel steht, wenn Sie den Zug nicht mehr erreichen. Geben Sie mir die Hand und versprechen Sie, Ihr Wort zu halten.«
Ich habe diese Szene niemals vergessen. Es war einer der Augenblicke in meinem Leben, die mir später trotz Wut und Verzweiflung über NS-Verbrechen und den sinnlosen Tod von Millionen Kraft gegeben haben, weiter an einen Sinn des Lebens zu glauben.
Per Anhalter erreichten wir die Innenstadt, wanderten über den Ring und bekamen als Frontsoldaten auch Karten für das Burgtheater. Wir erlebten die Premiere eines Spätwerks von Gerhart Hauptmann. Freund Fenske war sprachlos und überwältigt, allein schon vom Glanz und der Pracht des weltberühmten Theaters.
Dieser Urlaub auf Ehrenwort blieb eine wunderbare Erinnerung. Als ich Jahrzehnte später in der Nähe des Burgtheaters zum ersten Mal selbst auf einer der großen Bühnen der Weltstadt stand und von meiner Weltumsegelung berichtete, hatte ich Tränen in den Augen.
In der Nacht rollten wir weiter nach Osten und versuchten, aus den Namen der Bahnhöfe Schlüsse zu ziehen. Nach dem Feldzug gegen Griechenland fand eine Besichtigung durch einen General der Luftwaffe statt: große Aufregung, Parade, Musterung …
Das eigentlich Sensationelle waren jedoch die Worte des Generals: Er sprach von dunklen Wolken, die am Horizont heraufzögen, von »schweren Zeiten, die unserem Vaterland bevorstünden« und er rief: »Möge der Herrgott das Schlimmste abwenden!« Auf solche Worte von einem General waren wir nicht gefasst. Wovor fürchtete er sich?
Bald darauf hieß es: »Verladen!«. Als Gefreiter musste ich mit anpacken. Die Unteroffiziere beteiligten sich nicht an der harten Arbeit, achtzig mächtige, bis zu hundert Kilo schwere Gerätekisten aus Eichenholz auf die Lkws zu verladen. Das war eine Quälerei, vor der sich auch die kräftigsten Kameraden schon Tage vorher fürchteten.
Eine rasch errichtete Pontonbrücke ermöglichte uns den Übergang über die Donau nach Rumänien. Dort wurden wir als so genannte »Lehrtruppen« stationiert.
Ganze vier Jahre, vom 22. Juni 1941 bis zum 10. Mai 1945, dem bitteren Ende, tat ich Dienst bei verschiedenen Bildabteilungen an der Ostfront, manchmal 48 Stunden ohne Unterbrechung. Kaum mehr bei Sinnen vor Müdigkeit, musste ich tausende von Luftbildern entwickeln, fixieren und trocknen. Die Arbeit forderte unsere letzten Kräfte. Aber so wurde ich nicht nur zum routinierten Fotografen, sondern auch zum geübten Handwerker und Transportarbeiter. Keine Arbeit durfte zu schwer sein.
Der Winter 41/42 überfiel uns mit Temperaturen bis minus 50 Grad, die Verpflegung wurde knapp, der Nachschub kam ins Stocken. Partisanen bedrohten jeden unserer Transporte, aber die Vorgesetzten verlangten weiter vollen Einsatz. Auch bei größter Kälte mussten wir Posten stehen, unsere Einrichtungen und Flugzeuge Tag und Nacht bewachen. Es gab keine Mäntel, keine warmen Mützen oder Wollstrümpfe. So lernte ich Strapazen jeder Art auszuhalten.
1944 endlich war ein Ende des Krieges abzusehen. Unsere Einheit kehrte nach Deutschland zurück, nach Kärnten.

Sein oder Nichtsein

Am 8. Mai 1945, nach Inkrafttreten des Waffenstillstands, packte ich im Tal von St. Andrä in Kärnten meinen Rucksack mit der nötigsten Kleidung sowie etwas Verpflegung und begab mich mit einem Kameraden auf den Weg Richtung Heimat. Wir hatten eine Karte und gingen zu Fuß über Wege und durch Wälder, damit uns die Russen nicht noch in den letzten Tagen gefangen nahmen. Obwohl der Krieg beendet war, wurden wir aber auf der Straße von russischen Tieffliegern angegriffen und mit Maschinengewehren beschossen. So schnell wie diesmal hatte wohl keiner von uns je Deckung gesucht und die Flucht ergriffen. Jetzt noch getötet werden? Nein!

Im Raum Salzburg, nahe der deutschen Grenze, fingen uns Amerikaner auf der Straße ein und brachten uns per Lastwagen in ein provisorisches Lager: Unsere kleinen Zelte schlugen wir auf einer sonst leeren Wiese auf, nur der Stacheldraht ringsum war vorhanden. Nicht alle hatten Zeltbahnen in ihren Tornistern.

Wir fraßen Gras und Löwenzahn, denn dem hilfsbereiten Lagerkommandanten gelang es nicht, Lebensmittel für uns zu besorgen. Jeden Mittag beim Appell berichtete er von seinen

Nach meiner Freilassung Mitte Mai 1945 ging ich von Murnau 30 km zu Fuß nach Garmisch (es fuhr noch keine Bahn) und hatte dort große Schwierigkeiten, Lebensmittelmarken zu bekommen und ein Zimmer. Bezugsscheine für einen Kochtopf oder gar für Kleidung erhielt ich nicht! Der Empfang im »Vaterland«, für das wir sechs Jahre lang unser Leben eingesetzt hatten, enttäuschte mich zutiefst. Es war ein Gefühl, das noch lange lebendig blieb! Jeder Beamte wollte es damals den Amerikanern recht machen. Ich war verbittert, zog mich aus dem bürgerlichen Leben zurück, wurde Schauspieler.

Garmisch-Partenkirchener Tagblatt

„Loisach-Bote" Amtsblatt des Landrates, des Finanzamtes und der Gemeinden Garmisch-Partenkirchen Mittenwald und Oberammergau. Vereinigt mit „Werdenfelser Anzeiger" „Grenzpost" Mittenwald und „Ammergauer Zeitung" Oberammergau. – Einzelpreis 10 Pfg. Druck und Verlag der Buchdruckerei A. Adam, Garmisch-Partenkirchen, Fürstenstraße 1–3. Gegründet im Jahr 1881. Telefon 2935 und 3235

Das „Garmisch-Partenkirchener Tagblatt" erscheint täglich mit Ausnahme der Sonn- und Feiertage. Bezugspreis monatlich RM. 1.80 bei unseren Zeitungsträgern, bei Postbezug 36 Pfennig Zustellgebühr. Anzeigenberechnung nach der zur Zeit gültigen Preisliste Nummer 9. Annahmeschluß für termingebundene Anzeigen am Tag der Ausgabe vorm. 8.30 Uhr. Unterbringung sonstiger Anzeigen je nach Möglichkeit.

Nummer 105 — Garmisch-Partenkirchen, Dienstag, den 8. Mai 1945 — 65. Jahrgang

Acht Tage Besatzung

Noch am Samstag, den 28. April, brachte die oberbayerische Presse Deutsche Frontberichte, in denen unsere amerikanischen Gegner im Donaubogen Deggendorf—Dillingen, außerdem in Augsburg und Memmingen im Kampf mit deutschen Truppen gemeldet wurden. 24 Stunden später am Sonntag überstürzten sich die Nachrichten, die von Mund zu Mund weiterliefen, der Feind sei bereits in Weilheim, in Oberau und Reutte. Ein Teil der Bevölkerung lehnte die von allen Seiten in immer neuen Versionen verbreiteten unverbürgten Neuigkeiten ohne weiteres ab, doch wurde er in diesem Falle nur allzu schnell eines anderen belehrt: wie ein Unwetter brachen am Sonntagnachmittag, den 29. April, gegen 19.30 Uhr, starke amerikanische Panzerkräfte in unseren Ort ein und brausten in nicht endenwollendem Zug donnernd und in Staubwolken gehüllt durch Partenkirchen weiter auf der Straße nach Mittenwald. Garmisch-Partenkirchen, der idyllische, sonst so ruhige Olympiaort, in dem sich einst die Völker der ganzen Welt zu friedlichem Wettstreit vereinten, ist seither in ein Heerlager umgewandelt.

Zahlreiche günstig gelegene Gebäude sind zu Kommandostellen geworden, alle wichtigen Amtsstellen wie Haus der Nationalsozialisten, Bahnhof, Post, Finanzamt …

Schluß mit dem Krieg!

Waffenstillstand auf der ganzen Linie

Die bedingungslose Kapitulation Deutschlands wurde im Hauptquartier General Eisenhowers in Reims unterzeichnet. Generaloberst Jodl vollzog die Unterschrift für Deutschland. General Eisenhower war bei der Unterzeichnung selbst nicht zugegen, traf aber kurz danach ein. Er richtete an Generaloberst Jodl die Frage, ob er die Bedingungen auch richtig verstanden habe. Generaloberst Jodl antwortete zustimmend und bat dann um Erlaubnis, sprechen zu dürfen. Er erklärte

„Mit dieser unserer Unterschrift sind das deutsche Volk und die deutsche Wehrmacht auf Gnade und Ungnade den Siegermächten in die Hand gegeben."

*

Der neue deutsche Außenminister, Graf Schwerin-Krosigk, gab über den dänischen Rundfunk von der Kapitulation Deutschlands Kenntnis.

*

Großadmiral Dönitz gab den U-Booten den Befehl, alle Feindseligkeiten einzustellen und Heimatkurs zu nehmen. Er äußerte: „Die erdrückende feindliche Uebermacht hat die deutschen Kräfte auf engsten Raum zu- …

… verwesers, Philipp von Hessen und Xaver de Bourbon wurden in einem Internierungslager aufgefunden und in Freiheit gesetzt.

Schweden und Portugal haben die diplomatischen Beziehungen zu Deutschland abgebrochen.

Aus San Francisco liegen folgende Meldungen vor:

Abbruch der Besprechungen über Polen zwischen der USA., England und der Sowjetunion.

Im Laufe des gestrigen Tages ließ Außenminister Eden der Regierung in Moskau ein Schreiben folgenden Inhalts übermitteln:

Die Regierungen der Vereinigten Staaten von Nordamerika und Großbritannien haben an die Regierung der Sowjetunion wiederholte Anfragen gerichtet wegen des Schicksals einiger führender polnischer Demokraten, die Ende März mit Vertretern der Armee in Polen eine Zusammenkunft hatten. Durch den sowjetischen Außenminister Molotow wurden die Regierungen der Vereinigten Staaten von Nordamerika und Großbritannien jetzt in Kenntnis gesetzt, daß diese Abordnung polnischer Demokraten unter Beschuldigung zersetzender Umtriebe in Moskau verhaftet und zurückgehalten werde. Außenkommissar Molotow wurde um eine vollständige Klarlegung gebeten. Inzwischen müssen alle Verhandlungen über die polnische Frage ausgesetzt werden. Außenminister Stettinius erklärte hierzu: Weitere Erörterungen über die Polenfrage können erst nach Erhalt ausreichender Erklärungen stattfinden.

Der Sender Moskau gab am gestrigen Abend hierzu eine Meldung durch: Die Kommission der 16 Polen steht unter der Beschuldigung Sabotageakten im rückwärtigen Gebiet vorgenommen zu haben. Die Kommission wird in Moskau festgehalten. Alle oder einige der Mitglieder werden vor Gericht gestellt.

Staatsfeind 8852

Von Heinz B. — Nachdruck, auch auszugsweise, verboten.

Die nachfolgende Schilderung soll nur einen kurzen, gedrängten Einblick in die … Prügelstrafe versuchte man neuerdings, ein …

Als Ruprecht in »Der zerbrochene Krug« von Heinrich von Kleist (oben links); als Riccaud in »Minna von Barnhelm« von Lessing (oben rechts); als Leander in »Des Meeres und der Liebe Wellen« mit Ingrid Holten von Grillparzer (unten links); als Bräutigam in »Der Heiratsantrag« von Anton Tschechow (unten rechts).

vergeblichen Bemühungen im Verpflegungslager. Dort sagte man ihm, der Krieg sei zu Ende, also gäbe es auch keine Kriegsgefangenen! Das konnten sich die unbeschränkten Sieger erlauben.

Meine etwa zweihundert Kameraden und ich selbst gerieten von Tag zu Tag in größere Gefahr zu verhungern. Erst viel, viel später erfuhr ich, dass diese scheinbare Panne in der Nahrungsversorgung planmäßig erfolgt und unser Tod vom amerikanischen Oberkommando gewollt war. Der amerikanische Autor James Bacque veröffentlichte nämlich die genauen Zusammenhänge in seinem Buch: »Der geplante Tod«, in dem es um die mörderischen Lager der Amerikaner ging. Dabei ließ er auch deutsche Gefangene zu Wort kommen, darunter einen entfernten Verwandten von mir. Dieser Karl von Lüttichau schrieb: »Wir saßen in überfüllten Stacheldrahtkäfigen im Freien und bekamen kaum etwas zu essen. Die Latrinen waren Baumstämme, die man über Gräben am Stacheldrahtzaun geworfen hatte. Wenn wir schlafen wollten, blieb uns nichts anderes übrig, als mit Händen ein Loch zu graben und uns dann in dem Loch zusammenzudrängen. Weil so viele krank waren, mussten die Männer ihre Notdurft auf dem Boden verrichten. Viele waren zu schwach, um sich die Hosen herunterzuziehen. Bald war unsere ganze Kleidung besudelt. Bei solchen Bedingungen fingen unsere Männer sehr bald an, zu sterben. Schon nach wenigen Tagen waren etliche, die gesund ins Lager gekommen waren, tot. Ich habe gesehen, wie unsere Männer viele Leichen ans Lagertor schleppten. Dort wurden sie kreuz und quer auf Lastwagen geworfen, die sie dann wegbrachten.«

Nach einer Woche gelang es unserem Kommandanten schließlich, mit seinem Jeep ein verendetes Pferd von der Straße zu schleppen und das Fleisch für uns kochen zu lassen – ohne Salz allerdings, denn auch darum hatte er sich vergeblich bemüht. Es schmeckte fürchterlich, aber ich schluckte, denn es ging ums Überleben.

Der Lagerkommandant, ein junger Offizier, gab sich redlich Mühe, die offensichtlichen Verstöße gegen internationales Recht zu umgehen. Nach drei Wochen Hunger, Qual und Todesangst wurde ich entlassen, da ich die Unterkunft meiner Mutter zu Fuß erreichen konnte, ohne bei den Straßensperren außerhalb des Landkreises aufzufallen.

Freilich musste ich zuvor die vorgeschriebenen Fragebögen der CIA bezüglich Parteizugehörigkeit, Mitgliedschaft bei SA, SS und Hitlerjugend ausfüllen. Ich konnte wahrheitsgemäß überall »No« schreiben.

Diese Entlassung rettete mein Leben. Ich fürchte sehr, dass damals nicht alle Kameraden das Lager überstanden haben. Viele waren schon nach wenigen Tagen so schwach geworden, dass sie am Morgen nicht mehr aus dem Zelt kriechen und aufstehen konnten, um ihre Notdurft zu verrichten oder einige Löwenzahnblätter zu sammeln, die wir mit etwas Wasser und ohne Salz in unseren Kochgeschirren weich schmorten. Uns war jedenfalls klar geworden, dass die Amerikaner nur so lange das Völkerrecht beachteten, wie ihre eigenen Leute als Gefangene auf korrekte Behandlung angewiesen waren, also nur bis zum Ende der Kampfhandlungen.

Für mich gab es kein allzu frohes Wiedersehen mit Mutter und Bruder, denn meine Rückkehr wurde von traurigen Nachrichten überschattet: Mein Vater war in England gestorben, das gesamte Erbe dem englischen Staat zugefallen! Der Ohm, der mir den Übergang ins zivile Leben hätte erleichtern können, erlebte das Kriegsende nicht mehr, sondern erlag 1944 seinen schweren Verwundungen aus dem Ersten Weltkrieg. Und schließlich der Totalverlust: Alles was wir besessen hatten, auch was mir an Büchern, Kleidung und Geräten gehörte, war ein Opfer der Bomben auf Dresden geworden.

Was meine Mutter in Koffern nach Bayern mitgenommen hatte, darunter auch mein Handkoffer mit ziviler Kleidung und einigen mir besonders wertvollen Erinnerungsstücken, war nur wenige Tage zuvor von amerikanischen Soldaten restlos geplündert worden.
Das Ende meines bisherigen Lebensabschnitts war mit einem Schlag hereingebrochen. Nun begannen die schwarzen Jahre.
Nur wenige Tage konnte ich in Murnau bei meiner Mutter bleiben, da sie selbst und mein Bruder von den Erben der Tante nicht eben freundlich behandelt wurden. Wenn meine liebe Tante nur ein paar Monate länger gelebt hätte, dann hätten wir vorübergehend ein Heim gehabt. Doch so musste ich mich völlig ausgehungert und kaputt nach einer Woche verabschieden. Aber wohin? Und wie? Es gab keine deutsche Regierung mehr, keine Verwaltung. Auch verkehrten weder Eisenbahnen noch Busse. Alle paar Kilometer standen amerikanische Soldaten auf den Straßen und verlangten einen Passierschein, denn Ortswechsel waren verboten. Was sollte werden? Natürlich dachte ich an die Seefahrt und wäre bereit gewesen, irgendwo auf einem alten Kahn als Schiffsjunge zu arbeiten. Aber die Militärregierung hatte deutschen Schiffen jegliche Seefahrt über die Flussmündungen hinaus verboten, auch wenn es nur um Fischfang ging. Man brauchte keine Schiffsjungen mehr.
Es war mir bitter klar geworden, dass ich nichts mehr besaß außer meinem Rucksack und ein paar Uniformteilen, die ich im Gefangenenlager getragen hatte. Dazu kam der Hunger. Meine Mutter hatte keine Lebensmittel aufheben können, auch musste sie für meinen jüngeren Bruder sorgen, der noch zur Schule ging. Da keine Züge mehr fuhren, entschloss ich mich, die 30 Kilometer nach Garmisch-Partenkirchen zu Fuß zu marschieren, um mich dort nach Arbeit umzusehen. Aber ich war von der Gefangenschaft geschwächt. Mit leerem Magen bedeutete dieser Fußmarsch eine fast übermenschliche Anstrengung für mich.
Ich versuchte mein Glück bei einer Patentante, die mir allerdings sofort klar machte: »Bei mir kannst du nicht länger wohnen.« Sie hatte einen Freund, der sich um ihr Haus kümmerte und sich bereits als Besitzer fühlte. Er wartete auf das Erbe, und da sollte ihm kein Patenkind in die Quere kommen. Wieder hieß es: So schnell wie möglich raus!
Mit leeren Händen, die meistens nicht einmal gewaschen waren, ohne Geld, ohne Kleidung begann ich schließlich in einem Fotolabor in Garmisch meine Arbeit als Laborant. Von 9.00 bis 18.00 Uhr stand ich in der Dunkelkammer und entwickelte die Filme und Fotos der Kunden. Aber ich war natürlich sehr froh, eine feste Anstellung zu haben. Ich bekam meine Lebensmittelmarken und konnte ein Zimmer bezahlen. Immerhin: Der Krieg war zu Ende, und ich war noch einmal davongekommen.
Meine größte Sorge blieben der Hunger und die mangelnde Ernährung. Mit knapp rationiertem Brot, das bei weitem nicht ausreichte, musste ich mich am Leben erhalten. So fand ich wahrhaft abenteuerliche Wege, um meine Nahrung zu sichern: Ich versteckte meine Brotration für die weiteren Tage bis zur nächsten Zuteilung vor mir selbst, schwer zugänglich unter dem Bett.
Mit Zucker verfuhr ich noch drastischer: Ich gab meine 60 Gramm, die für den Monat reichen sollten, meiner Zimmervermieterin, die die Tüte in ihrer Speisekammer versteckte. Der Hunger aber trieb mich so weit, dass ich nachts die Speisekammer aufschloss und den Zucker »stahl«. Dieser »Einbruch« führte zu einer Auseinandersetzung, wobei die brave Katholikin mich einen »Ketzer« nannte, da ich evangelisch getauft war. Aber die gute Frau mochte mich sehr, und so wurde der Ketzer später zum »Ketzerlein«, und an Tagen besonderer Wertschätzung wurde ich sogar mit »mein Ketzerlein«

Als Kriegsheimkehrer (Patient) in dem Erfolgsstück »Kennen Sie die Milchstraße?«.

angesprochen. Ihr Mann, ein pensionierter Schuldirektor, war ein feiner Mensch vom guten alten Schlag: gebildet und verständnisvoll, aber an strenge Ordnung gewöhnt und darauf bedacht, dass ich keinesfalls durch Lärm oder lautes Reden meine Rechte als Mieter überschritt. Besuch war nicht erwünscht, Damenbesuch sogar ausgeschlossen! Das musste ich im Mietvertrag unterschreiben. Großes Lob brachten mir meine pünktlichen Mietzahlungen ein, obwohl mein Gehalt von 250 Reichsmark neben Miete und Essen nicht einmal für eine Fahrkarte nach München oder auch nur nach Murnau reichte. Im Frühjahr sammelte ich Beeren im Wald und im Herbst Pilze, so konnte ich mich an einigen Tagen satt essen.

Ich schildere diese Beschränkungen, weil die bitteren Erfahrungen später ausschlaggebend waren für meinen Entschluss, große Seefahrten auch ohne ausreichende Mittel zu unternehmen und alles bis dahin Erreichte hinter mir zu lassen.

Nach zwei Jahren wurde mir das Leben in der Dunkelkammer unerträglich, denn Fotograf war nie mein Traumberuf gewesen. Doch für ein Studium war kein Geld vorhanden, und BAföG gab es noch nicht.

Eine ältere Kollegin ließ ihren zwei Töchtern Musikunterricht erteilen. Wir sprachen darüber und ich dachte plötzlich: »Ja, Musik, das wäre ein Ausgleich für die eintönige Arbeit in der Dunkelkammer.« Ich nahm Gesangsunterricht, da ich weder ein Klavier noch ein anderes Instrument zur Verfügung hatte. Zwar versicherte ich meiner Lehrerin, dass ich keine Singstimme hätte. Sie wollte es dennoch versuchen, musste aber nach einiger Zeit zugeben, dass ich wirklich nicht singen konnte.

»Ihre Sprechübungen machen Sie aber sehr gut!«, meinte sie tröstend. »Wollen Sie nicht Schauspieler werden?« Ich schüttelte den Kopf, aber sie ließ sich nicht beirren. Und diesmal hatte ihr Optimismus unerwarteten Erfolg: Bei einem ihrer Schülerkonzerte hatte ich Gedichte rezitiert, und ein Beauftragter des örtlichen Theaters hatte mich gehört. Ich sollte mich beim Intendanten melden und erhielt prompt einen Vertrag! So konnte ich das Fotogeschäft unerwartet schnell verlassen. Und stand bereits bei der nächsten Premiere des »Kleinen Theaters« auf der Bühne. Der Regisseur, Oskar von Schab, dem

Als Patient in »Kennen Sie die Milchstraße?« Das Stück wurde mein größter Erfolg als Schauspieler, schildert es doch den bösen Empfang in der Heimat und die daraus folgenden Ver(w)irrungen und Leiden des heimgekehrten Soldaten bei seinen Versuchen, einen neuen Sinn für sein Leben zu finden. Meinen jeweiligen Gegenspieler verkörperte Fritz Rohrbeck, der auch Regie führte.

Kennen Sie die Milchstraße?

Eine Komödie
von Karl Wittlinger

Inszeniert
von Fritz Rohrbeck

Ort:
Ein Nervensanatorium

Zeit: Heute

Personen:

Ein Arzt - Fritz Rohrbeck

Ein Patient - Rolf Gebhard

LANDESBÜHNE MÜNCHEN
[illegible]

In »Der Weibsteufel« (oben links); als »Zauberer« für eine Bierwerbung (unten links); als Ritter in »Elga« von Gerhart Hauptmann mit Ingrid Holten und Fritz Rohrbeck (unten rechts).

Der zerbrochene Krug

Lustspiel in einem Aufzug von Heinrich von Kleist (1777 - 1811)

Inszenierung: Fritz Rohrbeck

Personen

WALTER, Gerichtsrat	Elmar Osborn
ADAM, Dorfrichter	Fritz Rohrbeck
LICHT, Schreiber	Harald Rainer
FRAU MARTHE RULL	Dore Dreysel
EVE, ihre Tochter	Ingrid Holten
RUPRECHT, ihr Bräutigam	Rolf Gebhard
FRAU BRIGITTE	Atta Hansen
DER BÜTTEL	Gerhard Bruner
DIE MAGD	Irme-Luise Hensing

Die Handlung spielt in einem niederländischen Dorfe bei Utrecht

Regie-Assistenz: Gerhard Bruner

Kleines Theater
GARMISCH — PARTENKIRCHEN
Direktion: Hans Puhlmann
Künstlerische Leitung: Hannelore Dworsky

Das Extemporale

Lustspiel in 3 Akten von
Hans Sturm und Moritz Färber

Regie: Otto Glauert

Personen:

Prof. Dr. Jeremias, Gymnasialdirektor	Otto Glauert
Prof. Gustav Enderle Gymnasialoberlehrer	Rolf Gebhard
Lotte, seine Tochter	Inge Laake
Frau Hultzsch	Atta Hansen
Franz Hoffmann, Oberprimaner	Richard Bendig
Krumbiegel, Kastellan am Gymnasium	Gustl Göringer
Frau Elisabeth Hoffmann-Salzer	Gabriele Kelter

Bühnenbild: Ernst Rosenow

Veröffentlicht unter der Zulassungsnummer 1158 (Hans Puhlmann) der Nachrichtenkontrolle der Militärregierung

ich vorgesprochen hatte, sagte danach: »Junge, was du da deklamiert hast, war fürchterlich, aber in dir steckt etwas, ich will es mit dir versuchen.« Oskar von Schab wurde mein Lehrer und gab mir zwei Jahre lang Unterricht. Darauf war ich sehr stolz, denn er hatte die Schauspielschule des Deutschen Theaters in Berlin geleitet, arbeitete als Dramaturg mit den Großen der Bühne wie Heinrich George, Ernst Deutsch und Emil Jannings zusammen und leitete später eine Bühne in München.

Ich nahm auch Tanzstunden und lernte durch eine Mitschülerin eine sehr attraktive Frau kennen, in die ich mich leidenschaftlich verliebte. So begann im Mai 1948 eine heiße Affäre, denn meine Liebe wurde ebenso leidenschaftlich erwidert. Wir nützten jede Gelegenheit, um Zeit gemeinsam zu verbringen, Tag und Nacht. Sie hatte eine kleine Wohnung, und dort trafen wir uns in jeder freien Stunde, die mir die Proben und Vorstellungen ließen. Ich war in fast allen Stücken in kleineren und größeren Rollen eingesetzt und stand jeden Abend auf der Bühne. Das Theater war mein Leben.

Schon nach wenigen Wochen dieses engen Zusammenlebens dachten wir an Heirat, obwohl Hildegard acht Jahre älter war als ich. Auch sonst stand unserer Heirat so ziemlich alles entgegen. Hildegard war verheiratet und hatte einen Sohn von neun Jahren. Ihr Vater, ein reicher Industrieller, Konsul und Direktor der Wacker-Chemie, machte ihr Schwierigkeiten, denn ein Habenichts von Schauspieler war ihm als Schwiegersohn denkbar unerwünscht. Ich musste versprechen, nie mehr eine Bühne zu betreten, noch einmal völlig neue Wege zu gehen und in meiner Ausbildung von vorne anzufangen.

Aber es lohnte, sich voll für die neuen Aufgaben einzusetzen – und ich war fest dazu entschlossen. Hildegard selbst besaß ein feines kleines Hotel und träumte davon, dass wir es zusammen leiten, eine gehobene Existenz aufbauen würden und später die Immobilien des Vaters verwalten. Nach und nach gestand sie mir, dass es auch in dieser Richtung Schwierigkeiten gab: »Weißt du, das Hotel, es heißt ›Haus Inge‹, ist noch immer von den Amerikanern besetzt. Ich bekomme nur eine kleine Entschädigung und davon müssten wir beide mit meinem Jungen leben, bis das Haus zurückgegeben wird. Aber das kann nicht mehr lange dauern!« Wir planten die Zukunft in allen Einzelheiten und Hildegard glaubte an meine Fähigkeiten. Mir selbst wurde erst Jahrzehnte später klar, dass ich als Hotelkaufmann wahrscheinlich keinen Erfolg gehabt hätte.

Hildegard sprach oft davon, dass wir später ein Segelboot am Starnberger See anschaffen sollten. »Später« hieß, nachdem wir verheiratet waren und das Hotel erfolgreich führen konnten. »Ich bin dort früher mit meinem Mann gesegelt, aber er hatte ständig Bedenken und keine Zeit.« Sie sah mich mit leuchtenden Augen an: »Aber mit dir wird das richtig Freude machen, du bist sportlich und hast seit deiner Kindheit die Liebe zum Wasser nicht verloren.« Ich war begeistert. Der Traum vom eigenen Boot und vom Segeln war plötzlich wieder in greifbare Nähe gerückt!

Vorläufig fuhren wir jedoch im Sommer mit unseren Fahrrädern so oft wie möglich zum Schwimmen an einen der Seen rund um Garmisch. Auch unternahmen wir Wanderungen und größere Bergtouren. Dabei hatten wir Zeit, unsere Pläne für die Zukunft zu schmieden, allerdings war ich doch überrascht, als Hildegard an einem schönen Sommertag plötzlich fragte: »Wollen wir am 7. Oktober heiraten? Ich sehe keinen Grund, weshalb wir länger warten sollten.« Wieder war ihre merkwürdige Eile zu spüren, alle Pläne rasch umzusetzen.

Natürlich hatte ich keine Einwände. Wir besprachen, dass ich die Zeit bis zur Freigabe des Hotels nützen würde, um mich auf diesen für mich völlig neuen Berufsweg vorzubereiten. Meinen Vertrag als Schauspieler wollte ich zum Beginn der

Als ein Patient in »Kennen Sie die Milchstraße?« von Karl Wittlinger.

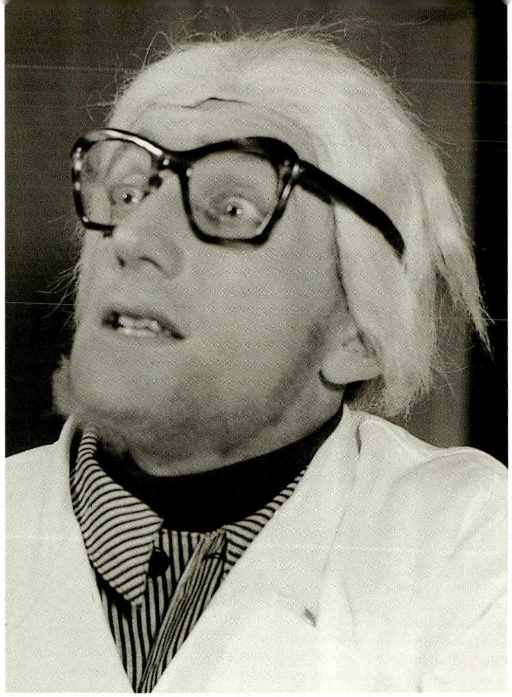

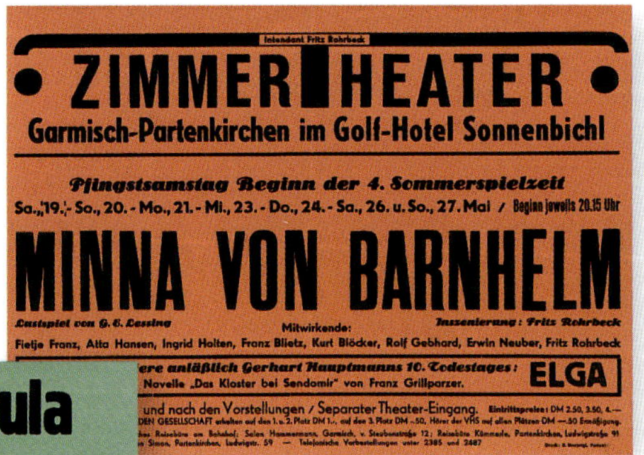

tenbühne leitet,

. . daß er in allen möglichen Berufen kurzfristig arbeitete, um dann wieder ein paar Wochen schreiben zu können,

. . daß in dieser „Freizeitbeschäftigung" über ein Dutzend Theaterstücke entstanden sind, dazu Gedichte, einige Novellen und Hörspiele,

. . daß mit seiner Zwei-Personen-Komödie „Kennen Sie die Milchstraße" im Jahre 1955 sein Erfolg als Bühnenautor begründet wurde,

. . daß „Kennen Sie die Milchstraße?" an den Bühnen der Stadt Köln mit überraschend großem Erfolg uraufgeführt wurde,

. . daß dieses Stück in fast alle Sprachen der Welt übersetzt wurde und in allen Theatern der Welt erfolgreich aufgeführt wird,

. . daß dadurch „Kennen Sie die Milchstraße?" zu dem international meistgespielten zeitgenössischen Theaterstück geworden ist und Karl Wittlinger somit zu den erfolgreichsten Autoren der Gegenwart zählt,

. . daß als weitere Werke des Autors u. a. folgende Stücke vorliegen: „Der Himmel der Besiegten" — „Junge Liebe auf Besuch" — „Lazarus" — „Der Trümmergarten" — „Zwei rechts, zwei links",

. . daß das „Intime Theater Garmisch-Partenkirchen" die Komödie „Kennen Sie die Milchstraße" seit über fünf Jahren auf dem Spielplan hat, und daß dieses Stück seines großen Erfolges und der großen Nachfrage wegen nicht abzusetzen ist.

Kennen Sie die Milchstraße?

EINE KOMÖDIE VON KARL WITTLINGER

Inszeniert von Fritz Rohrbeck

Ort: Ein Nervensanatorium — Zeit: Heute

PERSONEN:

EIN ARZT . . . . . FRITZ ROHRBECK

EIN PATIENT . . . . ROLF GEBHARD

ALLES ANDERE ERFAHREN SIE VON DER BÜHNE . . . .

— Bühnenvertrieb: FELIX BLOCH ERBEN, Berlin-Charlottenburg —

Seit über 10 Jahren ist unser Theater von allen kommunalen Stellen anerkannt und international beachtet

Fördern auch SIE unser Theater:
werden Sie Mitglied der Theaterfördernden Gesellschaft!

Dr. Franz Strauß Präsident	Oberregierungsrat Wilhelm Nau Vorsitzender	Fritz Rohrbeck Intendant

Wußten Sie schon . . .

. . daß das „Intime Theater Garmisch-Partenkirchen" seit über zehn Jahren besteht,

. . daß in dieser Zeit über 100 Schauspieler engagiert waren und über 100 Inszenierungen herauskamen, darunter Erst- und Uraufführungen,

. . daß unsere Bühne von allen kommunalen Stellen anerkannt ist, und immer wieder internationale Beachtung findet,

. . daß unter dem Leitspruch „make the best of it" das „Intime Theater Ga-Pa" trotz geringster zur Verfügung gestellter Mittel Leistungen vollbringt, die keiner hochsubventionierten Bühne nachstehen,

. . daß u. a. auch das Bundesministerium darüber Fritz Rohrbeck größte Anerkennung ausgesprochen hat,

. . daß das „Intime Theater Ga-Pa" eingeladen war, die erste Freilichtaufführung von „Hermann und Dorothea" zu spielen,

. . daß der weltbekannte Autor J. B. Priestley die Aufführung seiner musikalischen Komödie „Seit Adam und Eva" in unserem Theater besuchte und dem Regisseur und Bearbeiter Fritz Rohrbeck, sowie dem Ensemble seine Bewunderung aussprach,

. . daß unter unseren zahlreichen Besuchern in der Sommerspielzeit 1962 u. a. der Bundestagsabgeordnete Stein, der Theaterreferent im Staatsministerium für Unterricht und Kultus O.-R. Dr. Bullemer, der Intendant Otto Kustermann als Vertreter des Deutschen Bühnenvereins, der bekannte Garbo-Filmregisseur Gustav Machati, der Schauspieler Bum Krüger und Curtmax Richter zu sehen waren,

. . daß unser Theater über seinen ständigen Abstecherkreis hinaus von verschiedenen Städten und Kulturverbänden zu Gastspielen eingeladen ist,

. . daß innerhalb der vergangenen zehn Jahre das „Intime Theater Ga-Pa" als „Theater im Raum" studienhalber von Fachkommissionen aus aller Welt aufgesucht wurde.

Als Olaf Linboe in »Hokuspokus« von Curt Goetz (oben).

Als der Doge von Venedig in »Othello« von Shakespeare (unten).

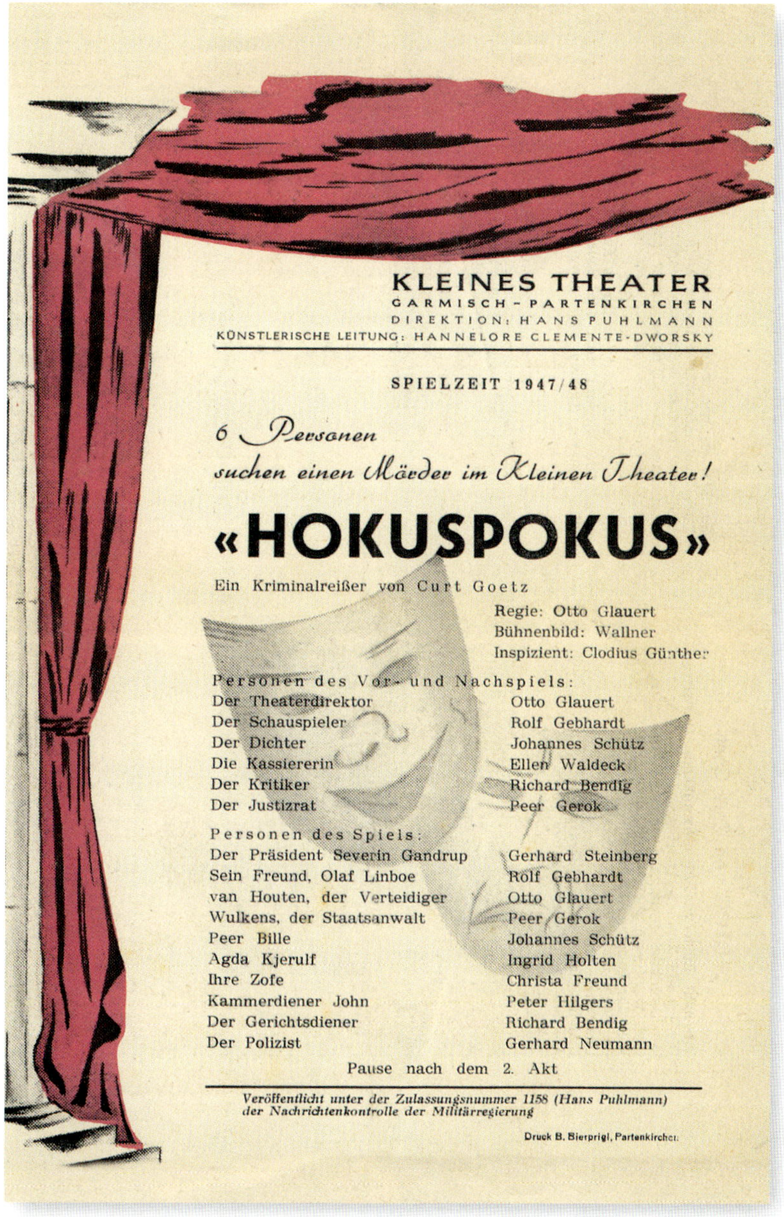

KLEINES THEATER
GARMISCH - PARTENKIRCHEN
DIREKTION: HANS PUHLMANN
KÜNSTLERISCHE LEITUNG: HANNELORE CLEMENTE-DWORSKY

SPIELZEIT 1947/48

6 Personen
suchen einen Mörder im Kleinen Theater!

«HOKUSPOKUS»

Ein Kriminalreißer von Curt Goetz

Regie: Otto Glauert
Bühnenbild: Wallner
Inspizient: Clodius Günther

Personen des Vor- und Nachspiels:

Der Theaterdirektor	Otto Glauert
Der Schauspieler	Rolf Gebhardt
Der Dichter	Johannes Schütz
Die Kassiererin	Ellen Waldeck
Der Kritiker	Richard Bendig
Der Justizrat	Peer Gerok

Personen des Spiels:

Der Präsident Severin Gandrup	Gerhard Steinberg
Sein Freund, Olaf Linboe	Rolf Gebhardt
van Houten, der Verteidiger	Otto Glauert
Wulkens, der Staatsanwalt	Peer Gerok
Peer Bille	Johannes Schütz
Agda Kjerulf	Ingrid Holten
Ihre Zofe	Christa Freund
Kammerdiener John	Peter Hilgers
Der Gerichtsdiener	Richard Bendig
Der Polizist	Gerhard Neumann

Pause nach dem 2. Akt

Veröffentlicht unter der Zulassungsnummer 1158 (Hans Puhlmann) der Nachrichtenkontrolle der Militärregierung

Druck B. Bierprigl, Partenkirchen.

neuen Spielzeit im Herbst kündigen und stattdessen ein Jahr lang die Hotelfachschule in München besuchen. Es würde eine harte Zeit für mich werden, dachte ich mir, denn ich würde viel lernen müssen, um in diesem mir völlig fremden Aufgabenbereich Erfolg zu haben. Vor allem die weite Entfernung der Schule würde eine Menge Kraft kosten. Ich musste jeden Morgen um 5.00 Uhr den Zug nach München nehmen, um pünktlich um 8.00 Uhr im Unterricht zu sein. Das bedeutete ein Jahr lang an jedem Werktag um 4.30 Uhr aufstehen.

Doch: »Jetzt oder nie!« hatte ich mir vorgenommen. Die Aussicht, mein Leben dem früheren Standard meiner Familie entsprechend fortsetzen zu können, war einfach wunderbar.

Meine Freude und Dankbarkeit gegenüber dem Schicksal war so groß, dass ich zu fast jedem Opfer bereit war, denn auf diese Weise erhielt ich eine vollständige kaufmännische Ausbildung: Betriebswirtschaft, Sprachen und Buchführung waren die wichtigsten der 27 Fächer, die ich mit viel Freude und Enthusiasmus lernte. Hatte das Hotel Erfolg, so war auch ein späteres Studium nicht ausgeschlossen. Damit hätte ich dann endgültig an die Berufspläne meiner Schulzeit anknüpfen können.

Doch es kam anders, ganz anders.

Am 7. Oktober 1948, nur wenige Wochen nach der Währungsreform und nachdem Hildegard geschieden war, fand in kleinem Kreis unsere Hochzeit statt. Es ging alles so Hals über Kopf, dass ich nicht einmal ein geeignetes Bett besaß, mit dem ich in ihr Zimmer hätte einziehen können! Vom Lagerplatz des nahen Sägewerkes stahl ich nachts die nötigen Bretter, schraubte das Bettgestell selbst zusammen und trug es im Dunkel der nächsten Nacht in Hildegards nicht weit entfernte Wohnung hinüber. Ich höre noch den Bach, die Partnach, rauschen, als ich mit dem Gestell über der Schulter über die Brücke lief. Für mich waren die drei Jahre seit Kriegsende und der Krieg selbst in dieser Stunde Vergangenheit. Ich wollte ein »normales« Leben beginnen.

Bald nach der Hochzeit kauften wir ein hübsches kleines Haus mit eigenem Garten und Blick auf die Zugspitze. Dort wollten wir leben, bis das »Haus Inge« freigegeben würde. Doch das erstklassige kleine Hotel gefiel den amerikanischen Offizieren offenbar so gut, dass wir länger als gedacht auf die längst fällige Freigabe warten mussten. Bis dahin aber wollte ich arbeiten und übernahm deshalb ein Schallplattengeschäft im Zentrum von Garmisch.

Hier kam nun wieder mein zweites Interessengebiet, Musik und Theater, zum Zuge. Obwohl mir geschäftliche Aufgaben doch eher fern standen, hatte ich Erfolg in meinem kleinen Laden. Meine früheren Kenntnisse in Musik und Oper brachten mir Anerkennung und Erfolg.

Drei weitere Jahre vergingen, ohne dass das Hotel von den Amerikanern zurückgegeben

Ich verkaufte in meinem Geschäft in Garmisch-Partenkirchen Schallplatten und Musikalien, Noten und Instrumente, Plattenspieler und Lautsprecher.

Als Geschäftsmann tagsüber in meinem Laden Bahnhofstraße 43 in Garmisch-Partenkirchen. Abends stand ich auf der Bühne, bis zu 300-mal im Jahr.

wurde. Ich stand nun voll im Leben, hatte eine Familie, Frau und Kind.

Um die Erziehung des nun 12-jährigen Jungen kümmerte ich mich intensiv, obwohl – oder weil – er ein sehr schlechter Schüler war. Die Leitung des Internats bat uns, ihn von der Schule zu nehmen, da er das Abitur keinesfalls machen könne. »Was soll nur aus dem Jungen werden?«, vernahm ich oft von Hildegard. Aber mein Ehrgeiz verlangte von mir, den Sohn doch noch durch das Abitur zu bringen.

»Es ist schon später, als du denkst«. Diesen Spruch, in eine Holztafel gebrannt, hatte Hildegard in unserem Wohnzimmer aufgehängt. Und eines Nachts geschah etwas Schreckliches, das all unsere Pläne infrage stellte, alle Hoffnung auf eine glückliche Zukunft.

Aus tiefem Schlaf, gegen 2.00 Uhr nachts , wurde ich durch wirre Geräusche geweckt, hörte Schläge auf das Bett meiner Frau. Wer war im Zimmer? Welcher Teufel trieb da sein Spiel? Ich machte Licht und sah einen Arm Hildegards wieder und wieder auf die Bettdecke schlagen. Ich rief, bekam aber keine Antwort. Sie war bewusstlos! Es war ein schrecklicher Anfall.

Ich schlich zum Telefon und rief unseren Hausarzt, der auch nach wenigen Minuten kam. Meine Stimme muss furchtbar gezittert haben.

Meine Frau Hildegard in unserem Haus in Garmisch.

Ich schilderte ihm an der Haustür den Vorfall. Hildegard war aufgewacht, wusste aber nicht, was geschehen war. Kurze Untersuchung, dann ging ich mit dem Arzt zurück zu seinem Wagen. Er schwieg zunächst. »Was ist los mit ihr, Herr Doktor?«, fragte ich angstvoll.

Er zögerte noch, sah mich an und sagte dann leise: »Ich möchte es eigentlich nicht sagen, aber ich denke da an einen Gehirntumor. Bitte vergessen Sie es wieder! Ich darf eine Diagnose nicht stellen, das muss der Facharzt tun.«

Nach wochenlangen Untersuchungen in München erhielt ich die Bestätigung. Die Stationsärztin machte mir keine Hoffnung. Ich fragte verzweifelt: »Aber vielleicht gibt es doch eine ganz kleine, eine fünfprozentige Hoffnung? Die Antwort lautete freundlich: »Ihre fünf Prozent in Gottes Ohr. Es gibt sie aber nicht.« Unser Arzt sagte leise, als ich ihm die Untersuchungen schilderte: »Sie wissen schon, dass es keine Rettung gibt.«

Es folgten zwei Jahre unsäglichen Leidens: Operation bei einem berühmten Spezialisten in Köln. Danach einseitige Lähmung, langsam einsetzende Demenz. Alle Ärzte, die sie vorher gekannt hatten, bekamen einen Schock, wenn sie die vorher so schöne und Leben ausstrahlende Frau sahen. Es war grausam! Natürlich gab es auch einen teuren, weithin bekannten Krebsarzt, der die baldige und vollständige Heilung versprach. Nach Monaten in seiner Klinik brachte ich meine Frau, die nun vollständig gelähmt war, im Krankenwagen zurück nach Garmisch. Im dortigen Kreiskrankenhaus erleichterten ihr Ärzte und Schwestern die zwei letzten Wochen ihres Lebens.

Für mich waren diese Wochen der absolute Tiefpunkt meines Lebens. Ich musste erkennen, dass ich einen geliebten, lebensfrohen, körperlich in Hochform befindlichen Menschen, der täglich neben mir stand, nicht vor dem Tod hatte retten können. Ich fragte später einen der behandelnden Ärzte: »Sagen Sie, ist das Ende bei Gehirntumor immer so entsetzlich?« Er sah mich erschrocken an: »Um Gottes willen, nein! Dann müssten wir Ärzte unseren Beruf aufgeben, das könnte keiner aushalten.«

Hildegards Sterben war also extrem grausam verlaufen und hatte mich mit in eine Tiefe gerissen, aus der ich mich nur sehr, sehr langsam wieder aufrichten konnte. Meine ganze Welt war zusammengebrochen: Die geliebte Frau, mit der ich vier glückliche Jahre verbringen durfte, war qualvoll gestorben. Der Sohn, den ich wie mein eigenes Kind betreut hatte, kehrte noch am selben Tag zu seinem Vater zurück, der ihm jeden Kontakt mit mir untersagte. Meine »Familie« gab es nicht mehr!

Ich brachte es lange Zeit nicht fertig, unser Haus, in dem wir zwei Jahre so intensiv gelebt hatten, wieder zu betreten, geschweige denn, in meinem Bett zu schlafen. Ich blieb tagsüber im Geschäft und stieg abends in den kleinen Speicher über dem Verkaufsraum, wo Plattenspieler und andere Geräte gelagert waren. Dort schlief ich auf dem Holzboden, auf einer alten Matratze. Selbst Polster und Decken wollte ich nicht aus dem Haus holen.

Zutiefst verbittert, haderte ich mit der Ungerechtigkeit des Schicksals. Wozu plagten wir uns hier herum? Wenige Tage vor Hildegards Tod hatten die Amerikaner ihr geliebtes Hotel freigegeben. Ich empfand das geradezu als Bosheit des Schicksals. Erbe war ihr Sohn, ich bekam das Haus nur für einige Jahre. Ich betrat auch diese Räume nicht, sondern beauftragte eine Bekannte mit der Überwachung der Renovierungsarbeiten und der Suche nach einem Pächter. Einzig die Lehren meines Vaters, die auf buddhistischen Traditionen beruhten, gaben mir seelischen Halt.

In diesen Tagen kam der Intendant des Garmischer Theaters zu mir. Er fragte nach meinem Befinden und meinen Plänen für die Zukunft. Ich hatte keine. Da meinte er: »Sie sind doch jetzt ganz allein und frei, zu tun, was Sie möchten. Wären Sie nicht bereit, wieder zum Theater zurückzukehren? Könnten Sie es einrichten, tagsüber das Geschäft zu verlassen, wenn wir die Probenzeit nach Ihren Möglichkeiten einrichten?«

Nach kurzer Überlegung sagte ich zu. Theater! Das passte in meine Stimmung. Spielen, vergessen, andere Menschen um mich herum. Das half mir, mich von meinem bisherigen Leben zu lösen, neue Ausblicke zu gewinnen.

Fritz Rohrbeck, vorher Intendant der Bühnen von Flensburg, hatte eine frühere Kollegin vom Kleinen Theater geheiratet und sie hatte ihm wohl von mir erzählt.

Am »Intimen Theater«, wie es jetzt hieß, spielte ich sehr häufig, fast jeden Abend. In manchen großen Rollen hatte ich auch schöne Erfolge. Nie aber hatte ich das Gefühl, ein bedeutendes Talent zu sein, glaubte auch nicht an eine Karriere auf der Bühne. Ich wartete unbewusst auf ein entscheidendes Ereignis, das mir einen neuen Weg in die Zukunft zeigen würde.

Schmunzelkolleg über eheliche Treue

Heiteres „Ehekarussell" dreht sich im „Intimen Theater"

Garmisch-Partenkirchen (vö) — Wüßte man's nicht anders, so wäre man versucht zu glauben, für Fritz Rohrbecks jüngste Inszenierung hätte eine geschworene Männerfeindin den Stoff geliefert. Jedenfalls werden in Leslie Steven's amüsanter Komödie zufolge einer „luftgeborenen Idee", wie sie einmal witzig genannt wurde, die ungetreuen oder doch zumindest ständig auf Seitensprünge erpichten Ehemänner gründlich durch den Kakao gezogen! Frauen sind da offenbar (so muß man daraus folgern) ganz anders veranlagt — mithin tat der selige da Ponte bitter unrecht daran, ihnen in Mozarts Oper („Cosi fan tutte") Ähnliches nachzusagen ... Ja, so machen sie's alle (die Männer, versteht sich!), meint Stevens — und er liest ihnen hier mit viel Ironie, aber immer versöhnlichem Humor die Leviten. Die Form, deren er sich dabei bedient, ist zweifellos originell, obschon nicht mehr ganz neu, denkt man doch zuweilen ein wenig an Curt Götz.

Auf einer regelrechten Vorlesung, untermauert mit allerhand gelehrten Zitaten (von Kinsey angefangen), baut sich das Ganze auf. Er meint es im Grunde gar nicht so ernst, der Autor, das spürt man natürlich; andererseits aber wagt er sich dabei auch ziemlich weit vor, mitunter bis an die Grenzen des guten Geschmacks. Doch derlei scheint nun einmal heutzutage ganz und gäbe, und so muß man wohl darüber hinweghören. Denn so wenig an sich im Stück „passiert", bleibt es doch eine höchst kurzweilige Angelegenheit und man unterhält sich gut dabei. Da wird nicht nur leeres Stroh gedroschen, wie so oft in zeitgenössischen Lustspielen, und schon das spricht fürs Ganze.

Es bleibt dahingestellt, ob dies ergötzliche Spiel um Liebe — das im einzelnen nicht näher geschildert sei, schon um nicht vorweg die Spannung zu nehmen — nicht noch abwechslungsreicher würde und an Hintergründigkeit gewinnen könnte, wenn im Kolleg selbst (das ja den Rahmen der Handlung bildet) ernsthafter doziert würde, abgesehen natürlich von gelegentlichen humoristischen Abschweifungen. Fritz Rohrbecks Regie legt aber auch dies Kolleg, wie das Ganze überhaupt, vornehmlich als handfesten Spaß an und schreckt bisweilen vor Übertreibungen nicht zurück, die alles ins Schwankhafte abgleiten lassen.

Doch sind die vier Figuren des „Karussells" alle glänzend charakterisiert. Vorab, wieder einmal, Katrin Gutbrod — selbstsicher und ein wenig kokett, unwiderstehlich, auch wenn sie hochgelahrt doziert. Ebensowenig wie sie überzeugt freilich Paul Lasner als ihr leicht entflammbarer Ehemann in der Rolle des Wissenschaftlers. Er wirkt eher wie ein gutmütig-tapsiger Geselle, der — natürlich! — zum Schluß auf die Knie gezwungen wird ... Das seiner Reize bewußte „enfant terrible", das so viel Verwirrung stiftet, macht (mit echtem oder vorgetäuschtem Akzent?) Bianca Bertani durchaus glaubhaft; wirklich, der Gegensatz zwischen ihr und ihrer vielleicht schon im vorhinein allzu siegesbewußten „Rivalin" könnte kaum größer sein! Rolf Gebhard trägt das Seine dazu bei, den mit wenigen Strichen gezeichneten englischen Professor nicht zur belanglosen Randfigur werden zu lassen. — Verdient starker Beifall des sichtlich angeregten, den Raum bis auf den letzten Platz füllenden Premierenpublikums zeigte: Das „Intime Theater" ist damit zweifellos um einen „Schlager" reicher!

Die Ausbildung zum Schauspieler war später Voraussetzung für meinen Erfolg mit selbst vertonten Filmen und Vorträgen.

Die Träume der Kindheit erfüllen sich

Nebenher suchte ich Ablenkung in Vergnügungen jeder Art. Ich war in Panik verfallen, hatte eine regelrechte Sucht nach Leben entwickelt. Ich hatte hautnah erlebt, wie nahe das Ende sein konnte. Jetzt wollte ich nachholen, was ich im Krieg versäumt hatte: die Freuden meiner verlorenen Jugend. Aber man kann nicht wirklich nachholen. Die Zeit geht erbarmungslos weiter. Nur an den Sonntagen verhielt ich mich zurückhaltend, besuchte meinen Schwiegervater in München. Er wollte mich an jedem Wochenende sehen, war er doch ein gebrochener Mann. Seine Frau, Hildegards Mutter, war ebenso plötzlich wie seine Tochter im 38. Lebensjahr an Typhus gestorben. Die Pflegemutter, die sich der Konsul später für seine kleine Hildegard ins Haus genommen hatte, beging nach deren Tod Selbstmord.

Als mögliche Lebensaufgabe sah ich das Theater. Dort konnte ich, im Gegensatz zum Geschäft, etwas gestalten, künstlerischen Erfolg erzielen. Daneben arbeitete ich fleißig jeden Tag – soweit es die Proben zuließen, acht Stunden in meinem Schallplattengeschäft. Abends stand ich auf der Bühne, in einem besonders intensiven Jahr fast 300-mal.

Doch die seelischen Belastungen der letzten Jahre wirkten sich auch auf meine Gesundheit aus: Ein Magenleiden und Geschwüre hatten sich entwickelt; der Arzt riet mir: »Mehr Bewegung an frischer Luft!«

Frische Luft gab es in Garmisch genug, und ich war bestens trainiert, hatte ich doch mit meiner Frau fast alle Wanderpfade und Klettertouren im Wettersteingebirge begangen. Aber nach der ersten Wanderung ohne Hildegard wusste ich: Jeder Berg, jeder Stein, jede Wegkreuzung erinnerten mich an glückliche Tage mit ihr. Ich konnte die alten Wege nicht mehr gehen. Dafür wurden nach und nach die Träume meiner Kindheit und Jugend wieder wach. Warum nicht endlich aufs Wasser gehen? Nach dem Abitur, so hatte mir meine Mutter versprochen, bekommst du ein Faltboot! Das wollte ich mir nun kaufen. Ich besorgte mir ein gutes Boot, einen Klepper-Aerius. So würde ich mir die nötige »Bewegung an frischer Luft« verschaffen und könnte dabei meiner alten Leidenschaft fürs Wasser frönen. In drei tragbaren Paketen ließ sich das zerlegte Boot mit dem Pkw befördern, und Oberbayern bot genügend Wasserflächen: Die Flüsse setzen sich fort in den großen Strömen Rhein und Donau. Ich konnte also weit fahren. Aber vor allem hatten es mir die wunderbaren Gebirgsseen angetan, allen voran der nahe gelegene Walchensee, auf dem ich meine erste Fahrt mit dem neu erworbenen Faltboot unternahm.

Die Felsgipfel ringsum, die dramatische Landschaft, waren für mich ein unglaubliches Erlebnis. Ich hatte als Kind nur mit Modellen gespielt, aber jetzt saß ich selbst in einem leichten und kleinen Boot und ließ es über die Wellen gleiten. Das machte Spaß, doch ich merkte sofort, dass ich das Boot nur vorsichtig bewegen konnte, wollte ich nicht eine Kenterung riskieren. Für Wildwasserfahrten oder auch nur für die Begegnung mit Wellenschlag bedurfte es gehöriger Übung. Jedes Wochenende fuhr ich mit meiner kleinen Freundin, sie war erst 15 Jahre alt, zu einem der nahen Seen und paddelte mit ihr von

1959

Mit Jutta 1. Fahrt nach Afrika mit der Hansa-Jolle Solveig. Von Genua nach Korsika, Sardinien, Tunis, Sousse, Sfax, Gabes, nach Pantelleria, Trapani, Ustica und Fiumicino (Rom).

Fahrtzeit: 2 Monate

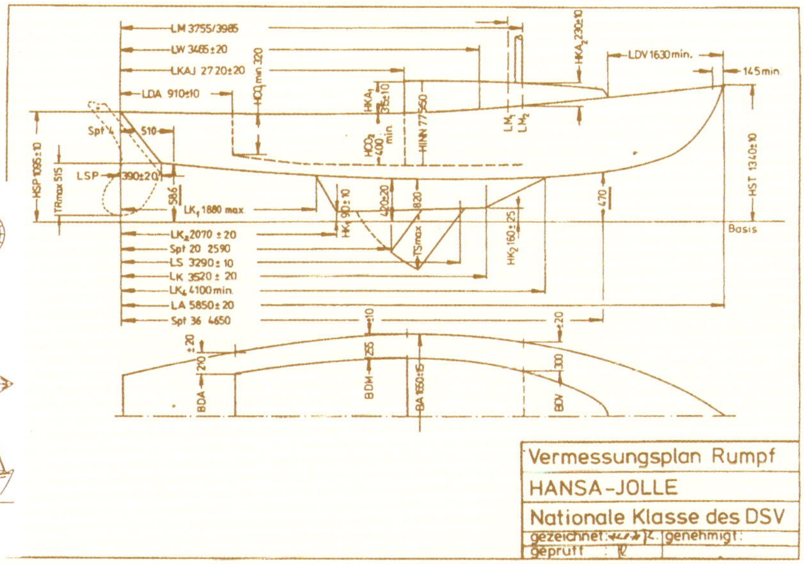

Mein Klepperboot *Ärius* mit Mast und Segel. Nach dem Tod von Hildegard suchte ich Ablenkung und neue Lebensfreude auf dem Wasser.

einem Ufer zum anderen. Das war anstrengend, und mir wurde klar, dass ich weite Fahrten, von denen ich geträumt hatte, wohl nie würde machen können. So viel Freizeit hatte ich nicht. Auf dem See war es schön, aber: Mit windgefüllten Segeln, ruhig und sicher zogen die eleganten Holzboote, meist mahagonigeplankt und noch aus der Zeit vor dem Krieg, an uns vorbei. Die Crew genoss, im Cockpit sitzend, die wärmenden Strahlen der Gebirgssonne. Ich beneidete die Segler.

Eines Tages überholte uns ganz dicht ein kleines Motorboot. Ich hatte gerade versucht, einen Schluck Tee aus der Thermosflasche zu trinken, meine Freundin tat einen falschen Schlag mit dem Paddel, und ich war nicht in der Lage, die Bewegung abzufangen. Unser schwimmender Untersatz rollte zur Seite, und wir lagen im Bach! Wir schafften es nicht, in das schmale Faltbötchen zurückzuklettern, immer wieder rutschten wir zurück ins Wasser. Segler beobachteten unsere hilflosen Versuche, halfen uns an Bord und brachten uns zu ihrem Klubhaus. »So«, sagte der Skipper, »ich zeige euch jetzt die Segelkammer, dort könnt ihr sitzen bleiben, bis eure Hosen trockener sind. In den nassen Klamotten solltet ihr nicht nach Hause fahren.«

Wir waren voll angezogen, trugen keine Badekleidung, um einen Sonnenbrand zu vermeiden. Wir lagen am Boden in der Segelkammer. Ich fühlte mich vollkommen gedemütigt. Immerhin war ich als Schüler in den Ferien oft mit einem Ruderboot auf die See hinausgefahren. Doch die Ruderboote der Fischer auf Rügen waren schwer und konnten auch größere Wellen durchaus »nehmen«. Auf solche Eigenschaften durfte ich bei einem Faltboot nicht rechnen.

So entschloss ich mich im kommenden Frühjahr endgültig, meinen Klepper-Aerius zu verkaufen, und suchte ein Gespräch mit dem Leiter der Rambeck-Werft in Starnberg. Herr Wiesner, der damals die Werft mit sicherer Hand führte, machte mir ein sehr gutes Angebot. Er hatte eine H-Jolle vom Chiemsee an der Hand, mahagonigeplankt, ein schönes, eher breites, aber schnelles Boot mit 15 m^2 Segelfläche zum Preis von dreitausend D-Mark. Das Boot wurde mit einem kleinen Kran zu Wasser gelassen, und dann ging alles sehr schnell: Ich setzte mich auf die Ducht in das erste eigene Schiff meines Lebens und segelte ohne Schwierigkeit und ohne jede Anleitung aus dem Hafen hinaus.

Als ich unter der Brücke hindurch war, die das Hafenbecken vom See trennt, nahm das Boot Fahrt auf. Diese Minuten werde ich niemals vergessen: Der Wind fing sich im Großsegel, die »Karin«, so hieß die Jolle, legte sich leicht über, und von vorn hörte ich das leise Rauschen des Wassers, als der Bug durch die Wellen schnitt. Ein wunderbares Gefühl des Gleitens und Schwebens umfing mich, ein sanftes Frösteln lief mir den Rücken hinab. In diesen Augenblicken reinsten Glücks fühlte ich, dass ein neuer Lebensabschnitt begonnen hatte, in dem ich von einem eigenen Boot nicht mehr loskommen würde.

Was ich in der Kindheit geträumt hatte, wurde nun wahr. Es war mir auch bald klar, dass ich das Gefühl für Wind und Segel durch meine jahrelange Beschäftigung mit Modellbooten erworben hatte, denn ich konnte »Karin« ohne jede Anleitung sofort steuern und die Segel beherrschen. So sah es wohl auch Herr Voigt, der Präsident des SCW, meines Klubs, ein leidenschaftlicher Sportler. Er überreichte mir schon bald einen A-Schein, der mir für viele Jahre und sogar für die erste Atlantik-Überquerung als Ausweis diente.

Wieso fiel mir das Segeln so leicht? Wieso hatte ich nie Probleme mit dem Wind, auch nicht bei Sturmstärke? Die Antwort fand ich in einem Gespräch mit dem bekannten Eiskunstläufer Jürgen Bäumler. In meinem Laden suchte er eine Platte mit passender Musik für seine Kür und erklärte mir nebenbei, dass eine Bestleistung auf dem Eis nur möglich sei, wenn man bereits im

vierten oder fünften Lebensjahr auf Kufen gestanden habe. Ich dachte sofort an meine Bootsmodelle und fand damit eine mögliche Erklärung für meine Beziehung zum Segeln.
Sehr bald war ich mit der »Karin« eng verwachsen und nahm oft auch meine Freundin Jutta mit, die ein besonderes Talent zur Seglerin hatte. Auch sie hatte in frühester Kindheit mit Segeln zu tun gehabt, denn ihr Vater war Segellehrer in Kiel gewesen. Wir segelten bei jedem guten Wetter, aber auch im Herbst bei stürmischem Wind, wenn kein Boot mehr draußen war. Jutta war eine echte Draufgängerin.

Nach zwei Sommern wurde uns der See zu klein, vor allem störten uns die häufigen Flauten bei gutem Wetter. So beschlossen wir, das kleine, leichte Boot auf einen Anhänger zu verladen und an die Adria zu transportieren. Jutta stand vor dem Abitur, deshalb fuhren wir in der Ferienzeit, um einen Monat Sonne und Wind im Raum Venedig zu genießen.
Für 250 Mark fand ich in Starnberg einen alten, verrosteten Hänger. Die Fahrt über die Alpen verlief dennoch ohne Zwischenfall. Juttas Eltern wussten nichts von unserem Unternehmen, vorsichtshalber schrieb sie ein Dutzend Ansichts-

Erste Bootsfahrt auf der Adria nach Venedig. Ahnungslos versuchte ich, zwischen den Gondeln am Markusplatz festzumachen. Die Gondoliere beschwerten sich lauthals schreiend.

karten mit verschiedenen Daten und aus verschiedenen Städten Frankreichs, denn dorthin war sie offiziell mit einer Freundin verreist. Die Freundin warf nach und nach die Karten ein – die Eltern sollten sich keine Sorgen machen. So kamen wir mit der für den kleinen Wagen überschweren Last über die Alpenpässe an die Lagune von Venedig.

Bei Chioggia brachten wir »Karin« mithilfe von drei Italienern zu Wasser. Sie kamen auf den ersten Wink gesprungen und suchten gleich die Nähe von Jutta, die mit ihren langen blonden Haaren gewaltigen Eindruck machte. Schnell fanden wir auch einen Unterschlupf für den Wagen und den Hänger.

Wir segelten sofort los, durch eine Einfahrt auf die offene See hinaus und dann bei Venedig wieder in die Lagune hinein. Der Anblick der romantischen Stadt mit ihren Türmen und Palästen war überwältigend. Ich werde dieses Panorama nie vergessen! Das großartige Erlebnis wurde für mich zu einer wesentlichen Motivation für alle weiteren Fahrten. Ich sagte mir: »Wenn du dir solche Reiseerlebnisse mit dem kleinen Boot verschaffen kannst, dann öffnet sich eine ganz neue Tür für dein künftiges Leben.«

Die Hansa-Jolle Nr. 79 war mein erstes seefähiges Boot. Mit ihr begann ich von Starnberg aus meine großen Abenteuerfahrten.

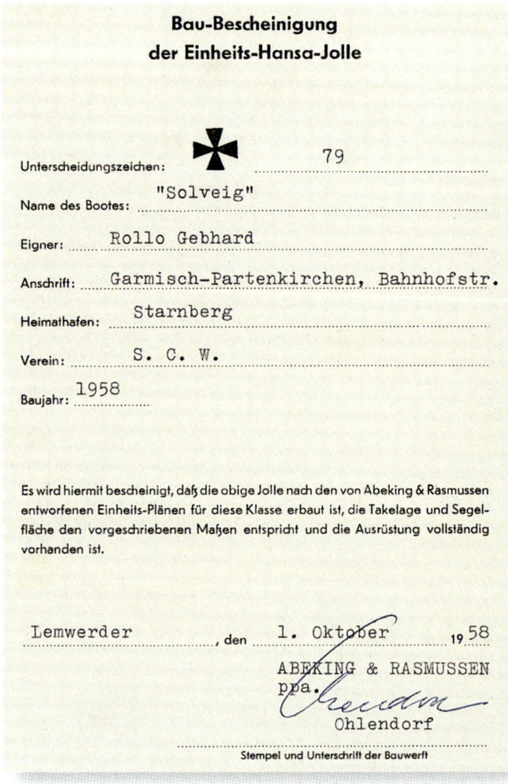

Bau-Bescheinigung der Einheits-Hansa-Jolle

Unterscheidungszeichen: 79

Name des Bootes: "Solveig"

Eigner: Rollo Gebhard

Anschrift: Garmisch-Partenkirchen, Bahnhofstr.

Heimathafen: Starnberg

Verein: S. C. W.

Baujahr: 1958

Es wird hiermit bescheinigt, daß die obige Jolle nach den von Abeking & Rasmussen entworfenen Einheits-Plänen für diese Klasse erbaut ist, die Takelage und Segelfläche den vorgeschriebenen Maßen entspricht und die Ausrüstung vollständig vorhanden ist.

Lemwerder, den 1. Oktober 1958

ABEKING & RASMUSSEN
ppa.
Ohlendorf

Stempel und Unterschrift der Bauwerft

Völlig unerfahren und ahnungslos wie ich war, machte ich an den großen Pfählen beim Markusplatz fest. Die Gondoliere kamen gerannt, schrien mich an: ob wir verrückt geworden wären, dort, zwischen den Gondeln, anzubinden? »Da drüben, neben der Kirche Santa Maria della Salute, dürft ihr festmachen. Dort ist der Yachtklub.«

Wir schliefen die Nacht über tief und fest, doch es fiel reichlich Tau, und als wir am Morgen aufwachten, waren Decken und Kleidung völlig durchnässt. Denn eine Kajüte gab es nicht in der offenen Jolle. Ich glaubte dennoch, ein seetüchtiges Schiff zu besitzen und mit der Autokarte für unsere weitere Fahrt navigieren zu können.

Es gab noch viel, sehr viel zu lernen! Das merkten wir, wenn wir unser »Schiff« an einem der Strände hochzogen und dort fragen mussten, bei welcher Stadt wir gelandet waren. Triest hatte ich mir als Fahrtziel ausgedacht. Wir segelten bei meist leichtem Wind parallel zur Küste, aber doch meist ohne Landsicht. Einen Kompass hatte ich vor mir liegen. Nach einer Woche Seefahrt erreichten wir den großen Hafen von Triest. Das war ein Erlebnis! Ich war mächtig stolz, auch wurden wir im Yachtklub entsprechend bewundert. Die Rückfahrt verlief ohne Zwischenfall. Wir kamen total berauscht vor Freude zurück nach Venedig und segelten zurück nach Chioggia. Diesmal aber steuerte ich nicht hinaus auf die See, da waren wir ja lange genug gewesen, sondern durch die Lagune und zurück zu unserem Startplatz. Die Verladung in Chioggia dauerte weniger als eine Stunde und wir machten uns schnellstens auf den Heimweg. Was hatten wir da eigentlich erlebt? Es war ein ungeheures Abenteuer, das uns später niemand so recht glauben wollte.

Für mich war zweifellos ein neues Leben angebrochen. Schlimm waren nur die nasskalten Nächte gewesen, aber Jutta hatte ohne die geringste Beschwerde durchgehalten. An die Gefahr einer Kenterung mit dem leichten Boot dachten wir kaum, wir konnten beide gut schwimmen. Wie von Sinnen war ich vor Freude. Im nächsten Sommer wollten wir wieder hinaus auf die Adria, und dann viel, viel weiter segeln, wenn möglich bis hinüber nach Jugoslawien.

Es war meine erste Seefahrt im eigenen Boot gewesen, und es gibt eben nur *ein* »erstes Mal«. Alle Eindrücke waren überwältigend, eben einmalig. Muss ich erklären, warum wir für den nächsten Sommer eine weitere Unternehmung auf der Adria planten?

Von derselben Stelle in Chioggia aus steuerten wir diesmal in entgegengesetzter Richtung, nach Ancona. Das war schon ein ganz nettes Stück den »Stiefel« südwärts. Natürlich konnte nichts so spektakulär sein wie zuvor Venedig, und ich sagte

5364	Thistledown	Concordia	Mrs. Comp	1958
5365	ohne Namen	Concordia	Stuard. Caldara	1958
5366	Live Yankee	Concordia	Mr. Gillespie	1958
5367	Adi	Hansajolle	W. Dreikhaus, Dortmund	1958
5368	Mia	Hansajolle	R. Jens, Bochum	1958
5369	Fridolin	Hansajolle	H. Gehlhar, Dortmund	1958
5370	Fino	Hansajolle	Ott, Köln	1958
5371	Solveig	Hansajolle	Rollo Gebhard, Garmisch-Partenkirchen	1958
5372	ohne Namen	Hansajolle	G. Henning, Essen	1958
5373	Ramaduri	Hansajolle	L. Eickemeyer, Stuttgart	1958
5374	Anchors Aweigh	Hansajolle	G. Westphal, Düsseldorf	1958
5375	ohne Namen	Concordia	Mr. Mac Kaig	1958
5376	Hafenamt I	Hafenaufsichtsboot	Wasserschiffahrtsamt, Emden	1958
5377	Tien Hou	Starboot	Linsmann, München	1958

Einige Zeilen aus dem Verzeichnis von A&R: Die Baunummer 5371 wurde mein Schicksal. Das Boot schwimmt noch heute auf dem Baldeney-See. Es gehört einem bekannten Juwelier, der es wie ein Schmuckstück liebt und pflegt.

mir am Ende der Fahrt: »Schön war's, alles ist wieder gut gegangen, aber die Fahrtziele musst du dir in Zukunft genauer nach den Sehenswürdigkeiten aussuchen.«

Ich begann, größeren Wert auf interessante Entdeckungen und Erkenntnisse zu legen als auf die zurückgelegte Entfernung oder die Geschwindigkeit. Letztere interessierten mich überhaupt nicht, allenfalls in Zusammenhang mit der zur Verfügung stehenden Reisezeit.

Die Weichen für meine künftigen Unternehmungen waren gestellt. Nur einmal nahm ich an einer kleinen Regatta teil, als mich Max Voigt zur kurzen Fahrt um einige Tonnen beim Ansegeln einlud. Jutta bediente meisterlich die Fock, und als wir die Boje neben dem Klubboot zentimetergenau rundeten, erscholl kräftiger Applaus. Aber auch in Zukunft wollte ich mich nicht dem Regattasport zuwenden. Ich war mir klar darüber, dass ich mir beides, Fahrtensegeln und Wettfahrten, finanziell oder freizeitmäßig keinesfalls leisten konnte.

Dagegen plante ich für den folgenden Sommer eine große Abenteuerreise mit Jutta nach Afrika. Ich wollte einmal im Leben ein Meer überqueren, einen anderen Erdteil erreichen. Von Genua aus über Korsika und Sardinien nach Tunesien war meine Idee. Zwischen den Inseln lagen Distanzen, die ich mit jeweils ein bis höchstens drei Nachtfahrten über offene See zurücklegen wollte.

Für diese Fahrten hatte ich mir ein neues Boot bestellt, eine Hansa-Jolle von der berühmten Schiffswerft Abeking und Rasmussen. Name und Ruf der Werft waren mir schon vor und während des Krieges bekannt geworden, als dort die Schnellboote für die Deutsche Kriegsmarine gebaut wurden. Nach dem Krieg hatte ich aus der Zeitschrift »Yacht« erfahren, dass bei A&R eine neue Jollenklasse entwickelt wurde, die Hansa-Jolle. Sie kostete damals 7000 DM, was für ein A&R-Boot extrem preiswürdig war, weil sie in Serie von den Lehrlingen der großen Werft gebaut wurde.

»Das ist es doch, was ich mir wünsche«, jubelte ich, »ein solides Boot, klein, gerade noch mit dem Pkw transportabel und sowohl binnen als auch auf See einsetzbar.«

Ein neues (Abenteuer)-Leben hat für mich begonnen: mit Freundin Jutta Streidl aus Murnau an Bord der Hansa-Jolle SOLVEIG.

Die Jolle hatte ein wenig Ballast unter dem Schwertkasten, einen kurzen Kiel, war also nicht so leicht kenterbar, und sie besaß eine kleine Kajüte, eine Art Dach über dem Cockpit, bot somit Schutz vor Tau und Nässe.
Herr Wiesner von der Werft Rambeck, über die der Verkauf lief, organisierte den Bahntransport von Bremen nach Starnberg. Er sorgte auch dafür, dass das Boot zu Wasser gebracht und in den Yachthafen verholt wurde.
Schon lange hatte ich über einen Namen nachgedacht. Es musste ein weiblicher Name sein, und einen Bezug sollte er auch haben. Ich dachte zuerst an »Senta«, da ich den »Fliegenden Holländer« sehr oft in der Dresdner Oper gehört hatte. Ihr tragischer Tod aber weckte eher negative Gedanken. Ich entschied mich daher für »Solveig« die weibliche Sinnfigur aus Ibsens Drama »Peer Gynt«. Ich hatte es mehrfach gesehen, in Dresden und in München, und viele der hintergründigen Dichterworte hatten mich während der Kriegsjahre begleitet. Auch liebte ich das von Grieg komponierte »Lied der Solveig«. Die Aussage des Meisterwerks, des »Nordischen Faust«, wie es auch gerne genannt wird, sollte für mein weiteres Leben bedeutungsvoll bleiben.
Bald folgten einige Probefahrten mit Jutta auf dem See und dann schleppten wir das für meinen kleinen Simca-Pkw mit nur 60 PS recht schwere Boot über die Pässe nach Oberitalien. In La Spezia wurde SOLVEIG mit einem Kran ins Meerwasser gesetzt, und danach ließen wir uns von günstigem Wind erst einmal an Elba vorbei nach Korsika treiben. Auf Elba hatte ich einen Tag pausieren wollen. Doch wenn das Wetter gut ist, darf man keine Zeit mit Unterbrechungen versäumen. Diese Regel stellte ich damals wie auch für meine künftigen Fahrten in kleinen Booten auf.
Es ging also weiter nach Bastia auf Korsika, wo wir die romantische alte Stadt besichtigten. Wir waren die einzigen Besucher, denn es gab weder Tourismus noch ausländische Segelboote, die über das Mittelmeer kreuzten. Unsere Visite war daher sensationell, und wir wurden entsprechend im Yachtklub begrüßt. Selbstverständlich bezahlten wir damals keine Liegegebühren.
Am nächsten Tag segelten wir weiter, immer an der malerischen Felsküste von Korsika entlang. Über Nacht ankerten wir in der einen oder anderen geschützten Bucht. Dann beging ich einen ersten schweren Fehler, der uns fast das Leben hätte kosten können. Denn weder kannte ich die Gefahrenstellen der Meere, noch die Bedeu-

Jutta an Deck der SOLVEIG. Sie war eine leidenschaftliche Seglerin, begann aber bald ihre Laufbahn als Foto-Modell und heiratete später einen bekannten Moderator des Bayerischen Rundfunks.

1959: Erste Abenteuer-Fahrt mit Jutta nach Tunesien und mein erster Film für die Öffentlichkeit. Die Garmischer Zeitung kannte damals nur meinen Künstlernamen »Rolf Gebhard«. Es war der Beginn meiner Filmvorträge, mit denen ich anfangs noch parallel zur Tätigkeit als Schauspieler auf Reisen ging.

LA PRESSE page

23 Août 1959

JUTTA et ROLLO sont allés de Spezia (Italie) à Tunis sur un bateau à voile de 5 m 85 de long

SUR un bateau à voile de 5,85 mètres de long, Jutta et Rollo ont mis quinze jours pour relier la Spézia (Italie) à Tunis, El le, c'est une étudiante ; lui un marchand de disques ; tous les deux sont Allemands (de l'Ouest) et habitent Garmisch-Partenkirchen, petite ville des Alpes Bavaroises. Ils resteront quelques jours puis longeront la côte jusqu'à Sousse, Sfax, Gabès Djerba. Dans moins d'un mois ils regagneront la Spézia où leur voiture les attend. Jutta, Rollo et le « Solveig » (c'est le nom du bateau) auront fait un beau voyage qu'ils raconteront aux membres du club de conférences de leur ville.

Le « Solveig »

Les deux jeunes gens sont venus nous voir hier pour nous raconter leur histoire et se faire donner un petit cours sur l'évolution politique de la Tunisie. Il faut l'avouer : sans Jutta, Rollo n'aurait pas attiré la quasi-totalité des rédacteurs. Rollo Gebhard a 15 cm de plus que la plupart d'entre nous, une barbe en collier (évidemment), une casquette de commandant de navire et des tas de documents sur son bateau, son voyage, le but de son séjour qu'il étale bien volontiers.

Jutta et Rollo

Mais Jutta Streidl est élancée, fine et troublante. Ses yeux soulignés de « khôl », sont grands et verts et ses lèvres merveilleusement soulignées de rouge orangé. Sur les documents officiels du bateau, elle a le titre de marin et ses fonctions sont au nombre de cinq :
--- tenir le livre de navigation,
--- préparer à manger

mer leur vient certainement de leurs pères qui, tous deux, étaient capitaines de marine marchande. Ils ont étudié la navigation sur les livres et leur seule expérience des choses de la mer leur vient de quelques excursions qu'ils firent dans l'Adriatique.

« Nous sommes venus en Tunisie c'est Jutta qui parle parce que nous sommes très intéressés par l'évolution des nouveaux pays indépendants. De plus la Tunisie, c'est la porte de l'Orient. »
Et puis, ils sont jeunes et ils font un grand et beau voyage.

...nant second.

GARMISCH-PARTENKIRCHNER TAGBLATT Montag, den 21. März 1960

Filmisches Tagebuch einer Segelfahrt

Rolf Gebhard erzählt von fremden Küsten in der VHS

Garmisch-Partenkirchen (vö) — Schauspieler von Beruf, Musikhändler und nebenbei seit vielen Jahren passionierter Sportsegler, vertraut mit Wind und Wellen: — so fährt Rolf Gebhard allsommers los, die nur 5,80 m lange und 1,60 m breite Jolle vorerst auf dem Anhänger seines Autos verstaut, zum nächstgelegenen Hafen. Von dort aus geht es dann auf große Fahrt, und von einer solchen Reise — die im Sommer des Vorjahres bis Tunis führte — erzählte er dem vielköpfigen Auditorium der VHS in Wort und Bild.

Es gehört Mut und Unternehmungsgeist dazu, sich auf einem so winzigen, obschon

Wer als Deutscher in jene Gegenden kommt, darf sicher sein, von den Arabern gastlich aufgenommen zu werden; mehr als bedauerlich wäre freilich, würde sich die Bundesrepublik ihre Sympathien verscherzen, so wie es mitunter den Anschein haben könnte. Jedenfalls wußte der Vortragende auch darüber Aufschlußreiches zu berichten, ehe man mit ihm zusammen die Heimreise antrat, die ihn über die sizilianische Westküste und Ischia wieder in die Nähe seines Ausgangshafens zurückführte.

tung eines Seehandbuchs. Nicht einmal eine Wetterkarte hatte ich dabei. Sonst hätte ich gewusst, dass die Straße von Bonifacio, die Meerenge zwischen Korsika und Sardinien, durch den von Westen wie durch eine Düse pfeifenden Mistral extrem gefährlich ist.

Statt hier auf jeden Fall vor Eintritt der Dunkelheit einen Ankerplatz zu suchen, meinte ich, dieses »kleine Stück« Wasser ohne weiteres in der Nacht queren zu können. Doch der Wind packte das Boot von der Seite, die Wellen mochten zwei bis drei Meter hoch gewesen sein, und ich hatte Mühe, meinen Kurs zu steuern. Plötzlich tauchten kleine Felsinseln als Schatten in der Dunkelheit auf! Kaum hatte ich einen Fels umrundet, erkannte ich vor mir den nächsten schwarzen Schatten im Grau der Nacht. In der Seekarte waren das kleine Punkte, die ich nicht beachtet hatte.

Jeden Augenblick musste ich fürchten, mit schrecklichem Krachen auf einen Felsen zu donnern. Das Boot würde bersten, denn wir hatten Windstärke fünf. Jetzt die Segel reffen? Unmöglich! Ich konnte die Pinne nicht aus der Hand lassen. Zurück durch die Felsen? Verrückt! Tränen liefen mir über die Backen. »Hör auf zu flennen, du Feigling!«, schrie Jutta, die mir im Cockpit gegenüberhockte. »Willst du nun nach Afrika, dann segle weiter! Oder nicht? Dann kehre um, und wir fahren nach Hause!«

Wie ruft doch Peer Gynt in der Not? »Hin und zurück, 's ist der gleiche Weg. Hinaus und hinein, 's ist der gleiche Steg!«

Anfang oder Ende – für mich gab es nur eines: durchhalten, bis wir die Straße überquert hatten. Aber es tauchten weitere Felsen vor uns auf. Ich biss die Zähne zusammen, und am Morgen sahen wir endlich die Felsenküste von Sardinien. Ich hatte verstanden: Wenn ich ein Ziel erreichen wollte, dann durfte es kein Zurück geben.

Ein Ruhetag in Cagliari, dann drei Tage Überfahrt nach Afrika. Tunesien war damals noch französische Kolonie. Im Yachtklub von La Goulette, dem Hafen von Tunis, fanden wir gastliche Aufnahme. Man fuhr uns zu den Ausgrabungen von Karthago, zeigte uns das luxuriöse Badehaus der Römer, ein Kunstwerk seiner Zeit.

Es wurde eine wunderbare Reise und der eigentliche Antrieb für meine großen späteren Unternehmungen. Wir liefen einen malerischen Hafen an der Küste Tunesiens an und hatten das Glück, dass Tunesien zum einen noch zu Frankreich gehörte, also eine gewisse Ordnung und Sauberkeit herrschte, zum anderen, wie schon erwähnt, der Tourismus sich noch nicht entwickelt hatte, sodass wir als ausländische Gäste überall mit ganz besonderer Aufmerksamkeit empfangen wurden.

Wir segelten in unserem Mini-Boot weiter nach Sfax, Sousse und in die Bucht von Gabes. Die winzige, flache Kajüte musste für die Freundin und mich als Schlafraum dienen. Wenn wir in einem Hafen lagen, dann blieb Jutta nichts anderes übrig, als ihre Toilette im Cockpit zu vollenden, während auf der Pier dicht gedrängt die Männer standen. Meine Anwesenheit störte die Araber nicht, die mit ihren dunklen Augen auf unser Boot starrten und wie gebannt jede Bewegung von Jutta verfolgten. Die Kajüte mit ihrem nur etwa 70 cm hohen Dach machte es unmöglich, sich innerhalb des Raums zu bewegen oder zu sitzen. Aber »Was soll's?« sagte ich mir, wir erleben dieses Land umso intensiver und auf jeden Fall vielfältiger als jeder Hotelgast! In meiner Fantasie entstanden schon wieder Bilder weiterer Abenteuerreisen im kommenden Jahr.

Über die Inseln Pantelleria und Sizilien begannen wir die Rückfahrt nach Europa. In Tunesien hatten wir unseren Aufenthalt da und dort um eine Fahrt ins Land, um einen schönen Ankerplatz oder um eine Besichtigung antiker römischer Bauten verlängert, und jetzt waren wir unter Zeitdruck. Wieder war es Jutta, die mit den Flauten so erfolgreich kämpfte wie zuvor mit

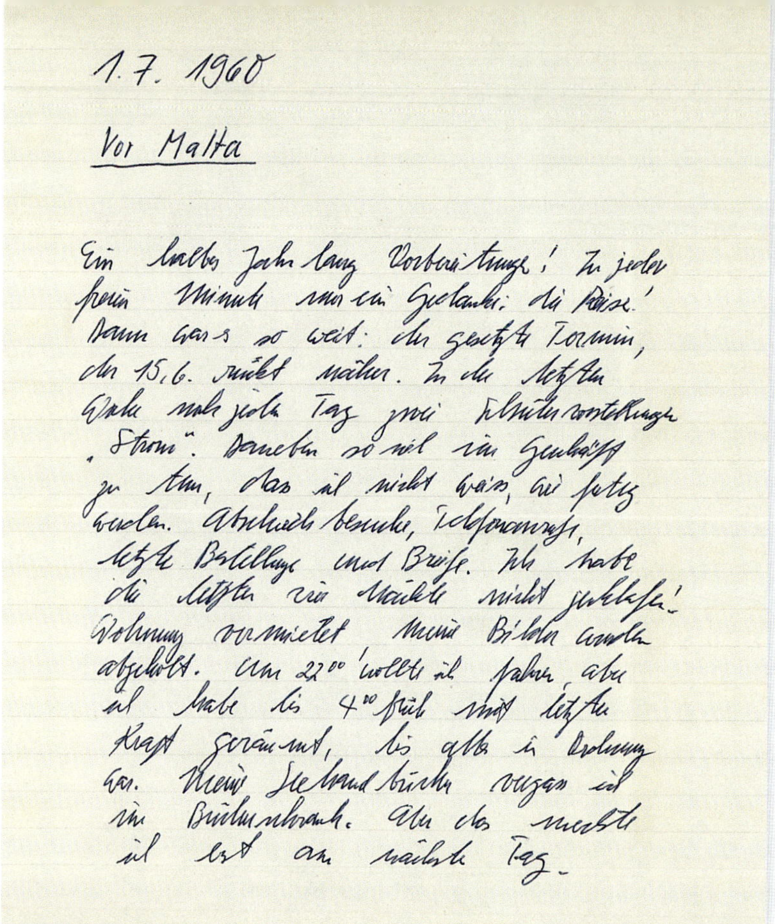

1.7.1960

Vor Malta

Ein halbes Jahr lang Vorbereitungen! In jeder freien Minute nur ein Gedanke: die Reise! Dann war's so weit: der gesetzte Termin, der 15.6. rückte näher. In der letzten Woche noch jeden Tag zwei Schülervorstellungen „Strom". Daneben so viel im Geschäft zu tun, dass ich nicht weiß, wie fertig werden. Abschiedsbesuche, Telefonanrufe, letzte Bestellungen und Briefe. Ich habe die letzten drei Nächte nicht geschlafen! Wohnung vermietet. Meine Bilder wurden abgeholt. Um 22⁰⁰ wollte ich fahren, aber ich habe bis 4⁰⁰ früh mit letzter Kraft geräumt, bis alles in Wohnung war. Meine Seehandbücher vergaß ich im Bücherschrank. Aber das merkte ich erst am nächsten Tag.

Der Beginn meiner ersten großen Segelfahrt, die ein Jahr dauern sollte. Malta war das erste Fahrtziel, gemeinsam mit dem Schauspieler-Kollegen Manfred Beilharz besuchte ich die alte Kreuzritter-Festung und den Flottenstützpunkt des britischen Weltreiches.

An der Küste Libyens besuchte ich mit Manfred die prächtige römische Seefahrer-Metropole »Leptis Magna« (rechte Seite).

den Stürmen. Sie brachte es fertig, einen ganzen Tag lang am Ruder zu sitzen und das Boot bei Windstärke 0,5 vorwärts zu bewegen.

So erreichten wir Ustica, eine der Liparischen Inseln, und kreuzten über das 3600 Meter tiefe Tyrrhenische Meer nach Ischia. Die Wassertiefe verhalf uns nicht zu schnellerer Fahrt, ließ uns nur das unglaublich tiefe Blau des Meeres intensiver genießen. Aber für das nahe Neapel blieb keine Zeit mehr, denn Jutta musste zum Schulanfang zurück sein.

Es war eine fantastische Reise gewesen. Zum ersten Mal in meinem Leben hatte ich Europa verlassen, noch dazu auf eigenem Kiel! Ich war über diesen Erfolg sehr, sehr glücklich, hatte ich doch nicht nur eine seglerische Leistung erbracht, sondern meines Wissens war die Solveig auch die erste deutsche Segelyacht, die nach dem Krieg mehrere Häfen in Nordafrika besucht hatte. Somit wären wir der erste deutsche Besuch gewesen, seit Rommels Afrikakorps das Land besetzt gehalten hatte.

Rommel hatte keineswegs Hassgefühle zu verantworten, im Gegenteil, man erzählte uns nur Positives über das Verhalten der deutschen Soldaten. Auch deshalb traten uns die Tunesier mit besonderem Wohlwollen entgegen. »Rommel gut, Deutsche gut!«, hörten wir immer wieder. In der Hauptstadt Tunis wurden wir sogar von einem amtierenden Minister empfangen und zum Essen eingeladen.

Für meinen weiteren Werdegang als Abenteurer und Segler war der Film von dieser Reise, mein erster abendfüllender Farbfilm, von großer Bedeutung. Für die Fertigstellung des 8-mm-Streifens kaufte ich mir ein Betrachtungsgerät, eine Klebepresse und natürlich auch einen Projektor für die spätere Vorführung.

War es Zufall oder Schicksal? Ein paar Wochen nach meiner Rückkehr nach Garmisch und nachdem ich den Film fertig geschnitten und sogar vertont hatte, begegnete mir auf der Straße der Leiter der Volkshochschule, Professor Dr. Ernst Häckel, ein über die Grenzen Deutschlands hinaus bekannter Wissenschaftler. Er sprach mich an: »Ach, Herr Gebhard, man hat mir erzählt, Sie hätten einen interessanten Farbfilm von Ihrer Bootsfahrt nach Afrika mitgebracht. Wären Sie bereit, den einmal in der VHS zu zeigen?« Ich war völlig verblüfft. Woher wusste Dr. Häckel von diesem privaten Urlaubsfilm? Aber er ließ nicht locker: »Sie sind doch Schauspieler, dann können Sie auch einen Vortrag dazu halten.« Aber das waren zwei ganz verschiedene Dinge. Einen auswendig gelernten Text, noch dazu nach einigen Wochen Probezeit zu sprechen, war die eine Sache. Frei zu erzählen, ohne Probe, vor Publikum, war etwas ganz anderes. »Probieren Sie es doch wenigstens, ich bin sicher, dass Sie Erfolg haben werden!« Ich konnte nicht mehr ablehnen, und die Sache wurde ein völlig unerwarteter Erfolg. Professor Häckel vermittelte mich nun auch an seine Außenstellen, wo ich ebenfalls schöne Erfolge verzeichnen konnte. Nun begann ich nachzudenken: Wenn ich größere Fahrten unternehmen und davon sorgfältig erarbeitete Filme zeigen würde, so fand ich auf jeden Fall eine selbstständige Existenzmöglichkeit. Ich überlegte, dass ich so manche meiner bisher erworbenen Fähigkeiten, die aufgrund meiner Lebensumstände scheinbar nutzlos geblieben waren, endlich einsetzen konnte. Dazu gehörten vor allem meine Ausbildung und jahrelange Erfahrung als Fotograf bei der Luftwaffe und im Fotogeschäft. Das würde es mir ermöglichen, meine Erlebnisse zu dokumentieren und zu veröffentlichen. Außerdem konnten sie mir den professionellen Zugang zur Filmherstellung erleichtern. Meine Kenntnisse in Englisch und Französisch, die ich auf dem Gymnasium und in der Hotelfachschule erworben hatte, waren schon außerordentlich hilfreich gewesen, wenn es galt, mich in den verschiedenen Häfen und Yachtklubs verständlich zu machen und Unterstützung zu erhalten.

Im Mittelmeerraum erwiesen sich auch die alten Sprachen Latein und Griechisch als nützlich, um Geschriebenes und Gedrucktes in Italienisch oder Spanisch besser zu verstehen, aber vor allem, um für die Besichtigung antiker Tempel und Ausgrabungen mehr Verständnis und Freude aufzubringen. Kurzum, ich sah plötzlich eine Möglichkeit, fast alle bisher erworbenen Kenntnisse zu verwerten.

Solche Überlegungen trieben mich dazu, im nächsten Jahr zu einer Reise aufzubrechen, die vom Seemännischen her einer unverantwortlichen Fehlplanung gleichkam. Kein Zweifel, diese Reise beruhte auf vielen Irrtümern, und dennoch erbrachte ich dabei trotz allem Unglück auch eine große, vielleicht die größte Leistung meines Lebens.

An Deck der Jolle im Hafen von Tripolis.

An der Pinne meiner SOLVEIG im Hafen von Tripolis (linke Seite).

Einige Stücke meiner minimalen Ausrüstung auf den Bodenbrettern des kleinen Bootes.

Mein größter Irrtum

Was macht es schon, wie weit wir gehn,
erwiderte der Freund.
Wir finden einen neuen Strand
an andrer Küste bald…

Zitat aus »Alice im Wunderland«, das mir ein englischer Zöllner bei der Einklarierung auf Malta ins Logbuch schrieb.

Während der Fahrt entlang der Küste Nordafrikas wurden meine Augen oftmals auf der Seekarte nach Osten abgelenkt, zu den Küsten Libyens und Ägyptens und damit zum Eingang des Suez-Kanals.

Ägypten… Seit der Schulzeit hatte ich das Reich der Pharaonen immer als eines der faszinierendsten Länder der Welt empfunden, vielleicht weil dort die größten Geheimnisse des Altertums verborgen sind. Aber was für Ziele konnte ich dort ansteuern? Auch schien mir Ägypten zu weit entfernt für einen Sommerurlaub. Da waren die griechischen Inseln schon interessanter. Aber wie so oft kam wieder einmal der Zufall ins Spiel. Oder war auch dies kein Zufall, sondern Schicksal?

Bald nach der Rückkehr nach Garmisch traf ich eine Bekannte, eine junge Frau, die mir begeistert von einer geschäftlichen Reise nach Eilat am Roten Meer erzählte.

Als sie hörte, dass ich mit meinem Boot in Tunesien gewesen war, meinte sie, ich müsse unbedingt einmal im Roten Meer segeln. Sie wurde nicht müde, mir von der Pracht und den Farben der Korallenriffe zu erzählen. Also durch den Suez-Kanal? Das wollte mir nicht gefallen, denn ich hatte keinen Motor für die Hansa-Jolle. Und wohin weiter? Es gab damals, abgesehen von Port Said, keinen ägyptischen Hafen am Roten Meer. Ich überlegte. Wenn ich nun doch versuchen würde, durch das Rote Meer zu segeln, dann käme ich in den Indischen Ozean und ins Arabische Meer. Vielleicht sogar nach Indien? Ich wälzte Atlanten und Karten und je länger ich mich damit beschäftigte, umso weniger konnte ich mich von dieser Idee trennen. Aber es blieb eine Idee. Mein Vater hatte indische Philosophie gelehrt, ich war deshalb seit meiner Kindheit im Elternhaus in dieser Richtung beeinflusst worden.

Wenn ich jetzt nach Indien segeln könnte? Mein Bruder Vidar lebte in England und war mit dem weltberühmten indischen Tempeltänzer Ram Gopal befreundet. Gopals Ausstrahlung war mit der Faszination, die der Dalai-Lama heute auf die Menschen ausübt, durchaus vergleichbar. Als ich Vidar in London besuchte, machte er mich mit Gopal bekannt. Gopal verfasste ein Empfehlungsschreiben, überreichte es feierlich und versprach: »Damit kommst du durch ganz Indien und wirst überall als Gast aufgenommen. Alle Türen stehen dir offen, auch bei der Regierung.« Ich war ihm sehr dankbar und schwelgte nun erst recht in meinen Träumen. Indien war damit zu meinem heimlichen Ziel geworden!

Je näher der Termin der geplanten Fahrt rückte, desto dringender wurde die Frage nach einem Begleiter. Jutta, damals noch Schülerin der Abiturklasse, konnte keinesfalls über die Som-

Die Jolle Solveig vor Tripolis

1960/61

Mit Manfred in der Hansa-Jolle Solveig von Reggio Calabria über Sizilien, Malta, Tunesien nach Tripolis, Libyen.
Ab Tripolis 1. Alleinfahrt nach Alexandria, durch den Suez-Kanal nach Port Sudan und Massaua weiter nach Aden. Dann vor Mukalla (Jemen) Piraten-Überfall und zurück nach Brindisi.

Fahrtzeit: 1 Jahr
Strecke: 3924 Seemeilen

Erster Höhepunkt meiner Alleinfahrt durch das Rote Meer: die von Menschen verlassene Geisterstadt »Suakin« im Sudan. Durch die aufregende Beschreibung von Hans Hass wurde ich angeregt, das Rote Meer zu durchfahren (rechte Seite).

merferien hinaus an der Fahrt teilnehmen. Es ergab sich aber, dass Manfred, ein befreundeter Kollege vom Theater, Student der Theaterwissenschaft, großes Interesse an meinen Plänen zeigte und bereit war, bis Ägypten auf jeden Fall mitzusegeln.

Wir betrieben die Reisevorbereitungen gemeinsam, besonders die Autofahrt bis zum Start mit dem Boot. Mein Interesse galt ausschließlich den exotischen Fahrtzielen, nicht so sehr den gesegelten Entfernungen oder der Zahl der angelaufenen Häfen und Länder. Ein Blick auf die Karte zeigte uns, dass Reggio Calabria der südlichste Hafen in Italien war; dort wollten wir das Boot einsetzen. Unsere Abfahrt von Garmisch erfolgte im Frühjahr, und das war schon die erste falsche Entscheidung. Bereits wenige Kilometer hinter Mittenwald blieben wir wegen Schnee und Glatteis an einer Bergstrecke hängen und mussten im ungeheizten Wagen übernachten, bis wir am Morgen per Telefon einen Abschleppdienst herbeirufen konnten. Im Eiltempo, und wiederum ohne eine Besichtigung der großartigen Sehenswürdigkeiten, durchquerten wir Rom, um möglichst schnell nach Süden zu kommen.

In Reggio brachten wir mithilfe von Fischern das Boot zu Wasser. Manfred fuhr Wagen und Anhänger in eine Garage, wo sie bis zu unserer Rückkehr im Oktober bleiben konnten. Als er an Bord kam, warf ich sofort die Leinen los, und wir steuerten durch die Straße von Messina, um danach direkt Malta anzulaufen.

Die Insel der Kreuzritter war unser erstes großes Erlebnis. Malta, damals noch britischer Marinestützpunkt, hat einen bestens nach allen Seiten geschützten Hafen. Ich befürchtete einen unfreundlichen Empfang wegen der Bombardierungen durch die deutsche Luftwaffe, doch wir wurden von den englischen Behörden geradezu freundschaftlich behandelt. Der Zolloffizier schrieb mir ein Zitat aus »Alice im Wunderland« ins Logbuch, das ich als Motto über dieses Kapitel gesetzt habe.

Wir hatten an einer Mauer der Altstadt festgemacht und waren somit vom Zentrum nur wenige Minuten entfernt. Wir lagen mitten im Bereich der Sehenswürdigkeiten. Aber dennoch wollte ich nicht längere Zeit bleiben. Weite Seestrecken lagen vor uns, und das Hauptziel hieß Ägypten. Deshalb legten wir die Abfahrt schon auf den Morgen des zweiten Tages fest. Ich hatte noch einige Arbeiten an der Takelage zu verrichten und bestimmte deshalb 9.00 Uhr als Startzeit. Aber Manfred erschien erst gegen 11.00 Uhr, und ich war verärgert, fühlte mich übergangen. Als er als Ausrede vorbrachte, wir hätten ohnehin keinen Wind, war für mich das Maß voll. Obwohl ich durchaus gesehen hatte, dass sich schweres Wetter ankündigte, entschied ich mich für den sofortigen Start.

Diese ärgerliche und unbeherrschte Reaktion sollte mich teuer zu stehen kommen. Schon bei der Ausfahrt aus dem sehr großen Hafen zeigten sich die ersten harten Böen, aber ich blieb stur: ein unverzeihlicher Fehler. Ich nahm ein viel zu hohes Risiko in Kauf, setzte unser beider Leben aufs Spiel.

Bereits nach einer Stunde gerieten wir in einen Sturm, der die Standfestigkeit der Jolle bei weitem überstieg. Noch hätte ich umkehren können, aber ich blieb weiterhin hart. Den ganzen Tag kämpften wir gegen mächtige Brecher, die große Mengen Wasser ins Cockpit warfen. Ständig mussten wir mit Töpfen und Bechern schöpfen. Manfred machte schon bald nicht mehr mit, die ganze Arbeit blieb allein an mir hängen. Schon auf dem ersten Fahrtabschnitt war er seekrank geworden, jetzt aber musste er Neptun ständig opfern. Es war furchtbar, und er reagierte sauer und voller Angst. Er wollte meine Rettungsmittel sehen, und als ich ihm eine Schwimmweste gab, zog er diese an und legte sich schlafen.

79

Mein kleiner »Guide« mit den beiden Eseln, während ich allein das Grab von Tut Ench Amun besuchte.

Segeln konnten wir ohnehin nicht, die SOLVEIG trieb bei Windstärke 6 in der aufgewühlten See. Drei Tage dauerte das schwere Wetter, dann ließ der Wind nach und ich setzte Segel. In der Nacht nahm Manfred eine zeitlang das Ruder und änderte ohne zu fragen den Kurs in Richtung auf das nächste Land. Dabei zerriss das Großsegel auf seiner ganzen Breite. Er hatte von Anfang an nur den einen Wunsch gehabt: möglichst schnell an Land oder wenigstens nahe ans Land zu kommen. So bald wie möglich wollte ich ihn bitten, das Boot zu verlassen und die Heimreise anzutreten. Aber vorher hatten wir noch ein ganz außergewöhnliches Erlebnis: Es gelang mir, an der libyschen Küste »wild« zu ankern und ohne Anmeldung oder Einklarierung an Land zu gehen.

Auf der Karte hatte ich die alte römische Stadt Leptis Magna entdeckt, und dorthin wanderten wir durch den Wüstensand, bis wir die Straßen und Häuser der großen alten Stadt gefunden hatten. Leptis Magna ist vielleicht die am besten erhaltene Stadt des Altertums, in der wir völlig allein – wir sahen weder eine Aufsicht noch Besucher – auf Entdeckungstour gehen konnten. Ich fand im Sand der Wüste sogar noch römische Münzen. Der Höhepunkt für uns Schauspieler war das gut erhaltene, große Amphitheater, auf dessen Bühne wir abwechselnd klassische Verse sprachen und dabei die unglaubliche Akustik bewunderten.

Am nächsten Morgen setzten wir unsere Fahrt fort, sehr langsam, denn das Großsegel konnte ich nicht benutzen, sondern musste meine arme SOLVEIG mit ihrem sehr kleinen Sturmsegel langsam weiter steuern.

Am Nachmittag erreichten wir Tripolis, die Hauptstadt Libyens. Extrem unfreundlich, ja

Am Ruder meiner geliebten Hansa-Jolle SOLVEIG vor der Küste des Sudan am Roten Meer (linke Seite).

Die Pyramiden von Gizeh 1960.

hasserfüllt, war der Empfang bei der Polizei. Ich habe so etwas auch später nie mehr erlebt. Als sich herausstellte, dass wir kein Visum im Pass eingetragen hatten, schrie der Beamte: »Verlassen Sie sofort den Hafen!« Ich bat ihn um eine Stunde Zeit, um Lebensmittel zu besorgen. Wieder schrie er: »Segeln Sie sofort aus dem Hafen hinaus, sonst lasse ich Sie ins Gefängnis bringen!« Es blieb uns nichts anderes übrig, als zu gehorchen. Im Hafen lag ein deutscher Frachter, und den fragten wir, ob man uns helfen könne? Die Antwort lautete: »Leider nein.« Nun war guter Rat teuer, denn wir mussten Lebensmittel besorgen.

Nach Tunesien zurückzusegeln wäre sinnlos gewesen, denn dann wäre unsere Reise zu Ende gewesen.

Wir mussten noch einmal an Land gehen, heimlich, und telefonieren. Ich hatte Glück, ich erreichte einen Journalisten in Tripolis, der mir

in Tunesien seine Nummer gegeben hatte. Er verständigte den Hafenmeister, einen Engländer, der mit seiner Barkasse zu uns kam und SOLVEIG einen Liegeplatz zuwies. Der Polizeichef sah das Manöver und war wütend. Es gab eine Auseinandersetzung, woraufhin der Hafenmeister Tag und Nacht einen Militärposten an der Pier aufstellen ließ! »Die Polizei darf euch nicht anrühren. Ihr könnt an Land gehen und Einkäufe machen«, versicherte er.

Zunächst einmal hatten wir Zeit gewonnen. Ein Journalist kam am nächsten Morgen zu uns an Bord, machte ein Interview für die *Tripolis Times* und verständigte die Regierung. Von dort wiederum kam der Befehl, uns ein Visum in den Pass einzutragen. Die Polizei gehorchte zähneknirschend. Unser Aufenthalt war gerettet und die Weiterfahrt auch.

Manfred ging mit mir in die Stadt, am Hafen entlang, blickte hinaus auf die im Sonnenlicht

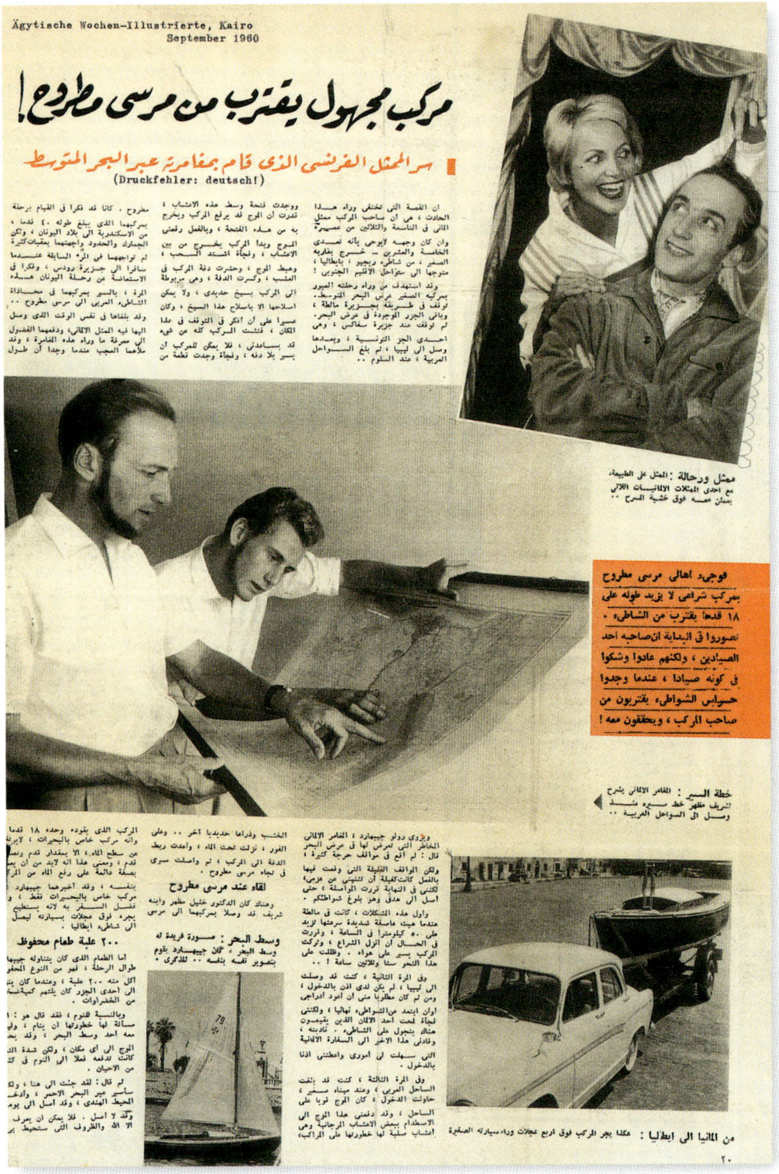

Ägytische Wochen-Illustrierte, Kairo
September 1960

مركب مجهول يقترب من مرسى مطروح!

سر الممثل الفرنسي الذى قام بمغامرة عبر البحر المتوسط

(Druckfehler: deutsch!)

ممثل ورحالة : الممثل على الطبيعة، مع احدى الممثلات الالمانيات اللاتي يمثلن معه فوق خشبة المسرح ..

فوجيء اهالي مرسى مطروح
بمركب شراعي لا يزيد طوله على
١٨ قدما يقترب من الشاطيء .
تصوروا فى البداية ان صاحبه أحد
الصيادين ، ولكنهم عادوا وشكوا
فى كونه صيادا ، عندما وجدوا
حراس الشواطيء يقتربون من
صاحب المركب ، ويحققون معه !

خطة السير : المغامر الالماني يشرح لشريف مظهر خط سيره منذ وصل الى السواحل العربية ..

من المانيا الى ايطاليا :

Kairo: eine Seite der ägyptischen Illustrierten, die mir später als Gefangener der Piraten das Leben rettete. Die Fotos zeigen mich als Schauspieler in Garmisch, mit dem Sohn von Professor Mazhar an der Seekarte, die Jolle Solveig im Hafen von Alexandria und auf dem Anhänger an meinem Pkw auf dem Weg über die Alpen.

glänzende Wasserfläche und erklärte plötzlich: »Wenn ich das Wasser nur sehe, wird mir schon schlecht!« Das war deutlich. Bei dieser Einstellung war seine weitere Mitfahrt sinnlos. Er fügte auch sogleich hinzu, dass er sich erkundigt hätte, wann ein Schiff nach Italien ging. Auch ich hatte über meine weiteren Möglichkeiten nachgedacht und sagte schnell: »Ich habe volles Verständnis, dass eine Weiterfahrt für dich kein Vergnügen mehr ist. Ich werde versuchen, allein weiter zu segeln.« Manfred war entsetzt: »Das kannst du nicht machen! Es war für uns beide schwer genug, aber allein, nein, das kann ich nicht zulassen. Bitte komm mit mir zurück!«

Schon in wenigen Tagen ging ein Schiff nach Sizilien, und bis dahin bemühte sich Manfred in rührender Weise, mich von der Weiterfahrt abzubringen. Aber mein Entschluss stand fest. Ich wollte es zumindest für ein paar Wochen probieren, denn ich war sicher, dass ich es schaffen konnte.

Nach freundschaftlichem Abschied und mahnenden Worten verließ Manfred an Bord des Passagierschiffs den Hafen von Tripolis. Ich segelte am nächsten Morgen. Natürlich musste ich den ganzen Tag das Boot von Hand steuern, konnte das Ruder nicht verlassen. Ich legte mir deshalb Seekarten und eine Mahlzeit neben dem Sitz zurecht. Diese Mahlzeit bestand aus einer Dose dicker Kondensmilch, die ich mit dem Messer aufstach und dann austrank. Fertig. Ein – wenn auch kurzer – Gang in die Kajüte war nicht möglich. Zu schnell lief das Boot aus dem Ruder und dann war das Großsegel, das genäht worden war, wieder in Gefahr.

Ein neuer Abschnitt in meinem Leben hatte begonnen, aber ich wusste es noch nicht. Tatsächlich kam ich gut voran, war sogar schneller als gedacht. Ich konnte, wenn ich mich noch frisch genug fühlte, ganze Nächte segeln oder die Weiterfahrt nach einer gut durchgeschlafenen Nacht zeitig am Morgen fortsetzen. Ich musste auf nie-

Das Stadttor der Geisterstadt Suakin am Roten Meer.

manden Rücksicht nehmen. So ging die Reise flott weiter, immer entlang der Küste Libyens und über die Syrte bis zur Grenzstation Sollum. Die Einreise nach Ägypten verlief glatt, und ich steuerte zunächst eine Bucht an, die mir aus den Wehrmachtsberichten noch ein Begriff war: Mersa Matruh. Hier hatte Rommel sein Hauptquartier während der Schlacht von El Alamein. Ohne auch nur im Entferntesten zu ahnen, was mir bevorstand, zog ich nach wenigen Tagen meinen Drei-Kilo-Anker aus dem sandigen Grund und nahm Kurs auf Alexandria. Mit der Ankunft dort, so glaubte ich, würde der entscheidende Abschnitt meiner Reise beginnen. Das große Mittelmeer lag hinter mir, das eher schmale Rote Meer versprach geheimnisvolle Küstenstädte und unendlich schöne Riffe. Dann endlich: Alexandria! Die große Metropole des Altertums! Vorsichtig steuerte ich in den riesigen Hafen und wurde eingeladen, an einem Hausboot festzumachen. Später musste ich am Polizeiboot längsseit gehen.

Es dauerte einige Tage, bis ich begriff, was geschehen war. Ich war gefangen, in polizeilichem Gewahrsam, durfte mein Boot nicht mehr segeln und natürlich den Hafen nicht verlassen. Die

Nächte, angebunden am Polizeiboot, in dem laut gerufen und gesprochen wurde, waren eine einzige Qual. Tagsüber durfte ich in Begleitung eines Polizisten an Land gehen und konnte im großen Yachtklub von Alexandria Verbindung mit den ägyptischen Seglern aufnehmen.

Ich wurde freundschaftlich behandelt, aber die ägyptischen Segler waren selbst Gefangene. Sie durften den Hafen, auch für die Stunden einer Regatta, nicht verlassen. Nur innerhalb des Hafens von Tonne zu Tonne verlief an Wochenenden die Regattastrecke.

Allmählich erfuhr ich aus persönlichen Gesprächen die Hintergründe. Ich freundete mich mit der Tochter des Admirals an, ging einmal sogar abends heimlich mit ihr ins Kino, und sie erzählte mir, dass der Polizeichef selbst keinen Ausweg für mich wusste: »Du musst bedenken, er weiß nicht, wie er eine Lösung finden soll, ohne selbst in Gefahr zu geraten, als Verräter verurteilt zu werden. Er hat Angst, Angst um seine Stellung und Angst um sein Leben. Was du gemacht hast, deine Alleinfahrt im offenen Boot nach Ägypten, ist so unglaublich und unvorstellbar mutig, dass sie in den Augen der Ägypter, auch der Freunde im Yachtklub, nicht wahr sein kann. Niemand glaubt dir, auch mein Vater nicht. Es muss eine Täuschung sein, die du erfunden hast, um für Israel zu spionieren. Sie suchen jetzt nach Beweisen für deine Schuld, finden aber noch keine.

Selbstaufnahme an der Pinne im Roten Meer.

Ankerplatz am Neujahrstag 1961 zwischen den Sandbänken und Riffen des Roten Meeres (rechts).

Du sollst später vor Gericht und ins Gefängnis.« Jeden Tag wurde ich in Begleitung eines Soldaten mit Gewehr ins Präsidium zum Verhör geführt. Immer aufgeregter fragte mich der Polizeichef nach den Einzelheiten meiner Fahrt und meines Lebens. »Sagen Sie doch endlich, von wo Sie wirklich gekommen sind! Von Italien, das ist ja unmöglich!«
Die Solveig hatte man an Land in eine Halle gebracht. Den Offizieren im Yachtklub wurde meine Lage unangenehm. Tat man hier einem Gast am Ende großes Unrecht oder gewährte man einem gefährlichen Feind Schutz? Darauf stünde die Todesstrafe. Nur knapp entging ich der Folter. Freunde warnten mich aber: »Die Polizei geht brutal vor, gestern haben sie einem Griechen Streichhölzer unter die Fingernägel geschlagen, bis er schrie und sich schuldig bekannte. Seien Sie bloß vorsichtig und versuchen Sie, mit Ihrem Boot weiterzukommen.«
Ja, wie denn? Wer sollte die Verantwortung übernehmen, wenn ich tatsächlich ein Spion des Todfeindes Israel war? Aber ich gewann einen Freund: Professor Mazhar von der Universität in Kairo, einen Frauenarzt. Er lud mich ein, als sein Gast im Segelklub zu wohnen. Für diesen Ortswechsel übernahm er zusammen mit anderen Mitgliedern die persönliche Verantwortung.

Die Piraten nach meiner Freilassung an der Küste des Hadramaut (Arabisches Meer). Die Waffen und Patronengurte sind abgelegt, einer hält stolz mein Radio, das ich ihm gab, um das Foto und die Filmaufnahmen machen zu dürfen!

Nach der Heimkehr ein kurzer Bericht im Münchner »8-Uhr-Blatt«. Das Foto zeigt die Solveig im Hafen von Suakin, doch man schrieb lieber »Mittelmeer«, da man mir das Rote Meer nicht so recht glauben wollte.

Samstag, 8. April 1961 — 8 UHR-BLATT — Seite 7

Piraten sind auf Radios scharf ...

le. MÜNCHEN, 7. April

Wer von uns hat ihn nicht geträumt, den Traum vom großen, erregenden Abenteuer, von der „Fahrt in die weite Welt"? Wer sah sich nicht gefahrentrotzend auf einer Kommandobrücke stehen, oder irgendwo im Urwald gefährliche Situationen meistern? Später, als uns der Beruf und der Alltag in den Griff bekamen, taten wir diese Jugendträume ab, bezeichneten sie als kindliche Phantasiegebilde, geboren aus jungenhaftem Betätigungswillen und Karl-May-Lektüre.

Nicht so ein gestandenr Oberbayer, Rollo Gebhard aus Garmisch. Er wußte, daß es das echte Abenteuer noch gab in dieser entromantisierten Welt, und er suchte es.

Vor Monaten berichtete 8 UHR-BLATT vom Start der Hansa-Jolle, die Rollo Gebhard zusammen mit seinem Freund Manfred über das Mittelmeer, den Suezkanal bis nach Aden bringen sollte. Heute erreichte uns sein Brief aus Südarabien. Er schaffte es. Von Tunesien aus, wo Manfred die Heimreise antrat, segelte er allein an die dreieinhalbtausend Kilometer weit.

W[illegible]tlich schreibt er:

8 U[illegible]

Die Abenteuer im Mittelmeer

Tag lang lag ich im Wasser und flickte alles wieder zusammen. Abenteuer? Keinen Tag ohne sie! Aber auch Gastfreundschaft und überschwengliche Begeisterung an den Hafenorten, die ich berührte. In Alexandrien stürmte die Presse mein Boot und konnte es nicht glauben, daß ich mit der Nußschale aus Europa kam. Sogar Rundfunkreporter fragten mich aus.

Über Port Said segelte ich durch den Suezkanal zum Roten Meer nach Port Sudan. Rotes Meer — wenn ich heute daran denke, stehen mir jetzt noch die Haare zu Berge. Riffe über Riffe — und in keiner Seekarte verzeichnet. Meine ersten grauen Haare stammen von dort! Weiter nach Massaua und hinein in die Meerenge von Bab el Mandeb. Denkste! Die Gegenströmung war so groß, daß ich keinen Fußbreit gewann. Also zurück. Ich war stocksauer. So nah bei Aden und jetzt noch auf einen Dampfer [illegible]igen? Aber [illegible] [illegible]eres übrig.

ROLLO GEBHARD

VOR DER „TOTEN STADT" Suakin am Roten Meer wurde eine kleine Reparatur nötig. Fotos: Gebhard

am 21. Febuar war ich in Aden.

Der Indische Ozean lockte mi[illegible] vor al[illegible] am andere[illegible]

unmöglich. Wenn schon, ich fuhr los. Stur wie ein Panzer, Richtung Indien, ich Na[illegible] ich [illegible]

Das Klubhaus in Kairo war eine schwimmende Gaststätte auf dem Nil. Es stammte noch aus der Zeit der britischen Verwaltung Ägyptens, und war deshalb in tadellosem Zustand. Das mussten goldene Zeiten gewesen sein. Jetzt, unter Nasser, herrschte das Chaos. Niemand wusste, was zu tun war, und niemand wollte Verantwortung übernehmen, jedenfalls nicht für meine Weiterfahrt. Professor Mazhar wies mir die Damentoilette im Klub als Wohnung zu. Nur nachts konnte ich dort schlafen, denn tagsüber wurde der kleine Raum gelegentlich von den Frauen der Klubmitglieder benötigt. Frauen wurden im Klub nicht gern gesehen, sie waren für die Ägypter nur ein notwendiges Übel. Diese Einstellung machte mir die Religion Mohammeds von Grund an unglaubwürdig.

Ich konnte mich in Kairo frei bewegen und durfte die großartige Stadt mit allen ihren Besonderheiten besichtigen: das Ägyptische Museum, die Moscheen, die Märkte, die Basare. Ich hatte zudem das Glück, einen Bekannten wiederzutreffen, den ich als Wagnerfreund bei den Bayreuther Festspielen kennen gelernt hatte. Er hatte eine schöne, intelligente und hochgebildete Tochter, die mich während der Wochen, die ich in Kairo verbrachte, bei allen Besichtigungen begleiten und führen durfte.

Außerhalb der Stadt besuchte ich mit ihr mehrfach die Pyramiden und später allein mit der Bahn auch die Tempel von Luxor. Für die Königsgräber bestellte ich mir im Hotel einen preiswerten »Guide«, einen zwölfjährigen Jungen, der am nächsten Morgen mit seinem Esel auf mich wartete und mit mir die Fähre über den Nil nahm.

Unvergesslich die rote Sonne, die sich majestätisch über den sandigen Hügeln der Wüste und den Wassern des Nils erhob. Es war eine Welt, die schon nicht mehr zu der unsrigen gehörte. Wir wanderten über Sand und Felsen, und ich stieg in die berühmten Gräber hinab. Der Junge

Das Foto rechts zeigt die Burg der Piraten in der Wüste des Hadramaut, des heutigen Jemen, wo man mich in einer kleinen Kammer gefangen hielt.

1962 mit der neuen Solveig II im Kanal von Korinth (Ägäis) während meiner Probefahrt für die geplante Atlantik-Überquerung.

Auf der Fahrt nach Süditalien mit gebrochenem Mast im Hof eines Hotels. Ich war in der Nacht mit der Mastspitze gegen das Sonnendach vor dem Hotel gestoßen. In Rimini konnte der Mast repariert werden, und in Brindisi brachte ich das Boot zu Wasser.

wartete mit seinem Esel jeweils vor dem Eingang, während ich die 3000 Jahre alten Kunstwerke und Malereien in den Grabkammern bewunderte.

Größtes Erlebnis und absoluter Höhepunkt meines Ägyptenaufenthalts war für mich das Grab von Tut-ench-Amun, in dem ich längere Zeit allein verweilen konnte und die feierlich-beängstigende Atmosphäre des Raums in mich aufnahm. Wie war das gewesen mit dem Fluch des Pharao? War er noch heute lebendig? Machte ich mich schuldig durch meinen Aufenthalt im Grab?

Die goldenen Sarkophage, die Totenmaske und andere unschätzbare Kostbarkeiten hatte ich schon vorher im Museum in Kairo bestaunt. Nun stand ich in der Grabkammer – ganz allein und ohne Ablenkung oder Störung durch andere Menschen oder auch nur Geräusche. Totenstille … Wie aus einer anderen Welt kehrte ich nach Kairo zurück.

Eines Tages bat mich Professor Mazhar: »Ich muss mit Ihnen sprechen. Wollen Sie wirklich ins Rote Meer segeln? Wollen Sie nicht lieber zurück nach Italien? Na gut, ich will versuchen, Ihnen die Weiterfahrt zu ermöglichen. Es ist mir gelungen, Ihnen ein Treffen mit dem Chef des Geheimdienstes zu ermöglichen. Er allein kann jetzt entscheiden, was geschehen soll. Sie fahren morgen nach Port Said und melden sich in seinem Büro.«

Ein kleiner, intelligenter Mann saß mir gegenüber und wollte wissen, wie ich denn nach Ägypten gekommen sei. Ich musste ihm die ganze Geschichte meiner Segelabenteuer berichten, und er hörte interessiert zu. Meine Weiterfahrt

schien ihn nicht wirklich zu interessieren. »Und jetzt wollen Sie ins Rote Meer?«, war seine abschließende Frage.
Zwei Wochen später erhielt ich einen Brief des Obersten mit der ersehnten Genehmigung, von Alexandria nach Suez und weiter ins Rote Meer zu segeln! Damit war die Angst der Behörden in Alexandria beseitigt.
Von nun an standen mir auch alle Seglerfreunde hilfreich zur Seite, sogar die Polizei. Niemand verdächtigte mich mehr der Spionage. Ich war frei!
Der kleine Mann hatte so unscheinbar ausgesehen, als er mir gegenübersaß. Erst nachher spürte ich seine Macht. Nach zwei Monaten Verzögerung konnte ich also jetzt die SOLVEIG für die Weiterfahrt vorbereiten. Drei Tage nach meinem Abschied von Alexandria machte ich an einer Pier in Port Said fest. Ich lag endlich am Eingang zum Suez-Kanal und wurde mir reichlich spät bewusst, dass ich keine Ahnung hatte von den weiteren Formalitäten, die nun auf mich zukamen.
Noch einmal hatte ich Glück. Wenn ich heute zurückdenke, kommt es mir wie ein Wunder vor: Vor mir lag am Kai die Yacht eines reichen Amerikaners, der sich schon seit Tagen bemüht hatte, eine Erlaubnis für die Durchfahrt zu erhalten. Ich durfte keinesfalls Segel setzen, aber der Amerikaner war bereit, mich mit seiner großen Yacht durch das enge Fahrwasser zu schleppen. Er nahm auch die Soldaten an Bord, die als Wache bei ständiger Ablösung Tag und Nacht unseren Kurs kontrollieren sollten. Es waren dumme Wüstensöhne, die von Schiffen und von der See keine Ahnung hatten, geschweige denn vom Kanal und seinen Behörden. Es war einfach grausam, was der wie ein zweiter Hitler verehrte Nasser aus dem von den Engländern so wohl organisierten Kanalbetrieb und aus dem übrigen Ägypten gemacht hatte!
Wir schafften es immerhin, nach drei Tagen fahren zu dürfen, und nach weiteren zwei Tagen Suez zu erreichen, da der Amerikaner genügend Bakschisch gab und die Wachsoldaten bestens versorgte.
Ich lag wieder fest und winkte der schönen Yacht des berühmten amerikanischen Konstrukteurs Herreshoff traurig nach, als Bob, so hieß der Skipper, und Sven, sein norwegischer Matrose, die Segel setzten und hinaus auf das Rote Meer steuerten.
Der Geheimdienstchef nämlich hatte ohne jede böse Absicht für meine Weiterfahrt zur Bedingung gemacht, dass ich den Hafen von Suez nicht ohne Genehmigung der Küstenwache verlassen sollte. So stand es in dem Brief, der mir bisher so wunderbar geholfen hatte.
Wo aber war die Küstenwache? Das Büro musste doch in der Nähe des Hafens sein. Wieder hatte ich Glück und traf zufällig einen deutschen Kanallotsen. So etwas gab es damals noch! Der glaubte natürlich, das Büro der Küstenwache leicht zu finden, war auch sofort bereit, mich dorthin zu fahren und die Abmeldung in kurzer Zeit zu erledigen. Mittags, nachdem sein Dienst beendet war, holte er mich ab. Wir fuhren los. Aber was so leicht erschienen war, stellte sich als neues Problem heraus.
Suez ist keine große Stadt. Nachdem wir bei Polizei, Zoll und anderen Behörden gefragt hatten, suchten wir jeweils vergeblich bei den angegebenen Adressen nach der Coast Guard. Einen halben Tag lang, dann noch weiter in den Abend hinein. In jedem Büro, in dem mein Lotse fragte, wusste man sofort eine Straße und Hausnummer, nur dort fand sich keine Küstenwache! Der Lotse gab auf und fuhr mich zu meinem Liegeplatz zurück. Ich war verzweifelt. Als am nächsten Morgen die Sonne ein erstes schwaches Licht auf das Wasser und die Ufer des Hafens warf, entschloss ich mich, ohne Genehmigung zu starten.
Niemand beachtete mein kleines Boot, und bald hatte ich offenes Wasser erreicht. Der leichte

Nordwind trieb die SOLVEIG flott vorwärts und je mehr die Gebäude von Suez im grauen Dunst verschwanden, desto wohler wurde mir. »Ja, einfach abhauen, das ist der richtige Abschied vom chaotischen Ägypten! Damit endlich das Behördentheater ein Ende hat!« So schrie ich in den langsam stärker werdenden Wind. Fast drei Monate waren vergangen, seit ich in den Hafen von Alexandria eingelaufen war. Jetzt nur weiter, weiter! Aber wohin? Wie lange konnte ich heute noch segeln, wo würde ich die Nacht verbringen? Quälende Gedanken raubten mir die Freude an der endlich gewonnenen Freiheit. Ich suchte auf der Seekarte, durfte dabei aber die Pinne nicht loslassen. Was ich entdeckte, war nicht gerade beruhigend. Es gab in erreichbarer Nähe keine Bucht zum Ankern. Ich hatte nur an Flucht gedacht, nicht an die Nacht und den nächsten Tag.

Schlagartig wurde mir klar, weshalb keiner der Segler in Alexandria jemals einen Ausflug ins Rote Meer unternommen hatte. Hier gab es keine Häfen, keine geschützten Liegeplätze. Der Wind wurde immer kräftiger, ohne sich zum Sturm zu entwickeln. Mit Stärke 6 schob er mich nach Süden. Es gab keine Möglichkeit zu ankern,

1961 mit SOLVEIG an der Küste des Roten Meeres. Im Vordergrund mein Treibanker, den ich bei Sturm einsetzte, um eine Kenterung zu vermeiden.

Meine Vortragreisen mit dem neuen, selbst geschnittenen und vertonten Film »Malesch« nahmen mich voll in Anspruch. Im Theater trat ich nur noch selten auf, denn ich war nebenher mit den Vorbereitungen für die Atlantik-Überquerung beschäftigt. Die »Landsberger Zeitung« schilderte den Inhalt meines Filmes »Malesch«.

Kühne Odyssee endete in Piraten-Festung

Mit einer Segeljolle vom Mittelmeer ins Rote Meer

Landsberg. Malesch, d. h. „Mach dir nichts draus", unter diesem Leitwort führte H. Gebhard aus Garmisch seine Zuhörer in der VHS mit einem spannenden, selbstgedrehten, weder gestellten noch zensurierten, aber selbst vertonten Film in das bunte Leben der Völker Nord- und Ostafrikas. Mit seiner 5,5 m langen, 1,5 m breiten und nur zum Teil überdachten Hansajolle mit 14 qm Segelfläche durchquerte er in einem Jahr von Sizilien aus das Mittelmeer, fuhr an der tunesischen, libyschen, ägyptischen Küste ostwärts, um als Erster in einem so kleinen Boot allein das 2300 km lange, von gefährlichen Korallenriffen umsäumte und von Haifischen verseuchte Rote Meer zu durchfahren. Wahrlich eine bewundernswerte sportliche Leistung, die durch Stürme, Gewitter, durch die Schwierigkeiten des Ankerns und durch teilweise unvermessene Seekarten noch erhöht wird.

Ueber La Valetta (Malta) erreichte er Stax mit seinen alten römischen Siedlungen an der tunesischen Küste, berührte die sagenhafte Insel der Lotosser Dscherba, erlebte den Zauber der Oase und des Meeres, kam man nach Tripolis, folgte der „Rommelstraße" mit gepflegten deutschen Heldenfriedhöfen [illegible] die 500 km [illegible] Reiterkämpfe der Senussi und Kamelrennen auf den Film. Die aus dem zweiten Weltkriege bekannten Städte Derna, Cyrene, Tobruk mit seinem heißumkämpften Hafen, das Seebad Marsa Matruk und El Alamein erstehen in ihrer orientalischen Vielfalt neu vor den Betrachtern. Die engen Gassen und Basare, Moscheen, Kalifengräber und mittelalterlich-orientalisches Treiben, aber auch moderne Hochhäuser, Universitäten, weite Plätze und Parkanlagen der Millionenstädte Alexandrien und Kairo zeugen von romantischer Vergangenheit und moderner Gegenwart. Eine Fahrt auf dem Verkehrs- und Lebensstrome Aegyptens, dem 6000 km langen Nil, der dem Lande vier Ernten schenkt, bringt uns zu den gewaltigen Grabmälern der Pharaonen, den 5000 Jahre alten Pyramiden, zu dem berühmten Ammontempel des ehemaligen Thebens (heute Luxor und Karnak). Der 160 km lange Suezkanal wurde passiert und das gefahrenreiche, teils von 2000 m hohen, wildzerrissenen Gebirgsketten umsäumte Rote Meer tut sich auf.

Schwer prüft das Schicksal den kühnen Seefahrer: sein Bott kentert, er verliert das Meßgerät, wiederholt muß er ins Wasser tauchen, um den [illegible] aus den Riffen zu [illegible]

an beiden Seiten des Golfs von Suez sperrten Korallenriffe die Annäherung an den Strand. War da überhaupt Strand? Der Seegang, der ebenfalls zugenommen hatte, würde das Ankern unmöglich machen, unmöglich für meine Nussschale von Boot. Ich musste weitersegeln, aber bis wohin? Zum ersten Mal stieg nackte Angst in mir auf. Bald würden mich die Kräfte verlassen, ich würde das Boot nicht mehr halten können.

Als ich gegen Abend noch immer keine Möglichkeit sah, einen Ankerplatz zu finden, liefen mir die Tränen übers Gesicht. Ich schrie um Hilfe, schrie nach meiner Mutter … Ungerührt schoben die inzwischen auf drei Meter angewachsenen Wellen und der erbarmungslose Wind mein Schiffchen vorwärts. Ich hielt die Pinne umklammert, konnte nach Einbruch der Dunkelheit die Brandung auf dem Küstenriff nicht mehr erkennen, steuerte deshalb auf die offene See hinaus, wo in endloser Reihe ein riesiger schwarzer Schatten nach dem anderen an mir vorbeizog. Die Route der Großschifffahrt rückte immer näher heran. Zu diesen Kolossen musste ich Abstand halten, durfte aber andererseits den Riffen nicht zu nahe kommen. Es war die Hölle. Erst bei Tageslicht konnte ich versuchen, einen Ankerplatz zu finden. Es dauerte nochmals Stunden, bis ich endlich eine Lücke im Riff zuerst auf der Karte entdecken und dann hineinsteuern konnte.

Ich war nun aus dem bewegten Wasser heraus, der Anker hielt, und ich legte mich in meiner winzigen, flachen Kajüte zum Schlafen nieder. In diesen Augenblicken, da ich meinen Kopf in das Kissen vergrub und von der See draußen nichts mehr sah, atmete ich tief durch, versuchte alle Mühsal zu vergessen, und schlief dann rasch ein. Oder war ich bewusstlos? Ich war fertig, hatte keine Kraft mehr, keine Nerven. Doch wie sollte es weitergehen? Ein Zurück gab es nicht. Das kleine, offene Boot war nicht fähig, gegen Wind und starken Seegang anzukämpfen. Abgesehen davon drohte mir in Ägypten das Gefängnis, da ich mich bei der Küstenwache nicht abgemeldet hatte!

Ich musste also die Fahrt fortsetzten, mindestens bis zum nächsten Hafen. Das war Port Sudan, etwa 800 sm entfernt, auf halber Länge des Roten Meeres und damals noch britisches Protektorat. Dort könnte ich das Boot verladen lassen und nach Italien zurückkehren.

Von einem Tag zum nächsten kämpfte ich mich vorwärts. Der Wind blieb kräftig, war aber nicht mehr böig, sondern wehte Tag und Nacht gleichmäßig mit vier bis sechs Windstärken.

Ohne es zu wissen, war ich in den Bereich der Monsunwinde geraten. Was wusste ich überhaupt? Hatte ich nicht fast alles in der Vorausplanung vergessen oder nicht beachtet? Auch fehlten mir alle navigatorischen Kenntnisse für das Segeln zwischen Korallen. Nie wieder wollte ich mich derart hilflos den Gefahren der Meere in einem nicht seetüchtigen Boot ausliefern!

Und schon bald folgte die Strafe für meinen Leichtsinn und meine übergroße Abenteuerlust, die aus der Verzweiflung über meine durch den Weltkrieg zerstörte Jugend und das unglückliche Ende meiner Ehe und Familie entstanden war.

An einem Nachmittag, gerade zu der Zeit, als ich wie bisher ein Versteck zwischen Korallenbänken suchen wollte, zog ein schweres Gewitter auf. Der plötzliche Sturm erreichte Stärke acht, deshalb konnte ich es nicht wagen, in Richtung der Korallen zu steuern. Auf tiefem Wasser erreichten die Wellen eine Höhe von drei bis vier Metern. Ich fühlte, dass das Unglück unabwendbar war, denn eine Kenterung wäre auch dann unvermeidlich gewesen, wenn ich aufgesprungen wäre, um das Großsegel zu bergen.

Von Minute zu Minute hoffte ich, das Boot halten zu können, aber eine übergroße See warf die leichte Jolle zur Seite, die Süllkante wurde unter Wasser gedrückt, und der Mast tauchte ein. Ich flog über Bord, hielt nur krampfhaft die Großschot in der Hand. Das warme Wasser des Roten Meeres, in dem ich schwamm, war angenehm, aber ich war sicher, dass die letzten Minuten meines Lebens begonnen hatten … Ich strampelte mit den Beinen, bis mein Kopf wieder auftauchte, sah neben mir den Rumpf des gekenterten Bootes und das Schwert aus dem Wasser ragen.

Unwillkürlich und ohne viel zu überlegen zog ich mich mit der Großschot nahe an den gekenterten Rumpf heran und versuchte, das Schwert zu fassen, was mir aber erst nach mehreren vergeblichen Versuchen gelang. Dann zerrte ich mich auf den Rumpf und blieb auf dem Bauch liegen, den Kopf über Wasser. Ich überlegte, ob ich vielleicht das Boot aufrichten könnte, wenn ich mich an die unterste Kante des Schwertes klammern und mit dem ganzen Körpergewicht nach einer Seite ziehen würde. Langsam, unendlich langsam begann der Rumpf sich zu drehen, Segel und Mast tauchten auf und hoben sich allmählich über die immer noch schäumenden Wellen.

Sollte ich doch eine Möglichkeit haben, zu überleben? Aber nein! Kaum waren der Mast und mit ihm das Segel aufgetaucht, als der Wind das Tuch wieder unter Wasser drückte. Mehrere Versuche blieben vergeblich, doch irgendwie fühlte ich, dass mir noch eine Frist vergönnt war. Nach

einer halben Stunde, die ich verzweifelt an der Schot hängend verbrachte, ließ der Wind allmählich nach und damit auch der Seegang. War das Gewitter vorbeigezogen?
Es gelang mir auf der ruhiger gewordenen See tatsächlich, das Boot mit meinem Körpergewicht aufzurichten. Erschöpft und noch immer wie gelähmt vor Angst, ließ ich mich ins Cockpit fallen, in dem das Seewasser hin und her schwappte. Alle Lebensmittel und das Radio waren bei der Kenterung über Bord gegangen, ebenso der Kanister mit Süßwasser.
Da setzte sich ein kleiner Vogel, der durch den Sturm die Orientierung verloren hatte, auf das Dach der Kajüte! Wie er da so saß, hin und her hüpfte und offenbar zufrieden in die Zukunft blickte, gab er mir neuen Mut. Die Sonne stieg auf, und ein neuer Tag begann. Der Wind war schwächer geworden. Ich raffte mich auf, lenzte das Wasser aus Cockpit und Kajüte, setzte Segel und entschloss mich, mit letzter Kraft in zwei bis drei Tagen Port Sudan zu erreichen. Bei dem Versuch, abends einen Ankerplatz zwischen den Riffen zu finden, kenterte ich noch zweimal, konnte aber bei ruhigem Wetter das Boot beide Male sofort wieder aufrichten. Halb bewusstlos trieb ich die SOLVEIG in den Hafen von Port Sudan.
Hier sollte sich mein weiteres Schicksal entscheiden. Ein verständnisvoller englischer Hafenkapitän wies mir einen bequemen und sicheren Liegeplatz zu; ein anderer Engländer, ein junger Ingenieur und selbst Segler, nahm sich meiner an: »Du musst sofort aus dem Boot und aus der Sonne heraus! Ich habe in meiner Wohnung ein kleines Zimmer frei, dort kannst du wohnen, bis du dich erholt hast.« Meine Lippen waren von der unbarmherzigen Sonne, der ich den ganzen Tag über ausgesetzt gewesen war, völlig aufgerissen. In breiten Bahnen floss mir Eiter über das Kinn. Dankbar und unfähig zu einem eigenen Entschluss folgte ich ihm und lag bald auf der dünnen Matratze. Er schloss die Tür ab, zog die Vorhänge zu und nahm den Schlüssel mit: »Du verlässt mir nicht die Wohnung, kein Sonnenstrahl darf auf deine Lippen, bevor sie geheilt sind.«
So rettete er mich vor einer Krebserkrankung. Viele Jahre später musste ich dennoch operiert werden, einige Zentimeter meiner Unterlippe wurden herausgeschnitten. In Gedanken segnete ich den Freund, der mich vor Schlimmerem bewahrt hatte.
Um mich ins Leben zurückzuführen, lud er mich sogar zum Weihnachtsfest in sein Elternhaus ein, lieh mir dazu eine schwarze Hose und ein weißes Hemd, Kleidung, die damals für einen Europäer Pflicht war. Seine Mutter jedoch war nicht begeistert über den Deutschen an ihrem Tisch. Zum ersten Mal nach Kriegsende musste ich Auskunft geben über die Verhältnissee in der Nazi-Zeit. »Sie sind doch ein vernünftiger Mensch«, wurde ich gefragt, »wie war es möglich, dass Sie und Millionen anderer, intelligenter Deutscher diesen Wahnsinn mitgemacht haben?«
Es gab und gibt auf diese Frage, die 60 Jahre nach Kriegsende auch in Deutschland wieder gestellt wird, eine ganze Reihe von Antworten, die für spätere Generationen schwer verständlich sind, weil sie selbst ebenso intensiv von einer gegenteiligen Propaganda beeinflusst wurden, die ein völlig anderes, nicht immer ehrliches Geschichtsbild entworfen hat.
An jenem Weihnachtsabend 1960 gelang es mir jedenfalls, vielleicht weil ich den Ausbruch des Krieges in England erlebt hatte und somit der NS-Propaganda nicht voll ausgesetzt war, in der Familie Verständnis zu finden.
Jim betreute mich danach weiter, gab mir gute Ratschläge für die Riff-Navigation und riet mir, die Reise abzubrechen und meine Nussschale auf einen Frachter nach Italien zu verladen. Zweifellos hatte er Recht – die späteren Ereignisse auf meiner Fahrt in den Indischen Ozean haben es bewiesen – aber für mich stellte sich die Frage

grundsätzlich in Bezug auf mein weiteres Leben. Ich grübelte mehrere Tage lang und kam zu dem Schluss, wenn ich jetzt aufgab, würde ich mir keine weitere Abenteuerfahrt mehr leisten können und keine Möglichkeit mehr haben, mein Wissen zu erweitern, andere Kulturen, Länder und Menschen kennen zu lernen und meine Erlebnisse in Filmen zu dokumentieren. Meine Erfahrungen in Ägypten, das wurde mir klar, waren so reich gewesen, dass sich der Einsatz des Lebens gelohnt hatte. Auch als ich dem Tod sehr nahe gewesen war, hatte ich nicht einen Augenblick bedauert, die Reise unternommen zu haben. Damit hatte ich mich eigentlich schon für die Weiterfahrt entschieden.

Am letzten Tag des Jahres, sehr früh am Morgen, warf ich meine dünnen Leinen los und segelte weiter nach Süden. Die Hinweise, die ich von Jim erhalten hatte, gaben mir eine gewisse Sicherheit. Dennoch – oder gerade deshalb – unterbrach ich nach drei Tagen die Fahrt und kehrte noch einmal nach Port Sudan zurück. Ich war in große Riffgebiete geraten, aus denen ich keinen Ausgang mehr fand. Ein Risiko wollte ich nicht auf mich nehmen, sondern mir lieber von Jim einen Ratschlag holen.

Er half mir nochmals mit seiner hervorragenden Kenntnis der Korallenriffe und ihrer Besonderheiten. Leider hatte ich auch jetzt nicht die Einsicht, endlich die Fahrt abzubrechen.

Ohne weitere Zwischenfälle, aber mit großer Anstrengung, erreichte ich den Ausgang des Roten Meeres, die Straße von Bab el Mandeb, die »Straße der Tränen«, wie die Übersetzung lautet. Nun waren es nur noch wenige Meilen bis Aden. Dort durfte ich in den großen britischen Stützpunkt einlaufen, damals noch ein Eckpfeiler des Empire. Die Royal Air Force, die einen speziellen Hafen für kleinere Boote besaß, gab mir einen kostenlosen Liegeplatz, nachdem der Commander von Aden, beeindruckt von meiner seglerischen Leistung, dem deutschen Abenteurer ein Zimmer in seiner privaten Villa zur Verfügung gestellt hatte.

Noch einmal erlebte ich eine unvergesslich gute Zeit, aber mein Drang, das Äußerste zu riskieren, trieb mich dazu, die Überfahrt nach Indien auch gegen die Ratschläge der britischen Offiziere zu wagen. Man machte mich mit der gebotenen Zurückhaltung darauf aufmerksam, dass das englische Militär nicht zu meinem Schutz eingesetzt werden könne, wenn ich mich der arabischen Küste nähern und von Piraten gefangen genommen würde: »Die Wüstenstämme und Sultane sind frei, in ihrem Bereich zu walten, wie sie es für richtig finden. Wir haben nur den Schutz gegen Angreifer von außen übernommen.«

Ich segelte dennoch, aber was geschehen musste, geschah: Ich konnte dem hier bedeutend stärkeren Monsun, der noch dazu entgegenwehte, nach einigen Tagen nicht mehr standhalten. Auch musste ich jeden Liter Wasser, den die kräftige See ins Cockpit warf, von Hand ausschöpfen. Nach einer Woche schließlich ließ ich in einer kleinen Bucht der felsigen Küste des Hadramaut den Anker fallen: alles entgegen den Ratschlägen des Commanders. Ich glaubte, dort unbemerkt geblieben zu sein, aber mein Segel war von Küstenbewohnern gesehen worden. Nach Mitternacht wurde ich von der bewaffneten Mannschaft einer Dhau regelrecht gekapert. Nur mit sehr viel Glück und mithilfe einer Illustrierten aus Kairo, die über meine Fahrten berichtete, kam ich wieder frei. Nach diesem »Wunder«, denn so sehe ich meine geheimnisvolle Freilassung, deren Gründe ich niemals erfuhr, wusste ich, dass ich die geplante Indienfahrt aufgeben musste. Ich segelte nach Aden und ließ die Solveig auf ein griechisches Passagierschiff verladen. Heute bin ich mir sicher: Niemals wäre ich mit der offenen, kenterbaren Jolle nach Indien gelangt! So gesehen hat sich der Piratenüberfall als Glück erwiesen und am Ende sogar mein Leben gerettet.

Mein Buch »Seefieber« erschien erstmals 1983. Darin schilderte ich die Fahrt durch das Rote Meer, die Griechenland-Reise von 1962, die Atlantik-Überquerung 1963/1964 und die erste Weltumsegelung. 1967–1970.

Der unmögliche Sprung

Donnerstag, 4. Juli 1963 Abendzeitung Seite 3

Im Schneckentempo von St. Tropez nach Trinidad

Garmischer Sportsegler startet zum Alleingang über den Atlantik

Tägliche Mindestration: Eine Dose Thunfisch und eine Büchse Milch

Von unserem Redaktionsmitglied Guido Fuchs

Garmisch, 3. Juli

Die Reise beginnt morgen und führt zunächst mit dem Auto von Garmisch nach Saint Tropez. Dort wird Rolf Gebhard sein Segelboot vom Wagenanhänger nehmen und die Landstraße mit dem Mittelmeer vertauschen, mit Kurs auf Teneriffa über Mallorca, Gibraltar, Tanger und entlang der marokkanischen Küste. „Von dort aus", sagt er, als handle es sich um eine Bootsfahrt von Starnberg nach Leoni, „will ich den Atlantik überqueren zu den Westindischen Inseln nach Trinidad."

Es gibt immerhin noch einige Möglichkeiten, ihn von Trinidad fernzuhalten. Rolf Gebhard zählt auf: „Zunächst könnte ich auf der Fahrt nach Saint Tropez einen Autounfall haben. Dann ist es denkbar, daß das Boot im Hafen oder an der Küste beschädigt wird, was gerne vorkommt. Auf hoher See kann eigentlich nicht mehr viel passieren. Höchstens, daß mich bei Sturm ein Brecher überrollt und dabei der Mast oder der Kiel oder das Ruder bricht." In allen drei Fällen besteht allerdings wenig Aussicht auf Rettung.

Amateurkapitän Gebhard läuft nämlich sein Ziel auf der klassischen Segelschiffroute von Kolumbus an, die abseits der heute üblichen Wasserstraßen liegt. Ihnen will er sich nicht anvertrauen, denn, so sagt er, sein Schiff sei so klein, daß es nachts von einem Dampfer gerammt würde. Die geringen Ausmaße seiner „Solveig" veranlaßten ihn auch, auf einen Sender für Notfälle zu verzichten. „Wenn wirklich ein Unglück geschieht, die Nußschale findet ja doch niemand."

Die „Solveig" (5,50 Meter lang und 1,90 Meter breit) ist ein Doppelkielkreuzer aus Marinesperrholz. Gebhard hat ihn in England gekauft und zur Jungfernfahrt von der Isle of Wight über den Ärmelkanal nach Le Havre gesegelt. Für die 160 Kilometer lange Strecke brauchte er 28 Stunden. „Schnell ist die ‚Solveig' nicht. Ihre zwölf Quadratmeter Segelfläche schaffen — umgerechnet — höchstens zehn Kilometer in der Stunde. Die Reisegeschwindigkeit beträgt fünf Kilometer in der Stunde", erklärt Gebhard. Das Schneckentempo wird durch besondere Bequemlichkeit der Kajüte ausgeglichen. Darauf möchte der einsame Atlantiksegler nicht verzichten, denn: „Vorher besaß ich eine Hansajolle, die war schneller, hatte dafür aber nur einen wenig komfortablen Unterschlupf. Und das ist für längere Strecken nichts."

Unrasiert und fern der Heimat: Sportsegler Gebhard

Zurück vom Roten Meer: Rolf Gebhard und seine Jolle

Der Traum der Kindheit

Schon von Kindheit an träumte Rolf Gebhard von einem Schiff und vom Atlantik. Dabei wuchs er in einer Stadt auf, in die niemals Meerwasser dringt oder rauher Seewind. Ihre einzigen Küsten sind die Elbufer. Die Stadt heißt Dresden. „Als ich sechs Jahre war, schnitzte ich meine ersten Modelle aus Baumrinde", erinnert sich Rolf Gebhard. Fürs Abitur im Frühjahr 1940 versprachen ihm die Eltern ein Faltboot. Doch die Luftwaffe war schneller, sie schenkte ihm eine grau-blaue Uniform. Er trug sie fünf Jahre lang, aber vergaß trotz allem seinen Kindheitstraum nicht.

Nach dem Krieg siedelte er sich in Garmisch an, arbeitete zunächst in einem Photolabor, wurde dann Schauspieler und besitzt jetzt eine Musikalienhandlung, ferner eine Fremdenpension, die verpachtet ist. Solchermaßen finanziell gepolstert, stand einem Segelboot nichts mehr im Wege. Bald wurden die bayerischen Seen zu klein, der seehungrige Binnenländer kreuzte über das Mittelmeer.

Zur ersten großen Fahrt startete er 1960. Sie führte bis in den Golf von Aden. „Ich war ganz allein, denn für solche Touren ist es praktisch unmöglich, einen brauchbaren Partner zu finden." Zu dieser Einsicht kam Rolf Gebhard während seiner Mittelmeerfahrten. Sein Zweitmann hatte nämlich die Angewohnheit, auf Wache einzuschlafen. Einmal lief deshalb das Boot voll Wasser, ein anderes Mal zerrissen die Segel. Fortan wollte er für weitere Mißgeschicke selbst verantwortlich sein.

Im Roten Meer machte er mit ihnen unvergeßliche Bekanntschaft. Zweimal kenterte er des Nachts im Sturm, und das Boot lief voll Wasser. „Wie eine Seifenschale in der Badewanne, die noch ein paar Tropfen braucht, um zu sinken. Ich habe damals verzweifelt geschöpft, um mehr Wasser 'rauszubringen, als hereinkam. Und einmal saß ich 40 Stunden lang am Steuer, da war ich fertig. Mit dem Schlaf ist das überhaupt so eine Sache. Länger als 1 Stunde kann ich's nicht riskieren. Dann muß ich schnell draußen nachschauen, was los ist. Anschließend geht es wieder für 1 Stunde."

Seeräuber an Bord

Eine letzte Überraschung erwartete ihn vor Mukalla im Golf von Aden. Sie drang morgens gegen ein Uhr in seine Kabine ein und bestand aus fünf verwilderten Männern, wovon einer zur Begrüßung ein Maschinengewehr mitgebracht hatte. Rolf Gebhard: „Das waren regelrechte Seeräuber. Sie schleppten mich mit einem Motorboot ab, brachten mich in einem Kahn an Land und führten mich schließlich auf ihre Burg, die einen echten Wallgraben mit Zugbrücke hatte. Ich tat immer, als betrachte ich das Ganze als freundliche Einladung. Ich zog meine besten Sachen an, als ginge es zu einem Galaessen, und verteilte auch Geschenke." Freien Abzug verschaffte ihm indessen erst ein Bericht, den eine ägyptische Zeitung über seinen maritimen Alleingang bis Suez veröffentlicht hatte.

Von dieser Erfahrung abgesehen, hofft Rolf Gebhard, daß ihm die übrigen Erkenntnisse seiner Einzelregatta von 1960 für die Atlantiktour nützlich sind. „Vor allem im Weglassen der verschiedenen Ausrüstungsgegenstände."

Drei Tage vor dem Start breitete er sein Gepäck, der besseren Übersicht halber, auf dem Zimmerboden aus: Atlanten, Bücher für Astronomie, Wetter- und Meereskunde, Küstenhandbücher, Großsegel, Vorsegel, Sturmsegel, Unterwasserharpune, Luftmatratzen, Positionslampen, Wolldecken, weiße Hemden, Konserven. Im Seiltänzerschritt bewegte sich Seemann Gebhard von einem Textilhaufen zum anderen Lebensmittelberg, um Bestandsaufnahme zu machen. „So viel steht fest", sagt er, „jeden Morgen brauche ich als Frühstück eine Büchse Thunfisch und zudem täglich eine Dose gesüßte Kondensmilch. Damit kann ich mich zur Not die ganze Zeit ernähren." Lebenswichtig seien außerdem noch zwei Tanks für 60 Liter Trinkwasser und drei Radios für die genaue Zeitdurchsage.

Viel Arbeit — wenig Freizeit

Zum Verstauen seines Gepäcks in der „Solveig" benötigte er einen Tag. Die Kajüte des Bootes, deren Innenausstattung sich kaum vom Interieur eines gemütlichen Wohnwagens unterscheidet, wird Rolf Gebhard allerdings nur die wenigste Zeit genießen können. „Der Arbeitstag auf so einem Boot dauert gewöhnlich zwischen 14 und 16 Stunden. Und dann ist man müde. Da bleibt weder Zeit noch Lust zum Lesen. Nur viel Nachdenken kann man. Kein Mensch möchte glauben, an welche längst vergessenen Dinge man sich auf dem Meer wieder erinnern kann."

Die Abschiedsfrage: „Sind Sie eigentlich eine Abenteurernatur?" — „Nein, überhaupt nicht. Mir käme es zum Beispiel nie in den Sinn, mit dem Auto durch Afrika zu fahren. Da hätte ich zu viel Angst."

HEUTE

Mende und Strauß

Von Paul Hegemann

Die Freien Demokraten, die von Montag bis Mittwoch in München zu ihrem diesjährigen Bundesparteitag zusammengekommen waren, sind *ohne rechte Befriedigung* wieder auseinandergegangen. Für dieses Unlustgefühl gibt es mehrere Gründe: Die sozialpolitischen Konzeptionen des FDP-Ministers Mischnick (hundert Mark Grundrente für jedermann) bereiteten manchen Gruppen in der Partei ebenso Unbehagen, wie einige Außenpolitiker der FDP von der Kühnheit ihres Parteifreundes Scheel betroffen waren, mit der er sich zum Fürsprecher des französischen Staatspräsidenten de Gaulle und dessen Plänen für eine europäische Atomstreitmacht aufgeworfen hat. Hinzu kam, daß allgemein unter den Freien Demokraten noch eine gewisse Unsicherheit aus den Wirren der Bonner Koalitionskrise des letzten Herbstes zurückgeblieben ist.

Aber entscheidender als alle diese Gründe war für das Mißbehagen der Münchner Parteitagsdelegierten das Verhalten ihres Bundesvorsitzenden *Erich Mende*. Der liberale Parteiführer hatte sich in letzter Zeit so mißverständlich — wenn man es vorsichtig ausdrücken will — über den ehemaligen Bundesverteidigungsminister Strauß einerseits (und zwar positiv) und über den Sozialdemokraten Wehner andererseits (nämlich negativ) geäußert, daß man eigentlich an der sonst oft bewiesenen Instinktsicherheit Mendes für die Stimmung unter seinen Parteifreunden zweifeln muß.

Zwar scheinen tatsächlich Mendes Bemerkungen über Strauß und Wehner in manchen Wiedergaben unzulässig verkürzt worden zu sein, doch bleibt übrig, daß der FDP-Vorsitzende ausgerechnet gegenüber Strauß liberale *Toleranz* empfahl und ihn sich durchaus als Kabinettskollegen 1965 vorstellen konnte, während er Herbert Wehner die politische Vergangenheit nicht verzeihen wollte.

Das Parteivolk murrte denn auch sehr viel unmißverständlicher, als es Mendes vorsichtiger Rückzug war. Während die Delegierten jede Attacke gegen Strauß in der Diskussion mit lebhaftem Beifall quittierten, konnte es sich Mende trotz seines späteren Abrückens vom Verteidigungsminister a. D. nicht versagen, in diesem Zusammenhang ein weiteres Mal Toleranz zu empfehlen. Die schöne menschliche Gabe, vergeben und vergessen zu können, wird hier auf dem *falschen Felde* angewandt. Es kann nicht die Aufgabe der Bonner Politiker sein, Franz Josef Strauß erneut in den Sattel zu helfen, solange sich dieser Mann selbst gänzlich ungewandelt zeigt und weiterhin höchstes Mißtrauen erregt.

Warum hat Mende wohl die Gefahr auf sich genommen, mit seiner halben Rehabilitierung des gestürzten Verteidigungsministers die Erinnerung an die mannhafte Haltung der FDP-Minister im vergangenen Herbst zu verdunkeln, deren Rücktritt seinerzeit den endgültigen Sturz von Strauß einleitete? Anscheinend hat der FDP-Vorsitzende an die bevorstehende *Kabinettsumbildung* bei Adenauers Ausscheiden gedacht, bei der er in die Bonner Regierung einziehen will — und dabei wohl auch dem CSU-Politiker Strauß als Verhandlungspartner über die künftige Ressortverteilung begegnen wird.

Mende

Dieses Verhalten ist mehr als kurzsichtig. Gerade die FDP, die angeblich nach beiden Seiten — zur CDU/CSU und zur SPD hin — koalitionsfähig sein will, sollte den Wert ihrer Bonner Ministersessel nicht zu hoch veranschlagen; nicht so hoch jedenfalls wie den Nutzen, den die FDP aus einer *Wiederherstellung ihres Rufs* als einer konsequenten und nicht länger wankelmütigen Partei ziehen würde.

Mit aller Kraft und viel Hoffnung nahm ich nach meiner Heimkehr die Arbeit im Geschäft wieder auf. Auch im Theater warteten der Intendant und die Kollegen auf die ersten Proben mit mir. Enttäuschend war für mich nur die Reaktion der Öffentlichkeit in Garmisch auf meinen Reisebericht: Man wollte mir die Piraten-Geschichte offenbar nicht glauben und zweifelte daher die ganze Story an. Mein Freund Michael Lorenz erzählte mir später, dass die Garmischer Segler munkelten, auch meine Filmaufnahmen seien gefälscht, die Szenen vom Boot seien am Gardasee aufgenommen worden. Begründung: »So ein kleines Boot kann niemals über zwei Meere segeln! Das ist unmöglich!«

Ich ahnte damals noch nicht, welche Bedeutung diese Einstellung später einmal haben würde, als nämlich die großen Zeitungen im Norden Deutschlands ähnlich berichteten. Für sie kam hinzu, dass ich in Oberbayern lebte und somit gar nicht fähig sein konnte, über die Meere zu segeln!

Mein Arbeitstag im Geschäft und am Theater war wieder reichlich ausgefüllt: Ab 9.00 Uhr

Schneckentempo? Die »New York Times« dagegen schrieb am 14. Juni 1964 nach meiner Ankunft in New York: »Ein deutscher Schauspieler überquerte den Atlantik kürzlich in seinem 18-Fuß-Segelboot. Er benötigte 30 Tage für die Überfahrt. Ein Sprecher des »Yachting Magazine« erklärte dazu: Dies sei bis zum heutigen Tag die schnellste Überquerung (des Atlantik) allein in einem so kleinen Boot!«

1963/64

Allein über den Atlantik. Mit SOLVEIG II *von Monte Carlo über Mallorca, Alicante, Malaga und Gibraltar; weiter in den Atlantik nach Marokko (Casablanca, Agadir) und zu den Kanarischen Inseln. Von dort in 30 Tagen über den Atlantik nach Barbados und zu den Inseln St. Vincent, Grenada, Trinidad, Tobago, Martinique, Guadeloupe und Antigua. Zweite Überquerung des Atlantiks: von St. Martin nach Bermuda und New York.*

Fahrtzeit: 1 Jahr
Strecke: 6600 Seemeilen

SOLVEIG II
Sperrholzkreuzer vom Typ »Caprice«

Konstrukteur:	Robert Tucker
Bauwerft:	C.E. Clark, Isle of Wight, England

Als ich mich 1961 für diesen Typ entschied, hatte sich der kleine Kimmkieler in über 7000 Exemplaren in den rauen Gewässern um England bestens bewährt. Der niedrige Preis und die sehr kräftige Verarbeitung haben dabei eine entscheidende Rolle gespielt.

Eine Zeichnung der »Caprice« steht mir leider nicht zur Verfügung. Die Maße betrugen etwa:

Länge über alles:	5,60 m
Breite über alles:	2,00 m
Tiefgang:	0,70 m
Gewicht:	700 kg
Segelfläche:	15 qm
Wassertank:	30 l

Stauraum für Außenborder unter dem Cockpit

Segelausrüstung:
Mast und Großbaum aus Aluminium
Segel aus Terylene
1 Großsegel
1 Genua
2 Focks
1 Sturmfock

Solveig II, der seetüchtige Küstenkreuzer aus England vom Typ »Caprice«. Das Boot aus Sperrholz hatte eine kleine Kabine mit einer Koje und einem Petroleumkocher. Die Segeleigenschaften waren gut, abgesehen von einer allzu deutlichen Luvgierigkeit.

Solveig II vor Anker im Hafen von Gibraltar. Im Hintergrund der berühmte Felsen (rechte Seite).

stand ich im Laden, ordnete neu angekommene Schallplatten ein und wartete auf die ersten Kunden. Um 11.00 Uhr war meist schon eine Bühnenprobe angesetzt, und um 16.00 Uhr folgten weitere. Dann ging ich wieder ins Geschäft, um mich schließlich gegen 18.00 Uhr in der Theatergarderobe am Schminktisch einzufinden. Meine Gedanken schweiften dabei mehr und mehr zur Gestaltung meines eigenen Theaters, zu Schnitt und Vertonung des neuen Films, für den der Tag der Premiere bereits fest eingeplant war. Dagegen empfand ich die Arbeit im Geschäft als eher unbefriedigend, denn eigentlich verkaufte ich nur die Kunst und Leistung anderer über den Ladentisch. Dabei konnte ich nicht glücklich werden.

Zutiefst beeindruckt war ich von einem mehrteiligen Bericht in der Yacht über die wohl einmalige Leistung von Dr. Hannes Lindemann, dem es unter Einsatz von autogenem Training gelungen war, in einem Einbaum und später in einem Faltboot den Atlantik von Europa bis in die Karibik zu überqueren. Sein Buch »Allein über den Ozean« wurde für mich zu einer Art Bibel. Lindemann hatte gezeigt, wie er sowohl handwerkliche Fähigkeiten als auch geistige Kraft eingesetzt hatte, um diese absolut einmalige Leistung zu vollbringen. Dabei benutzte er den gleichen Typ Faltboot, einen Klepper Ärius, mit dem ich auf den bayerischen Seen zum ersten Mal gesegelt war.

»Wenn es Lindemann gelungen ist, mit einem winzigen Faltboot den Ozean zu überqueren«, so dachte ich, »dann müsste ich es doch in einem seetüchtigen, wenn auch kleinen Segelboot auch schaffen!« Dieser Gedanke ließ mich nicht mehr

los: den Atlantik überqueren, den großen Ozean, von dem mein Vater so oft erzählt hatte! Auch hatte er oft vom Untergang der TITANIC gesprochen und vom »Blauen Band«, das die BREMEN seinerzeit erobert hatte. Der Atlantik war für mich der Ozean überhaupt geworden. Ich legte mir jeden Abend ein Buch neben das Bett und las vor dem Einschlafen einige Seiten über die Erfahrungen meiner großen Vorbilder.

So hoffte ich, in mir ähnliche Kräfte aufzubauen, wie es Hannes Lindemann mit autogenem Training gelungen war.

Gleichzeitig blätterte ich die YACHT und andere, auch englische, Segelzeitschriften durch, um mir ein Bild darüber zu machen, welcher Bootstyp nach Größe, Leistung und Preis für mich infrage käme.

1962, ein Jahr nach meiner Rückkehr aus Aden, entschloss ich mich, die Hansa-Jolle zu verkaufen und in England einen kleinen, halbwegs seetüchtigen Küstenkreuzer vom Typ Caprice zu erwerben: mit seiner Kajüte, den beiden Kojen und dem Petroleumkocher, vor allem aber mit seinem selbstlenzenden Cockpit und etwas Ballast in den zwei Kielen erfüllte er die wichtigsten Voraussetzungen für Fahrten auf See und für die geplante Überquerung des Atlantiks.

Der Rumpf war zwar nur 6 m lang, ein paar Zentimeter mehr als die Hansa-Jolle, aber die selbstlenzende Plicht, eine Art Wanne, aus der jeder Eimer Wasser, den die See hineinwarf, wieder abfließen konnte, war für mich der entscheidende Vorteil.

Die Caprice wurde aus Sperrholz gebaut und hatte keinen Motor. Dafür kostete sie nur 6000 DM, eine Summe, die ich gerade noch aufbringen konnte, sobald die Jolle verkauft war.

Ein weiterer entscheidender Pluspunkt war das geringe Gewicht, die Möglichkeit also, auch dieses Boot mit meinem eigenen Pkw über die Alpen ans Meer zu transportieren. Die Caprice wurde damals in großer Serie von einer Werft auf

In der kleinen Kajüte der SOLVEIG II beim Studium einer Seekarte.

der Isle of Wight gebaut. Über hundert Exemplare dieses Typs waren bereits verkauft, das Boot hatte sich zweifellos bewährt.

Im Frühjahr 1963 wollte ich mein neues Schiffchen in der Werft abholen und über den Kanal segeln. Mit Pkw und Hänger war ich bis an die französische Küste nach Le Havre gelangt, hatte die Fahrzeuge auf einem Parkplatz stehen lassen und mit der Fähre nach England übergesetzt. Da ich noch keine Erfahrung mit einer Caprice besaß, ja ein Boot dieses Typs noch nicht einmal gesehen hatte, nahm ich für die kurze Überfahrt keinerlei Ausrüstung mit, auch keine Seglerkleidung. In 20 Stunden, so rechnete ich, konnte ich den Kanal nach Frankreich überqueren.

Später teilte der erstaunte Mr. Clark, der Werftbesitzer, einer Londoner Zeitung mit: »Ein Geschäftmann aus Deutschland erschien in meinem Büro, bekleidet mit Zweireiher, Krawatte und Hut, legte das Geld für seine bestellte Yacht

DIE SOLVEIG II bei leichter Brise vor der Küste Spaniens (linke Seite).

Faszinierender Sonnenuntergang auf See: Was wird der nächste Morgen bringen (folgende Doppelseite)?

auf den Tisch und sah sich das eben fertiggestellte Boot an. Dann stieg er über die Leiter ein, wir ließen das Boot ins Wasser gleiten, und ohne sich auch nur umzuziehen und trotz Warnung vor einem gemeldeten Sturm ist dieser eigenartige Mann dann in Richtung Frankreich in See gegangen!«

Ich hatte wohl einen tollkühnen Eindruck hinterlassen, wie mir mein Bruder, der von London gekommen war und bei Mr. Clark im Auto saß, später erzählte. Mr. Clark hat aber nicht erwähnt, dass er meine dringende Bitte, mir das Boot per Fracht auf den Kontinent zu liefern, ablehnend beantwortet hatte und dass ich wegen fallender Tide an jenem Morgen nicht länger warten konnte.

Zunächst war eine Griechenlandreise mit einem Freund und Klassenkameraden aus Dresden, Dieter Elfreich, geplant, eine Art Probefahrt, nach deren Verlauf ich endgültig entscheiden wollte, ob und wann ich die erhoffte Ozeanüberquerung wagen könnte.

Von Brindisi aus kreuzten wir erst nach Patras und dann durch die Inselgruppe der Kykladen. Die Caprice lief nicht gerade hoch am Wind, bewährte sich aber sonst sehr gut, auch bei grober See.

Das Vertrauen, das ich zu meinem neuen Boot, der SOLVEIG II, in Griechenland gewann, bestärkte mich in meinem Entschluss, bereits im Herbst 1963 den »unmöglichen Sprung« zu wagen. Eine Überquerung des Ozeans sollte das ganz große Abenteuer meines Lebens werden! Ich wusste, dass der Start am besten im Herbst von den Kanarischen Inseln aus erfolgen sollte. Man kann so im Sommer die Anfahrt durch das Mittelmeer oder die Nordsee beginnen und ist dann ab Mitte Oktober bereit für die 3000 Seemeilen lange Überfahrt.

Zusammen mit meiner Freundin Ingrid, die es übernommen hatte, später den Pkw mit Anhänger nach Garmisch zurückzubringen, war ich

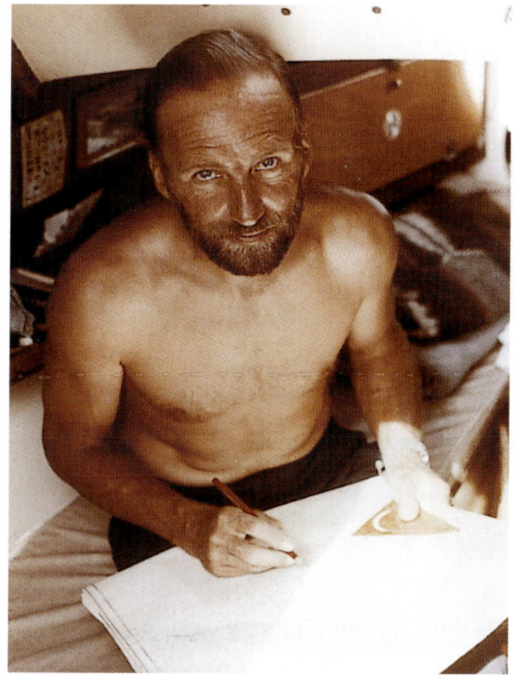

Auf der Koje sitzend zeichne ich meine Position in die Seekarte ein.

nach Monte Carlo gefahren. Gemeinsam segelten wir bei unerwartet stürmischem Mistral von Stärke acht über Ibiza und Menorca bis Mallorca. Von dort kehrte Ingrid nach Monte Carlo und dann nach Garmisch zurück.

Ich blieb einige Tage im Hafen, und der Bootsmann des Club Nautico von Palma warnte mich: »Mit diesem Boot wollen Sie über den Atlantik segeln? Das können Sie nicht machen! Das Boot ist gut für das Mittelmeer, aber nicht für den Ozean.« Da sank mein Mut fast auf null. Nur der Gedanke an Lindemann und seine Überquerung im Klepperboot gab mir wieder Schwung und Kraft.

Ich segelte nach Alicante, zur spanischen Küste und dann weiter nach Malaga. Malaga war mir nur bekannt als Wein, und ich wollte mir auf jeden Fall eine Flasche von dem köstlichen Getränk mitnehmen. Sogleich nach der Ankunft ging ich in die Stadt und besorgte mir eine

Nach Rekord-Überfahrt in 30 Tagen Ankunft in der Karibik. Die berühmte Landmarke der »Pitons« auf der Insel St. Lucia. Hier einer der mächtigen Felsen (linke Seite).

schöne, große Korbflasche. Als ich zum Boot zurückkam, war es inzwischen dunkel geworden. Ich konnte das Deck nicht mehr genau erkennen, auch bemerkte ich nicht, dass es bedeutend tiefer lag als am Nachmittag. Ich wusste ja nicht, dass sich die Tide des Atlantiks bis nach Malaga auswirkte.

Ich sprang auf das Deck, das so viel tiefer lag als vorher, stürzte und brach mir drei Rippen. Andere Segler kamen vorbei, sahen mich an Deck liegen und rieten mir dringend, mich ins Hospital zu begeben. Aber mir war sofort klar, dass man mich dort röntgen würde, dass ich eine Woche liegen müsste und dass dann, wenn ich zurückkam, alle Wertsachen, wenn nicht sogar das Boot selbst, verschwunden sein würden. Ich verweigerte deshalb das Hospital, litt furchtbare Schmerzen und lag eine Woche auf meiner Koje. Doch auch dieser Zwischenfall nahm ein gutes Ende: Als ich nach drei Tagen wieder im Cockpit saß, kamen zwei deutsche Mädchen auf der Hafenmauer vorbei, riefen mir zu, und ich fragte sie, ob sie vielleicht nach Gibraltar mitsegeln wollten?

Die Antwort war ein freudiges »Ja«, und ich erklärte ihnen meine Lage: dass ich zwar sitzend das Boot steuern könne, aber keinesfalls Segel setzen. Die beiden Tramperinnen waren sofort bereit, das Setzen und Bergen der Segel zu übernehmen und so konnten wir am nächsten Tag gemeinsam in Richtung Gibraltar in See gehen. Die Fahrt entlang der Küste Spaniens verlief bei ruhigem Wetter problemlos. Die Mädchen hatten ihre Wachen in der Nacht zuverlässig durchgehalten, waren auch mit den Segeln klargekommen, und hatten Tee und Suppe gekocht. Zwei Tage später liefen wir in den großen Kriegshafen ein.

Für Gibraltar hatte ich einen längeren Aufenthalt geplant, denn ich brauchte außer Lebensmitteln vor allem zwei Spinnakerbäume, nach Maß gefertigt für die beiden Vorsegel, die ich als so ge-

Münchner Merkur

Im Yachthafen der Karibik-Insel Antigua – im Hintergrund die Anlagen, die Lord Nelson erbauen ließ – konnte Weltumsegler Rollo Gebhard 1964 auf seinem kleinen Segelboot hohen Besuch empfangen: Die Queen Mum kam an Bord seines 5,5-Meter-Schiffs. Fotos: privat

„Die Queen Mum ist ganz locker in mein Segelboot gesprungen“

Rollo Gebhard erinnert sich an Treffen mit der Königinmutter (†)

VON KATRIN HAGER

Bad Wiessee – Trauer herrscht derzeit in England wegen des Todes der Queen Mum, der britischen Königinmutter, die vor einigen Tagen im Alter von 101 Jahren starb und gestern beigesetzt wurde. Lebendig bleiben wird Elisabeth die Königinmutter, so ihre offizielle Bezeichnung, in den Erinnerungen – unter anderem in denen des Weltumseglers Rollo Gebhard aus Bad Wiessee. Denn in den 60er Jahren war Queen Mum zu Gast auf seinem Schiff, als er im „English Harbour“, einem Hafen der Karibik-Insel Antigua, vor Anker lag.

„Ich hatte 1964 das erste Mal den Atlantik überquert – mit einem 5,50 Meter langen Sperrholz-Segelboot“, erzählt Rollo Gebhard. Mit einer Reisezeit von 30 Tagen hatte der Bad Wiesseer mit seinem kleinen Segelboot einen Weltrekord aufgestellt. Den Winter wollte er im Hafen der britischen Kolonie-Insel verbringen.

Im März kündigte sich dann hoher Besuch für die Karibik-Insel an. Die britische Königinmutter besuchte auf einer Reise mit der königlichen Yacht „Britannia“ Antigua. Auch den kurz zuvor zu einem Hafen für Sportsegler ausgebauten „English Harbour“ wollte sie besuchen.

Der Atlantik-Überquerer als Attraktion des Hafens

„Der Hafenmeister Mr. Christian dachte als einzige ‚Attraktion‘ an den deutschen Atlantik-Überquerer im Hafen“, erinnerte sich Gebhard. Der Hafenmeister habe ihn gefragt, ob er die Queen Mum auf seinem Schiff empfangen würde. Der Wiesseer sagte gleich zu. „Erst habe ich noch gedacht, dass es schade sei, dass nicht die richtige Königin kommt, sondern ‚nur‘ die Königinmutter, weil ich damals keine Ahnung hatte, welche Bedeutung die Queen Mum eigentlich als zentrales Mitglied der Königsfamilie hatte“, blickte der Weltumsegler zurück. Der Hafenmeister unterrichtete ihn noch in Anstandsregeln: Lange Hosen müsse er beispielsweise tragen und die Angehörige des Königshauses stets mit „Her Majesty“ ansprechen, also „Euer Majestät“.

Ganz ohne Bewachung oder Begleitpersonen brachte der Hafenmeister Queen Mum eines Vormittags auf das Segelboot von Rollo Gebhard. „Sie ist ganz locker von dem anderen Boot in meines gesprungen, als würde sie das regelmäßig tun“, erinnerte sich Rollo Gebhard. Queen Mum sei „sehr förmlich“ bekleidet gewesen – mit Kleid und natürlich Hut. Sie habe sich mit ihm interessiert und freundlich über die Atlantik-Überquerung unterhalten, während sie beide im kleinen Cockpit des Segelbootes saßen. „Ich musste ihr alle Einzelheiten der Überquerung erzählen“, sagte der Wiesseer mit Freude und etwas Stolz. „Ich war überrascht, dass Queen Mum, die für ihre kritische Haltung gegenüber Deutschland bekannt war, sich so nett und kameradschaftlich mit mir als Deutschem unterhalten hat“, berichtete Gebhard. Sie habe ihm immer wieder ihre Bewunderung für seine Leistung ausgesprochen. Nach etwa einer Stunde sei die Königinmutter wieder von Bord gegangen.

Der in den USA gefeierte Rollo Gebhard setzte seine Reise noch 1964 nach New York fort.

Wie eine Nussschale wirkte das kleine Holzboot, mit dem der Wiesseer Rollo Gebhard in „nur“ 30 Tagen von den Kanaren aus den Atlantik überquerte – damals ein Rekord.

Im Hafen von Antigua. Die Ankunft der kleinen SOLVEIG II war für die segelerfahrenen Engländer eine Sensation, und als die Königinmutter damals (1963) auf der Royal Yacht BRITANNIA zu einer Besichtigung kam, wurde sie vom Hafenmeister an Bord der SOLVEIG II eingeladen. Kein Bodyguard, keine Polizei waren in der Nähe, als die alte Dame bei mir im Cockpit saß und sich meine Abenteuer erzählen ließ.

nannte Doppelfock bei achterlichem Wind setzen wollte. Unter dieser Besegelung würde sich das Boot, so hoffte ich, im Passatwind selbst steuern. Auch wollte ich einen zusätzlichen Unterwasseranstrich anbringen und vor allem reichlich Lebensmittel für die Überfahrt einkaufen.
Die Preise waren in Gibraltar bedeutend günstiger als in Spanien und die Qualität besser. Außerdem unternahm ich einen Ausflug mit der Schwebebahn auf den berühmten Felsen, fand dort die legendären Affen und genoss einen grandiosen Blick auf die Meerenge und das gegenüberliegende Atlasgebirge in Marokko.
In diesen Minuten kam mir die uralte Bedeutung der Meerenge zu Bewusstsein: Schon im Altertum waren hier die Phönizier bis zu den »Säulen des Herkules« vorgedrungen, wie die Meeresstraße einst genannt wurde, später die Karthager. Auch die Römer kannten den Seeweg zu den Kanarischen Inseln und nach Britannien. Heute wird die Enge zwischen Europa und Afrika zunehmend von Schmugglern benutzt, leider auch von Menschenschmugglern.
Versonnen blickte ich auf die von weißen Schaumkronen bedeckte Wasserfläche und stellte mich innerlich auf die Durchfahrung der Straße und die spätere Überquerung des Ozeans ein. Hier, beim Verlassen des Hafens, würde ich in den nächsten Tagen den »großen Sprung« beginnen.

In English Harbour auf Antigua. Nach anstrengenden Überholungsarbeiten, ich will noch weitersegeln bis New York, stütze ich mich erschöpft auf den Baum meines Bootes. Das Großsegel ist zur Reparatur an Land.

Im April 1964 erreichte ich die Bermuda-Inseln und erholte mich dort von den Strapazen der Überfahrt. bevor ich mein letztes Ziel, New York, ansteuerte. Die örtliche Zeitung berichtete über den Alleinsegler aus Deutschland.

Ich ankerte vor dem Strand einer der entlegensten Inseln der Karibischen See. Das Paradies könnte so ausgesehen haben (vorhergehende Doppelseite).

German Sailor Crosses Atlantic In 18-Ft. Boat

BY PETE CUNNINGHAM
Daily News Staff

ROLLO GEBHARD

What would be the more desired means of completing a trans-Atlantic crossing in late winter when the winds blow the wildest? If you said the largest ocean liner in operation, Rollo Gebhard of Garmisch-Partinkirchen, West Germany would probably break up in laughter.

"A strong, sturdy 18-foot sailing boat is good enough," said Rollo yesterday at Yacht Haven.

Rollo made the crossing, single handed, in his 18-foot "Solveig" from Monte Carlo, on the northern tip of the French Riviera, to Gibralter, the Canary Islands and then south across the "big pond" where he landed next, some 25 days later, on Barbados.

Shortly after his arrival on the British island, Rollo set sail (all 110 square inches of it) for Trinidad and Jamaica. Then the long cruise up islands to Yacht Haven, St. Thomas where he arrived Monday afternoon.

The crossing actually took 31 days from the time he sailed out of Monte Carlo until he reached Barbados. In doing so the red bearded sailor has probably set a world's record for the smallest sailing craft to ever successfully navigate a journey of this kind.

"The first day out of France was the worst," said Rollo in his distinct German-English twang. "The seas were high and it was every bit a fight to stay with it."

The Mediterranean is notorious-

THE Daily News OF THE VIRGIN ISLANDS

WEDNESDAY, APRIL 22; 1964

ly swept by high winds and fierce gales during the late winter months, when Rollo set out.

The small, comfortable craft, built in Germany three years ago, carries a fully equipped line of reliable navigation devices, a small galley with twin burners and bilge storage spaces for canned foods and liquids. The craft has no auxiliary power built in but a large outboard motor can be attached to the stern of the boat in the case of an emergency.

Th plans are for a short visit here, says Rollo, "then I will sail to San Juan for a visit, then possibly to New York." The New York trip depends on the confirmation of a Sports Illustrated story that has been suggested to Rollo about his trip. "If I go to New York for this reason alone, then I will have to ship my boat back to Europe. If not, I shall sail for home within the month."

In Gibraltar hatte ich genügend Zeit, meine gebrochenen Rippen ausheilen zu lassen, denn am Ende musste ich noch eine zusätzliche Woche warten, bis sich der starke Gegenwind beruhigt hatte. Mit meinem 2-PS-Außenborder, den ich am Heck einsetzen konnte, schaffte ich es in zwei Tagen durch die Straße und erreichte bald darauf Casablanca, die Hauptstadt Marokkos. Dort, im Seglerhafen, einem kleinen, düsteren Winkel in der hintersten Ecke des großen Handelshafens, besaß der französische Yachtklub ein modernes Heim, wo ich schon am ersten Abend zu einem vorzüglichen Abendessen eingeladen wurde. Hier erhielt ich auch entscheidende Ratschläge für die Einrichtung meiner Selbststeuerung. Ich musste dieses Problem spätestens im Hafen von Las Palmas lösen. Denn eine ohne viel Aufwand funktionierende Selbststeuerung war die wichtigste Voraussetzung für eine erfolgreiche Überquerung des Ozeans. Weder am Tag noch in der Nacht konnte ich wochenlang am Ruder sitzen. Nicht einmal 24 Stunden würde ich durchhalten, ohne die Pinne loszulassen, ohne etwas zu essen und ohne mit dem Sextanten meinen Standort zu bestimmen oder andere Arbeiten zu verrichten. Vor allem aber musste ich schlafen können! Elektronische Selbststeuerung gab es damals noch nicht, auch keine zuverlässigen Windfahnen. Jeder Segler, der sich in ein solches Abenteuer stürzte, musste damals seine eigene Methode erfinden, wie er sein Boot auf Kurs halten konnte.

Agadir hieß mein nächster Hafen, damals ein recht fragwürdiges Ziel. Denn die Stadt war erst kurze Zeit zuvor von einem schweren Erbeben heimgesucht worden, und da tausende von Toten nicht tief genug begraben worden waren, sondern nur im Wüstensand verscharrt, lag ein schier unerträglicher Leichengeruch über der Stadt. Umso großartiger war die Gastfreundschaft im dem kleinen Yachtklub am kilometerlangen Strand.

Während der Überfahrt nach Las Palmas geriet ich in einen beängstigenden Sturm, der aber schon nach wenigen Stunden wieder abflaute. Die Wellen erreichten die beachtliche Höhe von über vier Metern, und als der Wind ebenso plötzlich wieder aussetzte, wie er gekommen war, lief die hohe Dünung für Stunden weiter. Doch ohne Wind segelte das Boot nicht mehr. Hilflos torkelte die kleine Sperrholzschachtel von einer Seite auf die andere. Die SOLVEIG II schlingerte

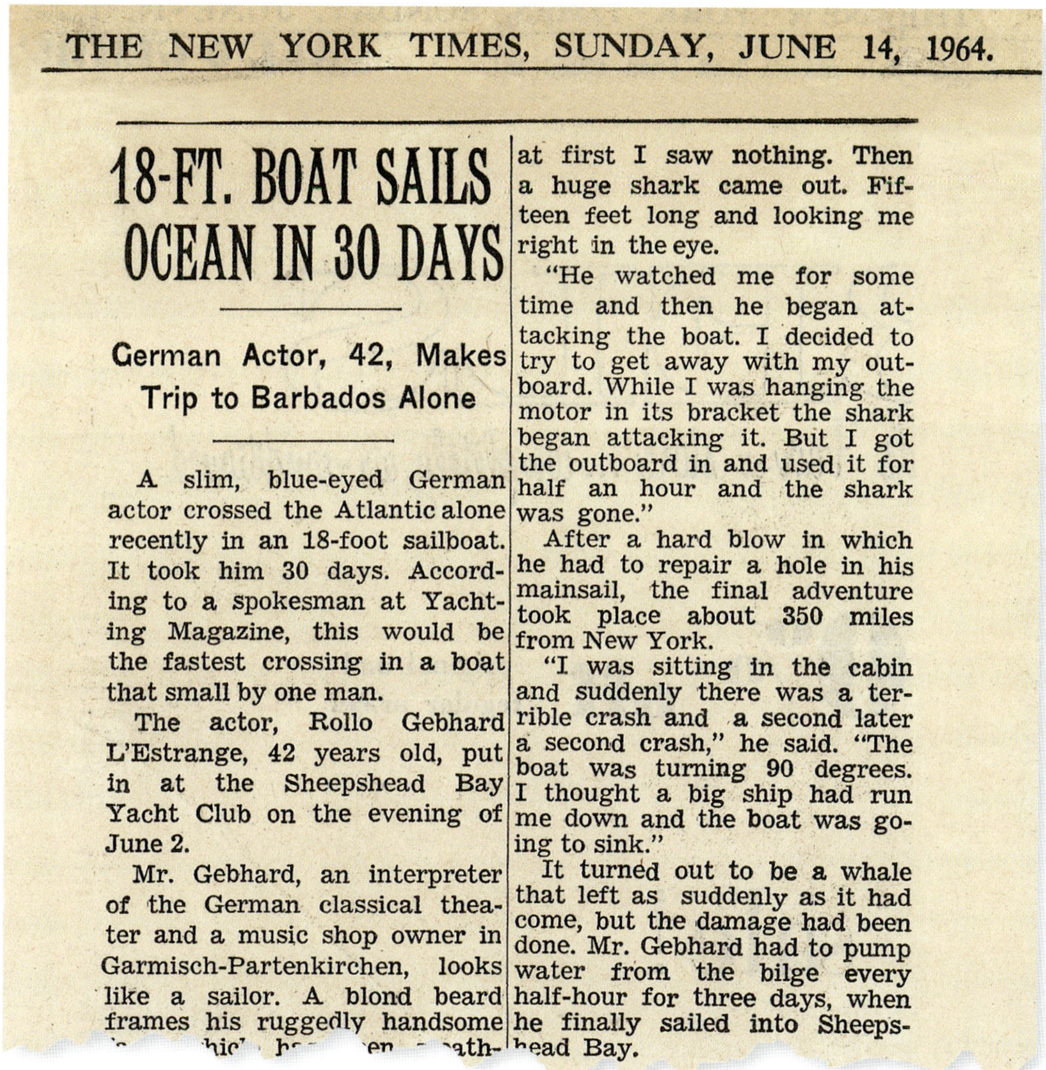

THE NEW YORK TIMES, SUNDAY, JUNE 14, 1964.

18-FT. BOAT SAILS OCEAN IN 30 DAYS

German Actor, 42, Makes Trip to Barbados Alone

A slim, blue-eyed German actor crossed the Atlantic alone recently in an 18-foot sailboat. It took him 30 days. According to a spokesman at Yachting Magazine, this would be the fastest crossing in a boat that small by one man.

The actor, Rollo Gebhard L'Estrange, 42 years old, put in at the Sheepshead Bay Yacht Club on the evening of June 2.

Mr. Gebhard, an interpreter of the German classical theater and a music shop owner in Garmisch-Partenkirchen, looks like a sailor. A blond beard frames his ruggedly handsome [illegible]

at first I saw nothing. Then a huge shark came out. Fifteen feet long and looking me right in the eye.

"He watched me for some time and then he began attacking the boat. I decided to try to get away with my outboard. While I was hanging the motor in its bracket the shark began attacking it. But I got the outboard in and used it for half an hour and the shark was gone."

After a hard blow in which he had to repair a hole in his mainsail, the final adventure took place about 350 miles from New York.

"I was sitting in the cabin and suddenly there was a terrible crash and a second later a second crash," he said. "The boat was turning 90 degrees. I thought a big ship had run me down and the boat was going to sink."

It turned out to be a whale that left as suddenly as it had come, but the damage had been done. Mr. Gebhard had to pump water from the bilge every half-hour for three days, when he finally sailed into Sheepshead Bay.

Am 2. Juni 1964 steuerte ich in den riesigen Hafen von New York. Drei Tage musste ich alle halbe Stunde Wasser auspumpen, nachdem das Boot durch den Zusammenstoß mit einem Wal leck geworden war und zu sinken drohte. Eine Abordnung der »Slocum Society« und ihr Vorstand John Pflieger hatten mich empfangen und einen Liegeplatz im »Sheepshead Bay Yacht Club« reserviert. Auf den Artikel in der »New York Times« hin wurde ich von den Medien geradezu überrannt. Täglich war ich Gast einer TV- oder Rundfunksendung. Auch hielt ich Vorträge in verschiedenen Yacht-Clubs. Ohne es zu wissen, hatte ich einen Rekord aufgestellt: Solveig II war das kleinste Boot, das jemals New York von Europa aus erreicht hatte.

so fürchterlich, dass ich mich kaum mehr halten konnte.

Es dauerte Stunden, bis der Wind wieder einsetzte und die Segel füllte. Aber am nächsten Tag lief ich in den Hafen von Las Palmas auf Gran Canaria ein. Dort traf ich auf eine kleine Flotte von etwa zwölf Yachten aus verschiedenen Ländern, aber alle mit dem einen Ziel: die Kleinen und die Großen Antillen auf der anderen Seite des Ozeans zu erreichen, die Karibische See.

Ins Handwerk der Navigation hatte ich mich eingearbeitet und kein Problem gehabt, den Hafen von Las Palmas zu finden. Die Berechnungen mit den Winkeln von Sonne, Mond und

Auch die »Herald Tribune« meldete die Ankunft des deutschen Navigators und des kleinsten Bootes, das jemals bis dahin New York von Europa aus erreicht hatte. Auf diesen Rekord war ich sehr stolz und dachte schon damals an die Möglichkeit einer Weltumsegelung. Die SOLVEIG II *wurde mit mir auf einem griechischen Frachter nach Europa zurücktransportiert.*

Sunday, June 14, 1964 New York Herald Tribune

ABOUT PEOPLE—THE NAVIGATOR

By Marshall Peck
Of The Herald Tribune Staff

He was captured by Arabian pirates.

Shot at off the Greek coast.

Jailed by the Albanians.

And last night he was the guest of honor as a small band of men who love the sea and the call of its endless horizons gathered to toast a Man who has sailed the Atlantic single-handed.

After all his adventures in small boat sailing, 42-year-old Gebhard - L'Estrange, whose boat is moored in Sheepshead Bay, Brooklyn, reduces the greatest hardship to a simple, urgent, human need: Sleep.

"That's the real problem," said the tanned and bearded West German. "You get so very tired by the motion of the sea. During the day you can't wait for night so that you can lie down; at night you wait for day. Every half-hour, all night, I get up and take a good look for shipping.

"I stay dressed all the time. Even shoes. You have to be ready every second, ready to jump on deck, ready for anything. . . ."

PIRATES

He was ready—but not for pirates—that night in 1961 when, after midnight, in waters north of Aden, he was roused to find a dozen heavily armed men alongside in a native dhow. Some of them, holding machine guns, jumped aboard his small boat.

Gebhard - L'Estrange was hardly awake and he had only a second to think. What to do?

"I saved my life in the next split instant.

"It would have been pointless to resist—or anything else. They're simple people. A stranger is either a friend or an enemy.

RUSE

"As a man stepped forward, I leaped on him and embraced him; I welcomed them all. I made believe I was h[illegible]py to see th[illegible]m

Herald Tribune photo by TERENCE McCARTEN

Ocean-crossing boat and its master, Rollo Gebhard-L'Estrange, who made the Atlantic voyage alone. His greatest need—sleep.

Am Strand von Bequia verbrachte Prinzessin Margaret als junge Frau ihre Flitterwochen (vorhergehende Doppelseite).

Sternen, die ich mit dem Sextanten messen konnte und dann mithilfe des Nautischen Almanachs und der Nautischen Tafeln weiter bearbeiten musste, waren mir aber noch neu, und ich fühlte mich unsicher. Hier half mir wieder das Glück. Unter den Seglern, die in Las Palmas auf günstigen Wind für die Überfahrt warteten, befand sich auch John, ein Amerikaner und ehemaliger Ingenieur der NASA, der diese Berechnungen mühelos beherrschte.

Da mein Boot das kleinste war, das sich auf das große Abenteuer der Überfahrt vorbereitete, hatte SOLVEIG II einiges Aufsehen erregt, und ich wurde bald mit John bekannt. Er bot mir an, die Feinheiten der Astronavigation zu erklären und zeigte mir auch eine sehr einfache Methode, mit deren Hilfe ich die sonst so komplizierte Berechnung einer Standlinie in wenigen Minuten und ohne die Gefahr, mich zu verrechnen, bewältigen konnte. Auf Las Palmas begannen die letzten, sehr intensiven Vorbereitungen. Alle Segelkameraden, die in meiner Nähe ankerten, waren in ähnlicher Lage, und wir halfen uns gegenseitig. Damals waren noch überwiegend Abenteurer unterwegs, die aus den verschiedensten Gründen den Ozean überqueren wollten. Manche hatten ihre Boote selbst gebaut. Andere wiederum waren mit modernisierten Yachten unterwegs, und sie brachten einen großen Schraubstock auf dem Achterschiff an, um jederzeit eine Werkstatt für Reparaturen zur Verfügung zu haben. Mein Ehrgeiz ging dahin, dass ich alle notwendigen Werkzeuge, Schrauben und Schlauchstücke an Bord haben wollte. Das sprach sich schnell herum, und als ich später in der Karibik vor Anker lag, kamen oft Segler, auch von viel größeren Yachten, und baten um Hilfe: »Wir haben gehört, du hast alle Werkzeuge an Bord. Hast du auch einen Bolzen aus Niro, 10 x 4 mm, für mich?« Meist konnte ich das gewünschte Teil nach wenigen Minuten finden. Alle Segler in Las Palmas hatten Geldsorgen. Sie hatten ihre Ersparnisse in die Ausrüstung

Donnerstag, 25. August 1966

„BT" sprach mit dem berühmten Alleinsegler Rollo Gebhard:

Großes Herz im kleinen Boot

Nach Einhandfahrten durchs Rote Meer und den Atlantik startet er im nächsten Frühjahr zu einer Weltreise / Sein Boot ist nur fünfeinhalb Meter lang / Heuer schon zweimal den „Ring" gehört — „als Vorrat für die nächsten drei Jahre" / Käpt'n sucht noch ein Mädchen

(mel) Unter den 1800 Gästen, die sich jetzt nahezu täglich im Festspielhaus zur Huldigung versammeln, gibt es in jeder Vorstellung zwei, die keine Ahnung davon haben, daß der Mann, der zwischen ihnen sitzt und lauscht, schon

- von arabischen Piraten gefangengenommen,
- von albanischen Grenzern als Spion verhaftet und
- von griechischen Küstenwächtern versehentlich mit dem MG beschossen wurde.

Gerade dieser Mann aber läßt keine Aufführung aus: den „Ring" erlebt er heuer schon zum zweitenmal! „Auf Vorrat gewissermaßen", erklärte er uns gestern, denn während der nächsten drei Jahre komme ich nicht dazu."

Während der nächsten drei Jahre wird dieser Mann auf dem, was man landläufig eine „Nußschale" nennt, mutterseelenallein um die Welt fahren. Es soll seine letzte Fahrt sein, die Krönung eines ebenso abenteuerlichen wie romantischen Seglerlebens.

Der Garmischer Radio- und Schallplattenhändler Rollo Gebhard — denn von ihm ist hier die Rede! — kann nicht genau sagen, was es eigentlich ist, das ihn, den jetzt 45jährigen, immer wieder auf Fahrten treibt.

„Vielleicht", so meint er, „ist es eine Art Romantik. In jedem Fall aber sehne ich mich nach der Großzügigkeit des Meeres. Mich begeistert es, die Ufer jener fremden Länder zu betreten, die hinter seinem weiten Horizont liegen. Und ganz sicher weiß ich, daß ich ein anderer Mensch bin, daß ich erst dann richtig lebe, wenn ich Schiffsplanken unter meinen Füßen fühle, …"

Zu ihnen gehört Rollo Gebhard. Er ist alles andere als ein Desperado der Romantik. „Man kann nicht einfach", so hat er einmal in diesem Zusammenhang gesagt, „hinter sich die Brücken abbrechen und ins Blaue hineinsegeln. Alles muß bedacht werden!" …

MIT DEM SEXTANTEN errechnet Gebhard die Position seines Schiffes. Diese Aufnahme machte er mit Hilfe eines Selbstauslösers während seiner letzten Fahrt.

FÜR DIE KÜSTE GEBAUT — schon über den Atlantik „geknüppelt" — bald auf Weltreise: die „Solveig", hier in friedlichem Gewässer.

„Nur-Segler" sehen nichts

Zwei oft gestellte Fragen

Sie segelten allein …

des Bootes investiert und nach der langen Anfahrt vom Heimathafen kaum noch das nötige Geld, um sich auch nur satt zu essen.
Da war ein entlassener junger Marineoffizier aus England, der in Neuseeland eine neue Heimat suchte. Er musste sich so weit einschränken, dass er niemals einen Gang in die Stadt wagte. »Weißt du, wenn ich all die schönen Sachen in den Schaufenstern sehe, dann tut es mir weh; vielleicht kann ich nicht widerstehen und kaufe etwas von dem Zeug, das ich gar nicht brauche.« So antwortete er, als ich ihn fragte, ob er mit mir einen Stadtbummel machen würde. Er besaß ein altes Folkeboot ohne selbstlenzende Plicht. Als ich ihn auf die damit verbundene Gefahr aufmerksam machte, meinte er: »Ich brauche keine selbstlenzende Plicht. Wenn das Boot im Seegang weit überholt, dann läuft das Wasser von selbst in die See zurück.«
Daneben lag das Boot eines Lehrers aus England, der Frau und Kind zurückließ, um ferne Ziele anzusteuern. Auch er hatte sein Boot selbst gebaut. Er besaß wenig Erfahrung und war auch nicht mehr ganz jung. Still und in sich zurückgezogen traf er alle Vorbereitungen mit peinlicher Sorgfalt. Leider blieb er später verschollen, wir alle hörten nichts mehr von ihm.
Ich traf auch Fred von der berühmten Ketsch OMOO, bekannt durch das Buch über eine gelungene Weltumsegelung. Mit Filmvorträgen hatte er sich in Frankreich genügend Geld verdient, um noch einmal nach Tahiti zu segeln und dort eine Einheimische zu heiraten. Er war der Einzige, der schon einmal um die Welt gesegelt war, und besaß deshalb von uns allen die größte Erfahrung.
Er bemerkte meine Nervosität und sagte lächelnd: »Dein Boot ist sehr klein, doch du wirst es schaffen. Der Passat ist kein Lüftchen, aber er bringt auch keine schweren Stürme. Der Atlantik ist groß, du wirst sehr, sehr viel Wasser sehen. C'est tout, das ist alles.«
Eines Tages schien es so, als ob der lang erwartete Ostwind von den Bergen herabwehte. Ich machte mein Boot seeklar und verließ den Hafen am nächsten Morgen. Die Anderen winkten mir nach, wollten aber selbst nicht an guten Wind glauben. Den ganzen Vormittag kämpfte ich gegen einen sehr harten Gegenwind. Das konnte doch nicht der berühmte Passat sein? Egal, ich versuchte, voranzukommen. Ein Brecher nach dem anderen schoss über Deck und Kajüte. Innen wurde die Kleidung nass, auf den Glasscheiben der Instrumente stand das Salzwasser. Ich hatte nur wenige Meilen in falscher Richtung geschafft. Was tun? Machte der Versuch, um die Insel herum nach Südosten zu kommen, noch Sinn? Schweren Herzens entschloss ich mich, zurückzusegeln. Ich brauchte viel Kraft für diesen Entschluss, denn ich war mir sicher, von den anderen Skippern ausgelacht zu werden.
Aber es geschah etwas, das ich nie vergessen werde: Als ich durch die Hafeneinfahrt meinem Ankerplatz zusteuerte und die Segler mich erkannten, hörte ich ringsum Händeklatschen. Ich bekam Applaus!
Später besuchte mich einer meiner Freunde an Bord und sagte: »Weißt du, manchmal braucht man mehr Mut zum Umkehren als weiterzumachen. Du warst sehr mutig, wir bewunderten dich, deshalb haben wir geklatscht.«
Eine Woche später hatte der echte Passat eingesetzt. Nun war es so weit! Der Augenblick war gekommen, um endgültig den Anker aufzuholen und Abschied zu nehmen. Meine Nervosität war kaum mehr erträglich, als ich zum zweiten Mal auf die See hinaussteuerte. Auf die offene See! Der Kurs spielte kaum noch eine Rolle, denn die Distanz zum Ziel betrug 2800 Seemeilen, also über 5000 km. Ich versuchte, mich zu entspannen, aber die Aufregung wollte nicht weichen. Nur jetzt keine Kollision mit einem einlaufenden Schiff oder einem Fischer. Nur ja kein dummes Segelmanöver!

Alles Nötige, Lebensmittel und der Tank mit 30 Litern Trinkwasser, war an Bord. Sogar 20 Liter Benzin für meinen Seagull-Außenborder hatte ich mitgenommen. Von dem Wasser durfte ich einen halben Liter pro Tag verbrauchen, denn eine Reserve für den Notfall wollte ich aufsparen. Ich war glücklich, dass meine sorgfältig eingestellte Selbststeuerung ihre Pflicht tat und das Boot zuverlässig auf Kurs hielt.
Ich legte mich auf die Koje, versuchte zu ruhen, zu schlafen. Das gelang am ersten Tag noch nicht, denn zu viele Gedanken jagten mir durch den Kopf. Hatte ich wirklich an alles gedacht? Nichts vergessen? Auch abends wollte der Schlaf nicht kommen, und am nächsten Tag ging es nicht besser. Nach drei Tagen mit viel ungewohnter Anstrengung und nur wenigen Minuten Schlaf geriet ich in eine Krise. Der Passat wehte beständig, ohne die kleinste Unterbrechung. Mir wurde so richtig klar, dass es kein Zurück mehr gab. Ein merkwürdiges Gefühl, wenn man so viel Wasser vor sich hat!
Die See wurde höher, der Wind von einer Stunde zur anderen kräftiger. Ich hatte das Gefühl, nicht mehr lange aushalten zu können. Allmählich gewann Erschöpfung die Oberhand. Ich fiel in einen Schlaf der Bewusstlosigkeit. Wie eine Ohmacht umschloss er mich.
Als ich wieder zu mir kam, fühlte ich mich wohl. Die Sonne schien, die weißen Passatwölkchen zogen am Himmel und ich dachte an keine Schwierigkeit, auch nicht an die Möglichkeit einer Kollision mit einem anderen Schiff. Ich wälzte mich auf der engen Koje, die halb in der

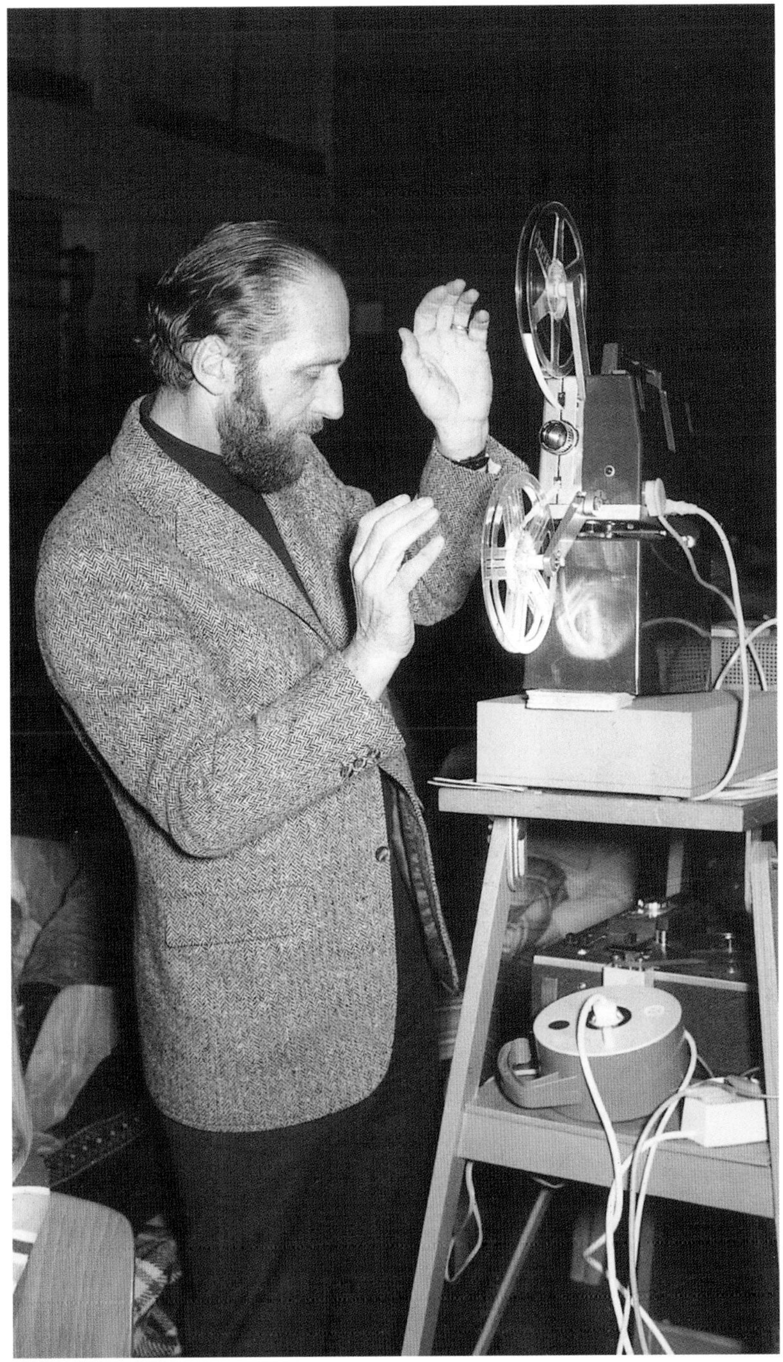

Auch die Filme von der Atlantik-Überquerung hatte ich selbst geschnitten und vertont und begann bald nach der Rückkehr mit den Vortragsreisen.

Die von Joachim Schult gegründete Zeitschrift »Kommodore« brachte einen ausführlichen Bericht über meine Fahrten und die Ozean-Überquerung.

"FAHRPLAN"

Garmisch-Partenkirchen 5.7.63 - Monte Carlo ab 11.7.63 - Menorca an 18.7. - Alicante an 6.8. - Gibraltar 28.8. bis 6.9. - Casablanca 11.9. bis 19.9. - Las Palmas 10.10. bis 17.11. - Barbados 18.12. bis 11.1.64 - Karibisches Meer 11.1. bis 5.5. - Bermuda 19.5. bis 25.5. - New York 2.6.64

POSTANSCHRIFT: Rollo Gebhard, 81 Garmisch-Partenkirchen Bahnhofstrasse 43, Telefon: 3530

Rollo Gebhard

Allein über den Atlantik

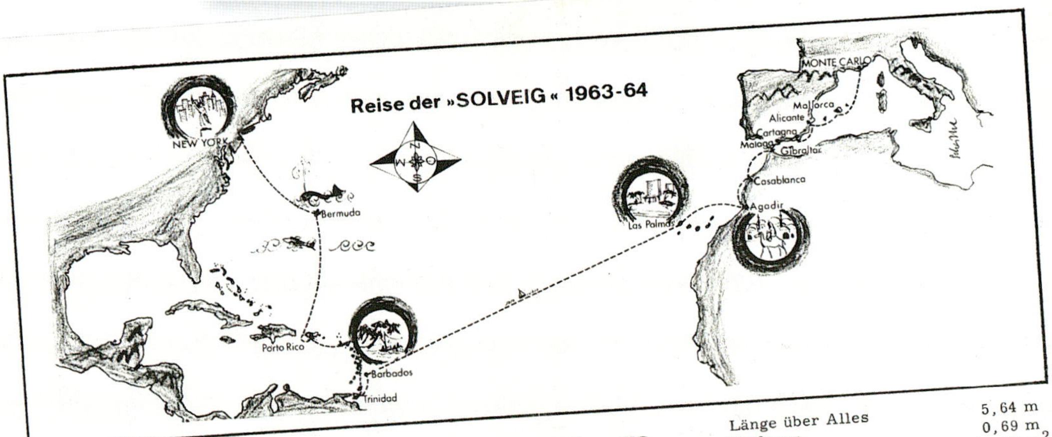

Seekreuzer aus Sperrholz
Typ: "CAPRICE"
Konstrukteur: Robert Tucker, England

Solveigh

Länge über Alles	5,64 m
Tiefgang	0,69 m
Segelfläche	11,00 m^2

Auf der Dünung des Ozeans

Vor Anker im Karibischen Meer

Kabine, halb unter dem Cockpit eingebaut war. Nur manchmal wurde das Rauschen und Klatschen der Wellen gegen die dünne Sperrholzwand zu laut. Der Holzkasten des Bootes hörte sich an wie ein Geigenkörper, er verstärkte jeden Laut.

Das Schiffchen hielt sich brav, glitt beständig von einem Wellenberg zum nächsten. Jeden Morgen gegen 9.00 Uhr nahm ich die erste Messung der Sonne mit dem Sextanten. Im Nautischen Almanach und in den Tafeln suchte ich die Werte, um eine erste Standlinie zu berechnen und in die Karte einzuzeichnen. Mittags zur Zeit der Kulmination erfolgte eine weitere Messung, die Sonnenhöhe, um daraus zu sehen, auf welcher Breite wir uns befanden. Der Schnittpunkt beider Linien ergab dann meine Position.

Die SOLVEIG II kämpfte sich dabei von Welle zu Welle, unermüdlich, und mit Freude sah ich auf der Karte, dass ich jeden Tag, von Mittag zu Mittag, fast 100 Seemeilen geschafft hatte. Ich fing an zu rechnen. Wenn es so weiterging, konnte ich mein Ziel, die Insel Barbados, in 30 Tagen erreichen. Jeden Morgen, nach der ersten Messung und nachdem ich meine Standlinie in die Karte eingetragen hatte, machte ich mich mit dem Frühstück zu schaffen. Der Petroleumkocher war leicht zu bedienen, ich konnte also einen kräftigen Tee aufgießen, öffnete dazu eine Dose Heringe oder Tunfisch und kaute dunkles Brot aus der Packung.

An die 400 Seemeilen lagen Mitte November bereits hinter mir. Ich schrieb ins Logbuch: »Wenn das so weitergeht, werde ich in weniger als 40 Tagen (für so viele hatte ich Lebensmittel und Wasser berechnet) drüben ankommen.«

Ich war bester Laune und hörte Musik, doch plötzlich wurde die Sendung unterbrochen. Ich verstand den Namen »Kennedy« und das Wort »Schüsse«. Was war da los? Bald aber kam Gewissheit in den Nachrichten: Kennedy war ermordet worden!

Es war einer der Augenblicke, in denen die Weltgeschichte einen Riss bekommt. Der Lauf aller Dinge konnte sich jetzt ändern. Allein im Boot, mitten auf dem Atlantik, konnte ich mit niemandem sprechen, musste mit meinen Gedanken selbst fertig werden, während meine Sperrholzkiste zwischen den Kontinenten von Welle zu Welle taumelte. Was sollte, was konnte ich tun? Nichts! Weitersegeln! Und weiter BBC hören. Was, wenn ein dritter Weltkrieg ausbrach? Ich grübelte lange, hörte natürlich jede weitere Nachricht auf allen drei Sendern: Stimme Amerikas, BBC und Deutsche Welle. Die besten Informationen gab die BBC, und ihr blieb ich auch später treu. Ich wurde zum leidenschaftlichen Radiohörer und begann, mich intensiv für Politik zu interessieren.

Natürlich erlebte ich auch Zeiten, wo mir Wind und Wetter wichtiger waren. Etwa in der Mitte des Ozeans wurde der Passat plötzlich stark, ich schrieb ins Logbuch: »Das Boot rollt fürchterlich und läuft immer scharf mal nach der einen und mal nach der anderen Seite. Die Selbststeuerung kommt an die Grenze ihrer Möglichkeiten. Mir ist nicht übel, aber ich bin geschafft.«

Ich näherte mich dem nördlichen Wendekreis, dem tropischen Gürtel. Es wurde sehr heiß, und die Nächte hatten ziemlich genau 12 Stunden: von 18.00 Uhr Sonnenuntergang bis 6.00 Uhr früh Sonnenaufgang. Die nautischen Tafeln gaben genaue Auskunft über diese Zeiten.

Es war spannend, die tägliche Änderung zu beobachten. Dazu, und für die Bestimmung der Position gehörte eine genau gehende Uhr, damals »Chronometer« genannt. Quarzuhren waren noch unbekannt, und einen Schiffschronometer konnte ich mir nicht leisten. Die gute alte Armbanduhr musste genügen, die ich mir in Gibraltar gekauft hatte und deren Stand ich jeden Tag mit dem Zeitzeichen aus dem Radio verglich.

Es gab damals auch noch kein Sumlog, das über einen kleinen Propeller im Wasser die Ge-

Mein Bericht in der Zeitschrift »Kommodore« geriet einem Spiegel-Redakteur in die Hände und löste Erstaunen aus. Er rief mich an und kam zu einem Interview in mein Haus. »Haben Sie das wirklich alles gemacht? Können Sie das beweisen?« Nun, ich konnte.
Der Artikel im »Spiegel« machte mich dann einer großen Leserschaft, insbesondere Journalisten und Redakteuren, bekannt (rechte Seite).

schwindigkeit anzeigte. Ich musste einen großen Propeller an einer Leine nachschleppen, um ungefähr zu sehen, ob das Boot mit drei oder mit vier Knoten über die Wellen kletterte.
Der Passat ließ mich niemals im Stich, wurde aber bei den häufigen Regenschauern in starken Böen manchmal ungemütlich. Nachts fand ich zeitweise keinen Schlaf, musste immer wieder die Selbststeuerung kontrollieren und neu justieren.
Doch alles hat einmal ein Ende! Am 18. Dezember um 2.00 Uhr früh sah ich ein Leuchtfeuer. Das war Barbados! 30 Tage waren vergangen, seit ich Maspalomas, die Südspitze von Gran Canaria, passiert hatte. Ich hatte es geschafft, hatte allein den Atlantik überquert!
Ich zitterte vor Aufregung. Als die Sonne aufging, nahm ich die Pinne und steuerte stolz meine SOLVEIG II in die Carlisle Bay von Barbados.
Damals gehörten sowohl Barbados als auch ein großer Teil der Inseln in der Karibik noch zum britischen Weltreich. Ich hatte es bei der Einklarierung mit englischen Beamten zu tun. Ich zitiere aus dem Logbuch: »Es dauert nicht lange, da kommt das Lotsenboot mit Zoll, Polizei und Arzt. Formulare werden ausgefüllt, Papiere gestempelt – nach 15 Minuten ist der Spuk vorbei.«
Ich meldete mich im Yachtklub und wurde sofort als Ehrenmitglied im »Royal Barbados Yacht Club« aufgenommen. Danach kamen Reporter der örtlichen Zeitung. Irgendwelche Hafengebühren gab es nicht.
Ich musste es mir immer wieder sagen: »Ich habe den Atlantik überquert! Allein in diesem winzigen Boot!« Was ich lange Zeit nicht wusste: Meine 30 Tage waren damals eine Bestzeit, ein Rekord für ein Boot dieser Größe.
Ich genoss nicht nur das zauberhafte Barbados, ich genoss ebenso die meisten Inseln der Karibik, die damals noch alle unter europäischer Verwaltung standen. Es war ein tropisches Paradies, wie ich es später nie mehr gefunden habe, auch nicht in der Südsee.
Auf einer kleinen Insel in der Gruppe der französischen Iles des Saintes gab es noch keine Touristen, kein Hotel. Ich war der einzige fremde Besucher. In den Dörfern wurden die Türen nicht verschlossen, es gab keine Gartenzäune, alles war offen. So lebten dort einige Franzosen aus der Normandie. Auf einer längeren Wanderung in den heißen Felsen der sehr trockenen Insel traf ich ein junges Ehepaar, das mich ansprach. Der große schlanke Mann fragte mich: »Können Sie mir vielleicht sagen, wo wir hier Leguane finden? Meine Frau möchte einen Leguan sehen.« Gern gab ich die gewünschte Auskunft und wir unterhielten uns eine Weile. Am Tag danach erschien das Paar am Ufer neben meinem Ankerplatz. Ich holte die beiden mit dem Schlauchboot ab und lud sie an Bord ein. Als ich von meiner Überfahrt erzählte, meinte der junge Mann: »Sie sind verrückt, total verrückt! Sie müssen nach New York kommen! In New York leben die Verrückten. Es ist die einzige Stadt auf der Welt, wo man solche Irre wie Sie bewundert.«
»Schade«, gab ich zurück, »sehr schade, aber ich muss mit dem Boot nach Deutschland zurück.« Wir unterhielten uns noch weiter, und es stellte sich heraus, dass er fließend Deutsch sprach, aus dem Elsass stammte und »komische Bilder zeichnete, über die die Leute lachten.« Er arbeitete für den *Time Life-Verlag,* und sein Name war: Tomi Ungerer! Damals sagte mir der Name noch nichts, inzwischen sah ich ihn oft, auch im deutschen Fernsehen.
Ein prominenter Künstler also. Und er versprach mir, wenn ich nach New York käme, dafür zu sorgen, dass der Verlag meine Story kaufte und den Rücktransport des Bootes nach Deutschland übernahm.
New York als Abschluss meiner Reise? Warum nicht? Eigentlich eine wunderbare Idee! Ich bat

DER SPIEGEL
17. JANUAR 1966 · NR. 4
20. JAHRGANG · 1,20 DM
ERSCHEINT WÖCHENTLICH
IN HAMBURG · C 6380 C

„DAS NÄCHSTE MAL NEHM' ICH DEN SMOKING MIT"

Peter Brügge über den deutschen Atlantik-Einhand-Segler Rollo Gebhard

Wer Lust hat, kann auch als Deutscher in einer Nußschale über den Atlantik segeln und sich dabei noch wirklich allein fühlen — im Gegensatz zum amerikanischen Solosegler Bob Manry, um den letztes Jahr eine Nation von Seefahrern sich sorgte. Nach geglückter Heimkehr wird man ihn nicht wie Manry mit Bewunderung behelligen, denn die Deutschen benötigen momentan keine Helden zur See.

Der Radio- und Schallplattenhändler Rollo Gebhard-L'Estrange aus Garmisch, Bahnhofstraße, hat das erprobt und bereitet gegenwärtig in vertrauter Stille eine noch größere Reise vor, bei der er ohne Begleitung auf seinem billigen, 564 Zentimeter langen englischen Sperrholzboot, Marke Caprice (Gestehungspreis 7000 Mark), ganz um die Welt zu kommen hofft.

Alleinsegler **Gebhard**
Freddys Stimme auf dem Ozean

Da es nicht Ruhm ist, was dabei winkt, lohnt es sich, nach den Motiven zu fragen, die einen Bundesbürger veranlassen können, gerade diesen Weg zu wählen. Antwort: „Ich habe erst da das Gefühl, daß ich richtig lebe."

Sich Gebhard danach als einen Wikinger vom Typ Kirk Douglas vorzustellen, wäre verfehlt. Vielmehr ist er von durchschnittlicher Statur, fast so unscheinbar wie sein Schiff, das zur Zeit mit überholungsbedürftigem Anstrich im oberbayrischen Würmsee (auch „Starnberger See") vor Anker liegt. Ein Mann mit feingliedrigen Händen, dem man glaubt, daß er in Garmisch auch versuchte, sich als Leander oder Romeo auf der Kursaal-Bühne hervorzutun. Ein Romantiker vom kriegsgeprüften Jahrgang 21, der für Schubert und Wagner schwärmt und bei Lichtbilder-Vorträgen über seine bisherigen Reiseabenteuer von angeregten Zuschauern gefragt wird, ob er den Kerl, von dem da die Rede sei, persönlich kenne.

Piraten mit Gebhard-Geschenk: Sindbad kam vom Würmsee

Als Sohn eines ebenfalls segelnden Sachsen und Enkel einer Britin, deren Vater Seeoffizier der Queen Victoria gewesen sein soll, als Inhaber eines Stammbaums, den er selbst amüsiert auf den Normannenfürsten Rollo zurückführt, verfügt er über eine unruhige Erbmasse. Als früh Verwitweter mit einem Hang zur Melancholie, als Einzelhändler einer halbwegs florierenden Branche mit ein paar Spargroschen ausgestattet, erfüllt er noch weitere Voraussetzungen, die Bedeutung gewinnen, wenn einer den Abstand zum bürgerlichen Lebenslauf sucht. „In einer Stadt wie Garmisch", sagt er, „macht einer sogar schon die Gemeinde haftbar, wenn er über eine Unregelmäßigkeit im Pflaster stolpert. Für mich ist das nichts."

Früher suchte er Einsamkeit in den Bergen, aber seit 1960 bevorzugt er die Weltmeere, um darauf seinen altmodischen Lebensdurst zu stillen. Als Mitglied des Segelklubs „Würmsee" eroberte er sich zunächst die überfüllten Binnengewässer Oberbayerns, ehe er über das Mittelmeer nach Tunis und durch das Rote Meer fast bis nach Indien segelte — Schritte, bei denen er jahrelang Erfahrungen sammelte für eine einsame Begegnung mit dem Atlantik.

Daß auch dem einsamsten Segler immer wieder Menschen begegnen, die ihm Verdruß bringen, erfuhr er auf diesen Orientfahrten.

In einer Bucht des Hadramaut warf er Anker, sich von den Strapazen zu erholen, die er zuvor beim Auflaufen auf ein Riff und in zähen Segelmanövern gegen den Monsun durchlebt hatte. Als er an seinem Ankerplatz erwachte, sah er sich von Seeräubern umgeben, die nicht zur Statisterie eines Ali-Baba-Films, sondern zur Wirklichkeit des Arabischen Meeres gehörten.

Sie schleppten ihn samt Boot zu ihrem befestigten Nest und ließen in Gebärde und Ton nichts Gutes ahnen. „Ich tat, als sei ich ihr guter Freund", erinnert sich der gelernte Schauspieler in Garmisch, indes er Kunden mit den Fernwehliedern von Freddy Quinn bedient, „wie ein entzückter Freund habe ich ihren Anführer umarmt und ihm mit allen Zeichen der Freude mein schönes Transistorgerät angeboten." Die Herren konnten nicht wissen, daß er es im Großhandel billiger bezogen hatte, und waren von der Geste gerührt. Schließlich, nachdem sie seine Vorräte stark vermindert hatten, ließen sie sich von ihm zum Abschied photographieren und erlaubten ihm, sich davonzumachen.

Piratennest im Hadramaut
Überfall am Ankerplatz

Auf einer späteren Fahrt nahmen ihn vor Korfu versehentlich griechische Küstenwächter unter MG-Feuer. Als er, aus Respekt davor, der Küste Albaniens zu nahe kam, wurde er von den dortigen treuen Stalinisten aufgebracht und als Spion behandelt. Nach zwei Tagen aber öffnete sich sein Gefängnis, und der örtliche Polizeikommandant bedeutete ihm in mühseligem Italienisch: Da er nicht gerade „wie Strauß" aussehe, möge er verschwinden.

So gehärtet, überquerte er schließlich 1964 in der Rekordzeit von dreißig Tagen den Atlantik: ein Jahr vor Bob Manry, und, wie das deutsche Bootsmagazin „Kommodore" ihm jetzt in einer kleinen Ehrentafel anrechnet, als zehnter Mensch seit 1876 in einem Boot, das nicht länger als sechs Meter ist (Manrys „Tinkerbelle": 4,11 Meter).

Die Winde waren ihm gewogen, und was ihm in den dreißig Tagen zwischen Las Palmas und Barbados begegnete, erwies sich als weniger

um eine schriftliche Bestätigung von *Time Life* für den Rücktransport des Bootes. Alle meine Gedanken drehten sich von jetzt an um die neue Route.
Mein nächstes Ziel hieß Antigua. Vor der kleinen Insel ließ ich am 13. März 1964 den Anker im weichen Sand der malerischen Nelson-Bucht fallen und wartete auf Nachricht aus New York. English Harbour auf Antigua ist nicht nur Hafen, sondern auch Museum, ein Nelson Museum, Denkmal britischer Seeherrschaft aus der großen Zeit Lord Nelsons, der als Befehlshaber den Hafen hatte ausbauen lassen.
Hafenmeister war zu meiner Zeit ein Commander Christian, direkter Nachkomme des berühmten Meuterers von der BOUNTY, Fletcher Christian. Meine Atlantiküberquerung beeindruckte den Marineoffizier, und er saß oft bei mir im Cockpit. Eines Tages erzählte er mir aufgeregt, dass die königliche Yacht BRITANNIA English Harbour besuchen und eine Parade stattfinden werde. An Bord sei die Königinmutter. Danach sollte bei Sonnenuntergang Salut geschossen werden. Er bat mich, ihm die genaue Zeit des Sonnenuntergangs zu errechnen, damit der erste Schuss pünktlich abgefeuert werden konnte.
Auf der BRITANNIA war tatsächlich die Queen Mother an Bord, die Reise war als Abschied von ihrer Zeit als Königin geplant worden. Als die BRITANNIA eingetroffen war, kam Christian wieder zu mir und fragte: »Ich will der Queen Mother eine Besichtigung des Hafens und des Museums anbieten und als Höhepunkt einen Besuch auf deinem Boot. Deine SOLVEIG II ist doch die interessanteste Yacht bei uns im Hafen. Hast du etwas dagegen? Du musst dich dazu nur umziehen, damit du ordentlich aussiehst.« Auch in dem kleinen Boot hatte ich immer förmliche Kleidung dabei und freute mich auf diese bestimmt einmalige Begegnung.
Am Tag ihrer Ankunft brachte Christian tatsächlich die alte Dame mit einer Barkasse zur SOLVEIG II! Sie kam an Bord, setzte sich in mein kleines Cockpit und stellte mir Fragen über die Kindheit, über meine Zeit als Soldat und über die Alleinfahrt in meinem winzigen Boot. Bald nach dieser Begegnung traf auch das erhoffte Telegramm aus New York ein: »*Time Life* übernimmt Kosten für Verschiffung nach Europa. – Wir freuen uns auf Ihren Besuch!«
Sogleich schrieb ich an Tomi Ungerer und an John Pflieger, den Commodore der Slocum-Society. Ich war Mitglied dieser Gesellschaft, die es sich zur Aufgabe gemacht hatte, Einhandsegler zu fördern und zu beraten. John Pflieger wusste deshalb von meiner Ozeanüberquerung und wollte in New York meine Ankunft vorbereiten, für die Einklarierung sorgen und für einen guten Liegeplatz.
Ich verließ bald darauf das gastfreundliche Antigua und nahm Kurs auf die Bermudas. Hier hatte ich nur für einen kleinen Teil der Strecke noch Passatwind zu erwarten, danach musste ich auf variable Winde gefasst sein. Zudem verlief der Kurs zu den Bermudas mitten durch das legendäre Dreieck. Von dort waren es dann, wenn alles gut ging, noch zehn Tage – gegen den Wind. Also los, SOLVEIG, segeln wir nach New York! Die Fahrt verlief ohne außergewöhnliche Ereignisse, wenn man von einigen merkwürdigen Lichterscheinungen absieht, die sich aber durchaus mit der Nähe des Weltraumbahnhofs Cape Canaveral erklären ließen, wie etwa gewaltige Blitze ohne nachfolgenden Donner. Am 20. Mai ging ich in St. Georges auf Bermuda vor Anker. Ein Brief von John war bereits eingetroffen. Er gab mir wichtige Informationen für die Ankunft in N.Y. und fragte, ob er für mich einen Kasten deutsches Bier bereitstellen solle? Ich antwortete ihm, dass ich keinen Alkohol trinke, dass er mir aber mit einem Komitee junger Damen eine große Freude bereiten könne.
Nur vier Tage blieb ich auf den Bermudas und begab mich dann auf die letzte große Etappe –

600 Seemeilen nach New York. In der zweiten Nacht hörte ich einen Schlag gegen die Bordwand, sprang ins Cockpit, beugte mich über das Süll und blickte in die Augen eines vier Meter langen Hais! Vor Schreck erstarrt, sah ich, wie er immer wieder die Bordwand rammte. Haie besitzen einen besonderen Instinkt für mögliche Beute. Ein Boot, das in der See hilflos dümpelt, wie das meine in dieser Nacht, ist wie ein Rettungsboot mit Schiffbrüchigen, also durchaus eine lohnende Beute.
Kurz darauf folgte ein erneuter Zwischenfall: Solveig wurde von einem Wal gerammt! Hatte sich das Schicksal gegen mich verschworen? Ob der Wal das kleine Boot in der Nacht nicht bemerkte und auftauchen wollte? Er schlug mit voller Wucht gegen die beiden Kielflossen der Solveig. Ich flog aus meiner Koje, sprang ins Cockpit und sah zunächst nur leere See. Dann färbte sich das Wasser braunrot. Während ich noch überlegte, ob das Blut war, tauchte die Rückenflosse des Wals neben mir auf. Das Tier war verletzt! Aber auch das Boot hatte Schaden erlitten, Wasser stand in der Bilge, die Bodenbretter schwammen, und ständig stieg das Wasser höher!
Dort, wo die Kielbolzen durch den Boden geführt waren, drang Wasser ein. Ich holte mein Werkzeug und zog die Muttern mit Kraft an. Das half etwas, aber jede halbe Stunde musste ich von jetzt an pumpen, um das Boot schwimmfähig zu halten. Das hieß, keine Nacht mehr schlafen, bis ich New York erreicht hatte! Musste das sein, so kurz vor dem Ende der Überfahrt? Ich war verzweifelt. Mein Glück war, dass mir nur noch ein paar Tage bis zur Ankunft fehlten. Einen Notruf hätte ich nicht senden können, denn ich hatte kein Funkgerät an Bord. Ich hatte mich grundsätzlich gegen Funk und ein UKW-Gerät entschieden. Erstens hatte ich keine Möglichkeit, meine kleine Batterie aufzuladen, zweitens hielt ich es für gefährlich, in der Not an eine Rettungsmöglichkeit von außen zu glauben statt selbst ums Überleben zu kämpfen. Vor allem hielt ich die Wahrscheinlichkeit für zu gering, dass der Notruf überhaupt gehört würde und das Boot gefunden werden könnte. Ich stellte mich ganz darauf ein, dass ich allein für mein Überleben sorgen musste.
Es folgten quälende Tage, jede halbe Stunde, auch in der Nacht, musste ich Wasser pumpen, bis ich am 2. Juni 1964 endlich in den Hafen der Weltstadt einlaufen konnte.
John Pflieger war verständigt worden und begrüßte Solveig mit einem Transparent: »Welcome in New York – Sorry no Girls!«
Die *New York Times* und andere große Tageszeitungen berichteten später ausführlich über meine Rekordfahrt, denn Solveig II war das kleinste Boot, das bis dahin jemals New York von Europa aus erreicht hatte. So kam ich zum ersten Mal in meinem Leben in große Fernsehsendungen und wurde von Yachtklubs zu Vorträgen eingeladen, während ich auf ein Schiff wartete, das uns nach Europa zurückbringen sollte. Der Verlag suchte natürlich eine kostengünstige Lösung, und so fanden wir schließlich einen griechischen Frachter, der bereit war, das Boot als Decksladung nach Genua mitzunehmen. Dabei half mir nochmals Tomi Ungerer, der mich ebenso wie John Pflieger in sein hübsches Heim einlud.
Auf dem Griechen war ich der einzige Passagier und nahm die Mahlzeiten in der Offiziersmesse ein. Aus den Gesprächen bemerkte ich, dass Kapitän und Erster Offizier kaum Ahnung von Navigation hatten. Sie hofften, bei der Annäherung an die Küste von Spanien einen Sender peilen zu können. Als sie glücklich die Straße von Gibraltar erreicht hatten, wurde ein großes Fest gefeiert. In Genua begrüßte mich meine Freundin, die mir Pkw und Anhänger gebracht hatte, und zwei Tage später stand Solveig II wieder heil in meinem Garten in Garmisch-Partenkirchen.

Die große Herausforderung

Neue Pläne gingen in meinem Kopf um: Von den Seglern in Alexandria und Kairo, insbesondere von Professor Mazhar, hatte ich erstmals von Joshua Slocum erfahren, dem amerikanischen Kapitän, der 1896 in seiner selbst gebauten SPRAY allein die Welt umsegelt hatte. Allein um die ganze Welt, das war Slocum gelungen! War so etwas auch heute noch möglich? Und in einem kleinen Boot? Die SPRAY war immerhin 12 Meter lang gewesen.

Ich hatte mir Bücher von bekannten Seglern angeschafft, darunter das Buch von Annie van de Wiele über die erfolgreiche Weltumsegelung mit ihrem Mann und dem gemeinsamen Freund Fred Debels auf der OMOO. Begeistert und wunderbar farbig schilderte die Belgierin darin ihre Erfahrungen mit Passatwinden, mit Stürmen und die schönen Tage auf den Südsee-Inseln während ihrer dreijährigen Weltumsegelung.

Als Lehrbuch und Nachschlagewerk benutzte ich Eric C. Hiscocks Standardwerk »Segeln über sieben Meere«. Für drei Jahre musste ich eine mögliche Fahrt um die Welt planen. Dann konnte ich für die Ozeane jeweils die günstigste Jahreszeit finden, und es blieb mir andererseits genügend Zeit in den Häfen, um Menschen und Länder kennen zu lernen.

Je länger ich darüber nachdachte, umso gigantischer erschien mir ein solches Vorhaben. Es würde ein eigener Lebensabschnitt werden. Und

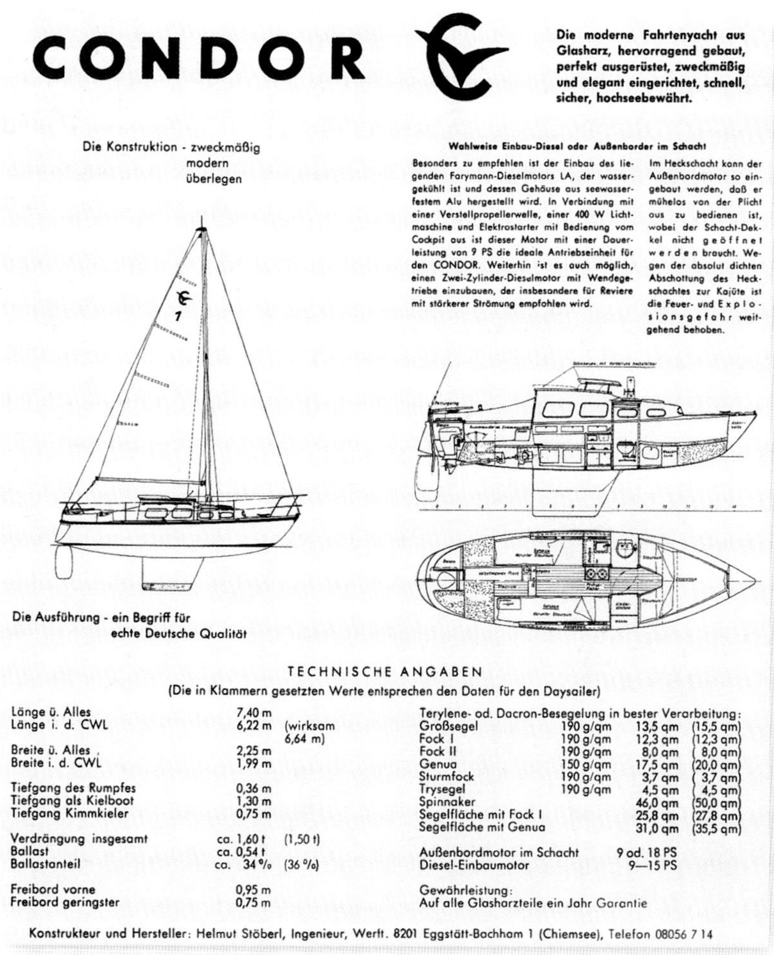

Die großartige SOLVEIG III. Stöberl baute jedes Boot etwas anders. Ich bekam in den hohlen Kiel sehr viel Blei, der Ballastanteil wuchs dadurch auf 50 % bei einem Gesamtgewicht von 4,5 t.

In der Dünung des Atlantiks (rechte Seite).

Der ausziehbare Petroleumkocher, eine glänzende Idee von Stöber.

was würde aus meinem Haus, meinem Geschäft? Meine erfahrene Verkäuferin hatte leider, nachdem ich ein Jahr abwesend gewesen war, gekündigt. Nun wollte ich mir eine Geschäftsführerin suchen, die bereit war, den Laden für die geplanten drei Jahre zu übernehmen. Was danach werden sollte, musste ich ohnehin dem Schicksal überlassen. Das Haus würde mir bleiben – glaubte ich.

Und so begann ich, handfeste Pläne für eine Weltumsegelung zu schmieden. Drei Jahre Vorbereitungszeit benötigte ich. Die »Caprice« hatte sich als tauglich für den Atlantik erwiesen, warum sollte sie nicht auch den Pazifik und den

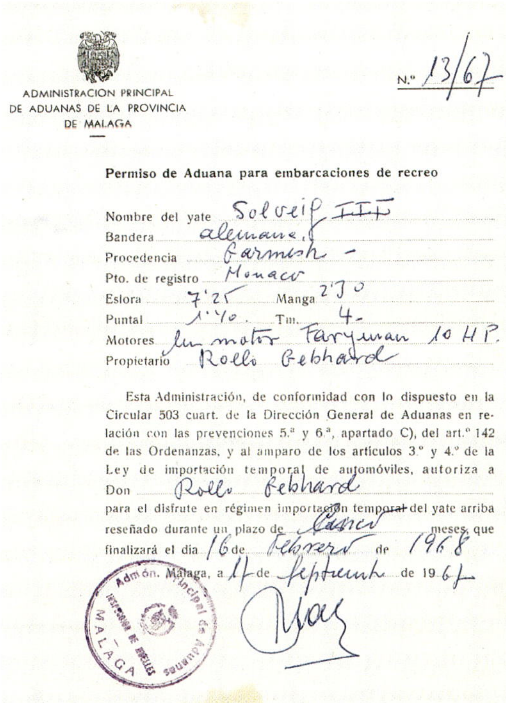
ADMINISTRACION PRINCIPAL
DE ADUANAS DE LA PROVINCIA
DE MALAGA

N.° 13/67

Permiso de Aduana para embarcaciones de recreo

Nombre del yate Solveig III
Bandera alemana.
Procedencia Garmisch -
Pto. de registro Monaco
Eslora 7'25 Manga 2'30
Puntal 1'40. Tm. 4.
Motores un motor Farymann 10 HP.
Propietario Rollo Gebhard

Esta Administración, de conformidad con lo dispuesto en la Circular 503 cuart. de la Dirección General de Aduanas en relación con las prevenciones 5.ª y 6.ª, apartado C), del art.° 142 de las Ordenanzas, y al amparo de los artículos 3.° y 4.° de la Ley de importación temporal de automóviles, autoriza a Don Rollo Gebhard para el disfrute en régimen importación temporal del yate arriba reseñado durante un plazo de cinco meses, que finalizará el día 16 de febrero de 1968

Admón. Málaga, a 17 de septiembre de 1967

Admón. Principal de Aduanas MALAGA

Der Zoll verwendete überall, auch für die kleine Yacht, die Formulare der großen Berufsschifffahrt.

Für die Filmaufnahmen musste ich oft in abenteuerlichen Stellungen arbeiten (rechts).

Indischen Ozean befahren können? Ich wollte es Slocum gleichtun und allein um die Welt segeln. In Starnberg machte ich mich jedes Wochenende daran, die SOLVEIG II instand zu setzen, mehrere Schichten neue Farbe aufzubringen und auch in der elektrischen Anlage verbesserte Instrumente und Messgeräte einzubauen.
Doch eines Tages erhielt ich überraschend einen Anruf von Jutta, meiner Gefährtin auf den ersten großen Mittelmeerfahrten. Sie hatte inzwischen geheiratet und fragte mich nun: »Hättest du Lust, zur Taufe unseres Bootes an den Chiemsee zu kommen? Mein Mann hat es mir zur Hochzeit

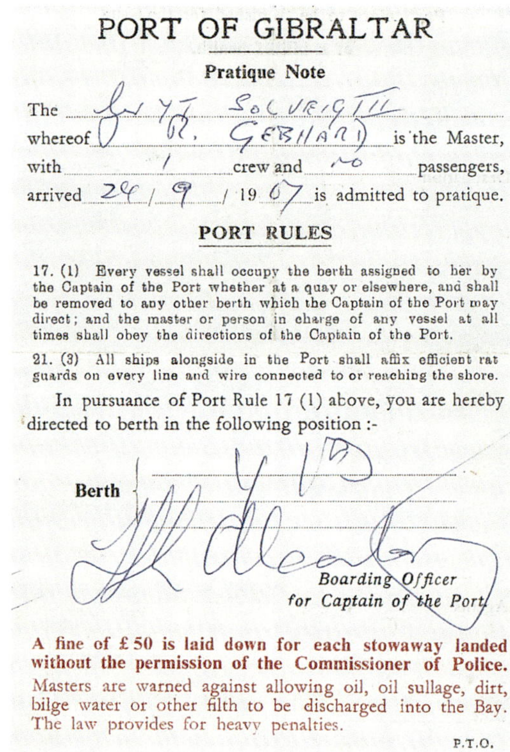

PORT OF GIBRALTAR

Pratique Note

The ..... SOLVEIG III .....
whereof ..... R. GEBHARD ..... is the Master,
with ..... 1 ..... crew and ..... no ..... passengers,
arrived ..... 24 / 9 / 19 67 ..... is admitted to pratique.

PORT RULES

17. (1) Every vessel shall occupy the berth assigned to her by the Captain of the Port whether at a quay or elsewhere, and shall be removed to any other berth which the Captain of the Port may direct; and the master or person in charge of any vessel at all times shall obey the directions of the Captain of the Port.

21. (3) All ships alongside in the Port shall affix efficient rat guards on every line and wire connected to or reaching the shore.

In pursuance of Port Rule 17 (1) above, you are hereby directed to berth in the following position :-

Berth

Boarding Officer
for Captain of the Port

A fine of £ 50 is laid down for each stowaway landed without the permission of the Commissioner of Police.

Masters are warned against allowing oil, oil sullage, dirt, bilge water or other filth to be discharged into the Bay. The law provides for heavy penalties.

P.T.O.

In der Sargasso-See holte ich mir eine Hand voll des berühmten Krautes als »Souvenir« aus dem Wasser (links).

In Gibraltar herrschte wunderbare Ordnung, damit war optimale Sicherheit für das oft unbewachte Boot gewährleistet (oben).

In voller Fahrt auf See. Deutlich sind die Steuerleine zur Fock und der Block der Selbststeuerung zu erkennen. Diese selbst gebastelte Anlage kostete mich fast nichts und hielt den Kurs im Passat ohne Korrektur oft eine Woche lang (rechte Seite).

geschenkt, und ich möchte gern, dass du es dir ansiehst und bei der Taufe dabei bist.«
Mir war es ein wenig peinlich, als bisheriger Freund und Liebhaber zusammen mit dem Ehemann zu feiern; ich wollte aber Jutta nicht enttäuschen. Es wurde ein großes, schönes und aufwändiges Fest, denn ihr Mann war ein bekannter Moderator beim Bayerischen Rundfunk.
Am Tag danach meldete sich Jutta wieder und fragte, wie mir das Boot gefallen hätte? »Sehr gut, ein schönes Schiff«, antwortete ich. Sie schlug vor: »Wäre das nicht ein gutes Boot für eine Weltumsegelung, besser als die kleine »Caprice«? »Klar wäre das ein ideales Schiff für mich mit seinen sieben Metern Länge und der großen Kajüte, mit dem Dieselmotor und mit viel Platz für Ausrüstung und Lebensmittel. Aber ich kann es mir unmöglich leisten.«
Sie antwortete ruhig: »Mein Mann wird dafür sorgen, dass du es von der Werft so günstig bekommst, dass du es dir leisten kannst. Geh mal hin und besprich es mit Helmut Stöberl, dem Werftleiter, du kennst ihn ja jetzt.«
Ich dachte zuerst, dass sie vielleicht noch einen Rausch hatte von der Taufe, aber es lief alles so, wie sie es sich ausgedacht hatte. Der Vertrag wurde besprochen. Ich bekam von Helmut Stöberl ein neues Boot, Typ Condor, und hatte nur so viel zu zahlen, wie ich beim Verkauf meiner SOLVEIG II erhalten würde.

Am Strand von Bequia, meiner Lieblingsinsel in der Karibik. Dort ankerte ich wochenlang (links).

Ich genoss den Anblick von Palmen und Stränden oft stundenlang vom Boot aus (rechts oben).

Es war mein zweiter Aufenthalt in der Karibik. Die Kinder erkannten mich und den Bootsnamen noch von 1964 und kamen täglich an Bord (rechts).

Das absolute Paradies: Blick über die Marigot Bay auf St. Lucia, Traumziel vieler Segler; damals noch wie zu Nelsons Zeiten ohne Neubauten oder Hafenanlagen.

Rechte Seite von oben nach unten:
Am Strand wurden damals (1967) große Schoner gebaut, die den Verkehr und die Versorgung der Inseln aufrechterhielten.

Als Sklaven kostümierte Gruppe im Karneval.

Eine der berühmten Steelbands spielt am Strand auf.

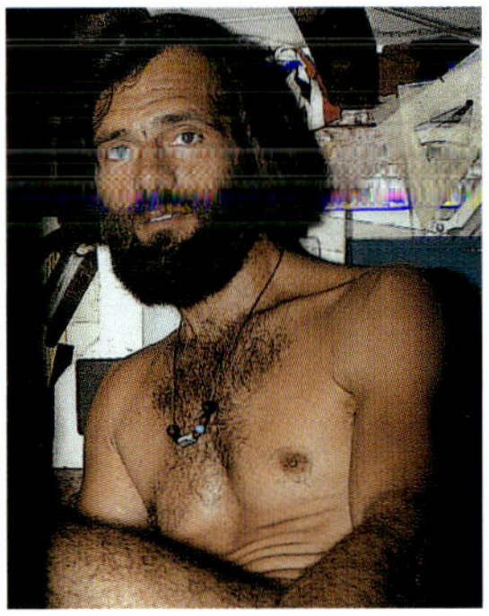

Klaus Alvermann, Student aus Düsseldorf. Er wollte Architekt werden, überquerte den Ozean 1963, um den Bootsbau am Strand von Bequia zu studieren. Später segelte er in einem von den Einheimischen gebauten Boot um die Welt und lebte danach in der Karibik.

SOLVEIG III in der Marigot Bay auf St. Lucia, einem der schönsten Ankerplätze der Welt (unten).

Das Etikett einer Weinflasche von Frau Wittmer. Die Kölnerin siedelte in den 1930-Jahren mit ihrem Mann auf Floreana.

1968 hinterließ auch ich meinen Bootsnamen an dem berühmten Postfass der einstigen Walfänger auf der Insel Floreana in den Galapagos (oben und rechts).

Drei Jahre, bis 1967, arbeitete ich weiter im Theater als Schauspieler und hielt mit meinen Filmen von der Atlantiküberquerung, den Karibikinseln und der Fahrt nach New York zahlreiche Vorträge in Deutschland und im nahen Österreich. Die Erfolge waren überwältigend, von Berlin bis Wien hatte ich volle Säle, und meine Bedenken, nach einer Weltumsegelung vor dem Ruin zu stehen, waren ausgeräumt. Und dann hatte ich wieder Glück: Helmut Stöberl hatte bereits eine Condor an den Filmproduzenten Heinz Bibo verkauft und diesem stolz mitgeteilt, dass ich mit einem solchen Schiffstyp um die Welt segeln wollte. Wir lernten uns kennen, und er bot mir an, meine zukünftigen Filme von der Weltumsegelung für das ZDF zu produzieren. Auf diese Weise hatte ich schon vor Beginn der Unternehmung einen Partner für die Bearbeitung und Veröffentlichung meiner Filmberichte.

In meinem Kopf herrschte während der letzten Monate vor dem Start ein riesiges Durcheinander. Drei Jahre Abwesenheit von Haus und Geschäft, ein neues Boot, eine gewaltige Fahrt, Filme fürs Fernsehen … Würde ich das alles in den Griff bekommen? Doch allmählich nahm das Unternehmen »Weltumsegelung« Gestalt an, ich brauchte jetzt nur noch das versprochene

In der Kajüte von Solveig III: Ich bereite mir eine Suppe. Man erkennt die Schiffsuhr und das Echolot. Der Sextant ist in einem Holzkasten untergebracht.

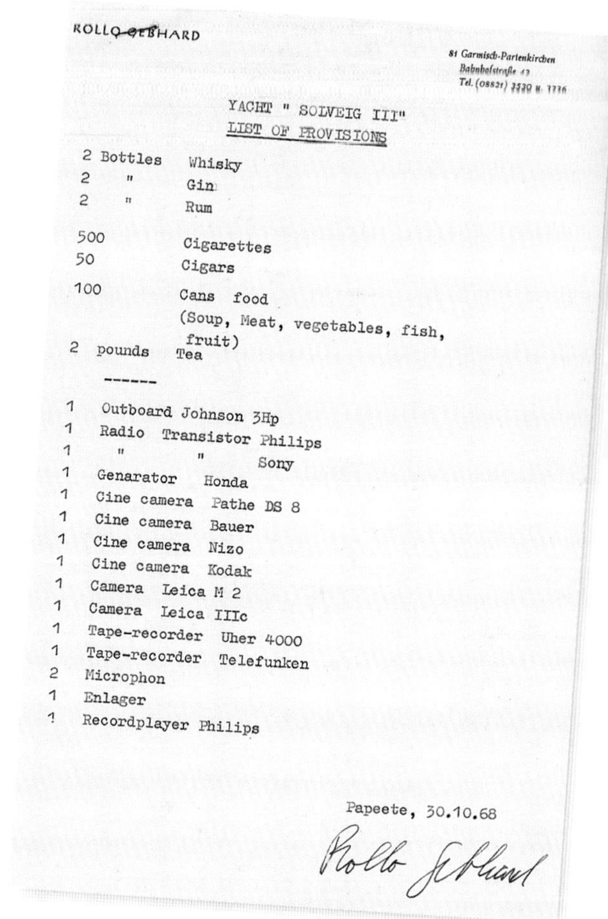

ROLLO GEBHARD

81 Garmisch-Partenkirchen
Bahnhofstraße 43
Tel. (08821) 3530 u. 1736

YACHT " SOLVEIG III"
LIST OF PROVISIONS

2 Bottles Whisky
2 " Gin
2 " Rum

500 Cigarettes
50 Cigars

100 Cans food
(Soup, Meat, vegetables, fish, fruit)
2 pounds Tea

------

1 Outboard Johnson 3Hp
1 Radio Transistor Philips
1 " " Sony
1 Genarator Honda
1 Cine camera Pathe DS 8
1 Cine camera Bauer
1 Cine camera Nizo
1 Cine camera Kodak
1 Camera Leica M 2
1 Camera Leica IIIc
1 Tape-recorder Uher 4000
1 Tape-recorder Telefunken
2 Microphon
1 Enlager
1 Recordplayer Philips

Papeete, 30.10.68

Rollo Gebhard

Für den Zoll musste ich auch Kameras und Tonbandgeräte auflisten.

Abendstimmung vor Sonnenuntergang: in den Tropen die schönste Stunde des Tages (rechte Seite).

Die wochenlange Überfahrt von Panama in die Südsee war geschafft, auf Tahiti empfingen uns frohe Polynesier.

Boot. Doch die Lieferung war nicht in Sicht, Stöberl war in Schwierigkeiten geraten. Ausgerechnet das Boot wurde zum Problem. Um die Condor überhaupt einrichten zu können, fuhr er mir das halbfertige Boot heimlich für Probefahrten an den Ammersee. Zum Starnberger See konnte er nicht kommen, da er mit seinen Lieferungen im Rückstand war. Plötzlich waren alle meine Pläne infrage gestellt.

Ich bestand nun auf einem festen Liefertermin, an dem die Solveig III, das neue Schiff, auf dem Tieflader der Werft ans Mittelmeer gefahren werden sollte. Aber auch dieser Termin wurde von Woche zu Woche verschoben, bis dann am letzten Tag der Start endlich um Mitternacht erfolgen sollte!

Nie werde ich vergessen, wie um 22.00 Uhr abends noch mit Schweißgerät an der Reling und mit allerlei Werkzeug in der Kajüte gearbeitet wurde! Ich hatte mich im Nachbarhaus auf einem Bett ausgestreckt und fuhr dann, als es endgültig losging, mit meinem Pkw hinterher. In den frühen Morgenstunden waren die Straßen ziemlich frei, so erreichten wir den Hafen von Portofino in Oberitalien noch am selben Tag. Meine Geschäftsführerin, der ich den Laden für drei Jahre anvertrauen wollte, und einige Freunde, auch Michael, waren zum Abschied gekommen. Drei Jahre! Das würde eine lange Zeit werden. Wie würden wir uns wiedersehen? Zwei Tage verbrachte ich im Hafen mit dem Einrichten der Kajüte und dem Verladen der Lebensmittel. An einem sonnigen Morgen setzte ich Segel und steuerte aus dem malerischen Hafen hinaus auf das blaue Mittelmeer, in den Golf von Genua.

An der Küste der Riviera entlang sollte die Fahrt wieder nach Mallorca gehen, dann weiter nach Gibraltar. Meine Augen waren beschäftigt, die Seezeichen zu erkennen und die Küste zu betrachten. Erst gegen Mittag warf ich einen Blick in die Kajüte und erstarrte buchstäblich vor Schreck: Dort stand das Wasser einen halben Meter hoch, schwappte unter den Kojen hin und her!

Ich brauchte einige Zeit, bis ich feststellen konnte, dass das Wasser aus dem Motorraum kam und aus dem Kühlmantel des Auspuffs spritzte. Dort war ein Loch entstanden. Mir war sofort klar: Elektrolyse! Der Kühlmantel war aus Eisen, und die anderen Rohre waren aus Messing. Im Salzwasser darf man das nicht machen: ein klarer Fehler der Werft. Ich musste den nächsten erreichbaren Hafen an der französischen Küste anlaufen und das Auspuffrohr reparieren lassen.

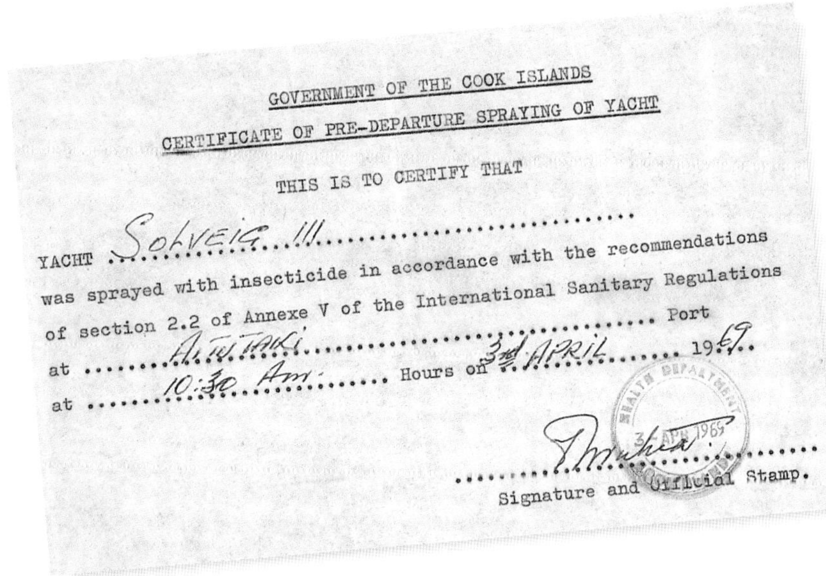
GOVERNMENT OF THE COOK ISLANDS

CERTIFICATE OF PRE-DEPARTURE SPRAYING OF YACHT

THIS IS TO CERTIFY THAT

YACHT ..SOLVEIG III..........................
was sprayed with insecticide in accordance with the recommendations of section 2.2 of Annexe V of the International Sanitary Regulations at ..AITUTAKI.................................. Port
at ..10:30 Am:....... Hours on 3rd APRIL...... 1969.

....
Signature and Official Stamp.

Auf Aitutaki, einer bezaubernden Insel in der Cook-Gruppe. Mein Abschied wurde nach alter Sitte gefeiert.

Der landschaftliche Höhepunkt meiner Weltumsegelung: Die Cooks Bay auf Moorea (folgende Doppelseite).

Die Kajüte als Dunkelkammer: Ich konnte Vergrößerungen an Bord selbst entwickeln und trocknen. Berichte und Fotos schickte ich nach Deutschland (unten), und meine Freunde vermittelten sie an die Zeitungen.

AZ-LOKALES

Ein Musikalienhändler aus Oberbayern segelt seit zwei Jahren einsam um die Welt

Der Chichester aus Garmisch

Porträt eines Abenteurers

Rollo Gebhard segelt allein über die Weltmeere

Jedoch stellte sich heraus, dass das Eisenrohr sehr schnell, in wenigen Stunden, wieder Löcher hatte. Auspuff und Kühlung sollten später in Gibraltar aus einer speziellen Legierung neu gefertigt werden.

Mühsam, ohne den Motor zu starten, setzte ich die Fahrt bei ständigem Gegenwind an der spanischen Küste fort. Ein beschwerlicher Start! Das Boot selbst aber war eine einzige Freude: hervorragende Segeleigenschaften, eine gelungene Glasfiberkonstruktion. Darauf durfte Stöberl stolz sein.

Ich konnte bedeutend mehr Lebensmittel, vor allem Konserven, stauen und genoss es, meine Kleidung in einem Spind aufhängen zu können. Die kleine Toilette empfand ich als echten Luxus, und bei rauer See verkroch ich mich gerne dorthin, weil ich nicht weit stürzen konnte. Überhaupt bewährte sich die Solveig III ganz hervorragend. Das schlanke Boot lief gut am Wind und gehorchte auch der Selbststeuerung wesentlich besser als die kleine »Caprice«. Es hielt den Kurs viele Stunden lang, ohne dass ich die Pinne berühren musste. In Gibraltar fand ich endlich eine gute Werkstatt mit Spezialisten, die den Auspuff endgültig in Ordnung brachten.

Ich durchquerte die Straße von Gibraltar zeitweise mit Motor und daher ohne Mühe und konnte bereits im Oktober wieder im Hafen von Las Palmas ankern. Diesmal waren bedeutend mehr Yachten in Wartestellung, an die hundert Boote lagen vor dem Klubhaus. Auch sonst hatte sich viel verändert. Der meiste Platz wurde von koreanischen Trawlern beansprucht, die zudem von früh bis spät ihre asiatische Musik mit riesigen Lautsprechern extrem laut über den Hafen dröhnen ließen.

Auf dem Suwarow-Atoll fand ich den Robinson unserer Zeit: Tom Neale.

Die Doppelfock ist die klassische Besegelung im Passat – keine Elektronik war notwendig, die es im Übrigen auch noch gar nicht gab (rechte Seite).

Ich fühlte mich nun schon als »alter Hase« und so war der Start nicht mehr so aufregend. Ich wusste, dass ich mich auf den Passat und auf mein Boot verlassen konnte. So brauchte ich diesmal für die Überquerung des Ozeans nur 27 Tage, denn die Solveig III schaffte jeden Tag rund hundert Seemeilen. Nur nach den ersten Tagen und kaum Schlaf in den Nächten bekam ich wieder eine Krise, die ich aber diesmal schneller überwinden konnte. Segeln unter Selbststeuerung war zur Routine geworden, nur die Nächte waren oft endlos lang und beklemmend, besonders bei starkem Wind. Dann lag ich auf meiner Koje, zählte die Stunden und hoffte auf das erste Tageslicht.

So empfand ich jeden Sonnenaufgang, jeden Tag, den ich erleben durfte, als ein Geschenk und nahm mir vor, diese Lebenseinstellung auch später an Land beizubehalten. Am 21. Dezember kreuzte ich den Wendekreis, zum zweiten Mal

war ich in den Tropen! Und wieder begannen die Regenschauer mit harten Böen. Schwere Gewitter gingen nieder. Die plötzlichen Windstöße belasteten Takelage und Segel aufs Äußerste, denn die Doppelfock ließ sich nicht reffen!
Die Karibik-Inseln hatten den Zauber ihrer Landschaft und ihre herrlichen Strände zwar bewahrt, waren aber nicht mehr das Paradies von früher. England hatte 1967 einen Teil seiner Inseln in die Unabhängigkeit entlassen, was zu Armut und Unzufriedenheit führte. Die Einheimischen verstanden unter »Freiheit« nur das Eine: nicht mehr arbeiten und von den Besuchern so viel Geld kassieren wie möglich. Schon bei der Einklarierung war die Behandlung oft nicht angenehm. Ich musste für jeden Tag meiner Liegezeit eine »Gebühr für die Landschaft« bezahlen, wie mir der Hafenbeamte erklärte.
Vier Monate kreuzte ich durch die Antillen, genoss ganz besonders die französischen Inseln, und das zauberhafte Curaçao, Aruba und Bonaire, die zu Holland gehörten. Hier herrschte Ordnung und Sauberkeit, die großen Hotels glänzten durch erstklassige Restaurants. Essen und Trinken an Land konnte ich mir zwar nicht leisten, aber ich genoss die gepflegte Atmosphäre der Hotelhalle bei einer Tasse Tee.
Von Curaçao aus überquerte ich bei stürmischem Passat unter höchster Nervenanspannung die Karibische See nach Panama. Unter doppelter Sturmfock brauste die SOLVEIG III dahin. Von jedem Wellenberg rutschte sie in ein tiefes Tal, scherte dann zur Seite aus, fing sich wieder und wartete auf den nächsten Schub. Essen zu bereiten oder einen Tee zu kochen, ohne den ich nun mal nicht auskomme, war ein halsbrecherisches Unterfangen.
Gleich in der ersten Nacht zog ich mir eine schwere Verletzung zu. Mit Wucht wurde ich von der Koje geschleudert, flog mit dem Gesicht

Traumstrand in der Südsee (linke Seite).

Ein Motu, kleine Riffinsel eines Atolls. Hier verbrachte der Einsiedler Tom Neale 25 Jahre seines Lebens.

Bei den »Schlamm-Menschen« auf Neuguinea.

in die Pantry und brach mir das Nasenbein. Im Logbuch steht: »Ich blute fürchterlich und weiß nicht mehr, wo ich bin, bis ich einen Lichtschalter greifen kann.«

Pausenlos rasten die Brecher vorbei, Kopfschmerzen und Übelkeit nahmen mir schier den Verstand. Aber es gelang mir, das Ruder unter Kontrolle zu halten. Der Wind trieb das Boot direkt in Richtung Cristobal, der Einfahrt zum Panamakanal. Mein Herz schlug höher. Nach sieben schweren Tagen auf See war es geschafft! Ich stand vor dem berühmtesten und bekanntesten Kanal der Welt, der die beiden großen Ozeane verbindet.

Seit den Überfällen der Piraten im Jemen, der Beschießung durch die griechische Küstenwache auf einem früheren Törn in der Ägäis und der anschließenden Kaperung durch Albaner während der Überfahrt nach Italien war mir klar, dass die Risiken von Überfällen für mich bedeutender waren als die Gefahren der See. Leider blieben sie mir auch jetzt nicht erspart.

In Cristobal musste ich verschiedene Büros aufsuchen, vor allem für die Anmeldungen bei Hafen- und Kanalverwaltung und für die Durchfahrung des Kanals. Deshalb ging ich in die Stadt. Es war mittags und die Straße ziemlich leer. Plötzlich spürte ich, wie sich ein Arm um meinen Hals legte und mir die Kehle abschnürte. Von vorn erhielt ich einen Tritt in den Bauch, stürzte auf das Pflaster und hörte die Rufe: »Money, money, give your money!«

Hände wühlten in meinen Taschen, die Uhr wurde mir abgerissen, Schläge trafen meinen Kopf, und die jungen Kerle traten mir mit Schuhen in den Leib. Plötzlich lag ich allein am Boden. Ich richtete mich auf, die Burschen waren verschwunden. Mein Kopf schmerzte, noch mehr mein Bauch, und ich konnte kaum stehen. Die Uhr war weg – ich besaß nur diese eine –, und ebenso mein Geldbeutel.

Ich sah einen amerikanischen Polizisten, ging auf ihn zu und berichtete von meinem Verlust. »Warum gehen Sie auch auf die panamesische Seite der Straße, die hier die Grenze bildet? Da dürfen wir nicht einschreiten.« Bei den Paname-

sen musste ich eine Meldung vor dem Richter machen, doch das war reines Theater. Niemand suchte die Täter.
Meine Leibschmerzen wurden so schlimm, dass ich mehrere Tage liegend im Boot verbrachte. Eine Uhr musste ich mir neu kaufen, das Bargeld ließ sich nicht wieder beschaffen, denn es gab damals weder Kreditkarten noch verlässliche Verbindungen von Bank zu Bank. Ich ließ mir aus Garmisch zwei Hundert-Dollar-Noten im Brief schicken, um vor dem Auslaufen die nötigsten Lebensmittel besorgen zu können.
Bevor ich mitten in den Pazifik steuerte, wollte ich mir aber einen seit Jahren gehegten Wunsch erfüllen: die Galapagosinseln und ihre sagenhafte Tierwelt zu besuchen.
Es waren – zumindest damals – die außergewöhnlichsten und interessantesten Inseln der

Faszinierendes Erlebnis: Steinzeitkulturen auf Neuguinea (links und unten).

Welt, nicht nur, was die Tiere betraf, die allesamt keine Scheu vor Menschen zeigten und unter extremen Bedingungen lebten. Es waren ebenso die Menschen, die dort hausten, und ihre merkwürdigen Schicksale, die den Galapagos das Bild »verwunschener« oder, wie manche der Bewohner auch sagten, »verwünschter« Inseln gaben.
Der Archipel bietet Menschen nur sehr beschränkte Lebensmöglichkeiten, und deshalb blieb er auch für Jahrhunderte unbewohnt. Es gab dort nichts, keine Straßen, keine Fahrzeuge, nicht einmal Wege. Die wenigen Siedler, die in den 1920er- und 1930er-Jahren dorthin gelockt wurden – mit dem Versprechen, kostenlos Land nehmen zu dürfen –, mussten sich ihre Hütten selber bauen, ihr Vieh selbst züchten und ihr Gemüse selbst anbauen. Dazu das mörderische Klima! Die Inseln liegen genau auf dem Äquator, haben aber kaum Regen und nicht einmal warmes Meerwasser. Der kalte Humboldtstrom, der von Südamerika heranfließt, bringt Tiere der Antarktis wie Pinguine und Seelöwen an die Küste der öden Felshaufen. Alle Versuche einer Besiedlung scheiterten, selbst Gefangenenlager wurden wieder aufgelöst, nachdem es zu blutigen Kämpfen gekommen war.
Als Alleinsegler auf meinem Schiffchen vom Chiemsee konnte ich mich aber trefflich mit den

Sturm am Kap der Stürme – dem Kap der Guten Hoffnung (folgende Doppelseite).

Nach der Umrundung des Kaps: großes Aufräumen in Kapstadt.

ausgefallenen Charakteren, die auf den Inseln ohne feste Verbindung zur übrigen Welt lebten, verständigen. Dadurch wurden die Galapagos für mich zu einer der ganz großen Sensationen, die ich auf meiner Weltumsegelung erleben sollte. Das Besondere an meiner Zeit auf den weltbekannten Inseln war wohl auch, dass man sich damals als Segler noch völlig frei bewegen und so lange bleiben durfte, wie man wollte. Es gab keine Kontrollen, keine Gebühren und keine Verbindung zur übrigen Welt.

Mehrere Wochen verbrachte ich dort, reinigte und überholte mein Boot und führte Reparaturen aus. Dabei halfen mir die Brüder Angermeier aus Hamburg, die hier seit den 1930er-Jahren eine neue Heimat – oder die Hölle, wie einer von ihnen meinte – gefunden hatten.

Fotografieren und filmen konnte ich nach Herzenslust. Ich lernte die damals noch rüstige Frau Wittmer aus Köln kennen, die zusammen mit ihrem verstorbenen Mann im Mittelpunkt dramatischer Geschehnisse und Verbrechen gestanden hatte. Ich traf auch eine andere deutsche Siedlerfamilie und ließ mir fasziniert von den Hintergründen der verschiedenen Schicksale berichten. So gehörte ich zu den wenigen Eingeweihten, die mehr über die Vorgänge auf den Inseln erfuhren, als in Büchern zu lesen war.

Das Leben unter den freundlichen Tieren, die zum Teil sogar in mein Boot kamen, wurde zudem ein einmaliger, unwiederholbarer Höhepunkt meiner Weltumsegelung und damit auch meiner Filmdokumentation.

Es fiel mir schwer, von den verzauberten Inseln Abschied zu nehmen. Doch es musste sein. Jahreszeiten und Winde hängen zusammen und diese Zeiten muss man beachten, wenn man mit einem kleinen Boot über die großen Meere segeln will. Vor mir lag jetzt in schier unendlicher Ausdehnung der Pazifische Ozean. Seine Fläche ist größer als die aller Kontinente zusammen. Ich nahm Kurs auf Tahiti, was 3800 Seemeilen Überfahrt bedeutete. Auf der anderen Seite des großen Wassers lockten die Trauminseln Polynesiens und versprachen neue Höhepunkte. Mit 45 bis 50 Tagen auf See musste ich rechnen. Der Passat blieb mir treu, wenn der Wind auch nicht stets von achtern wehte wie im Atlantik. Nur selten konnte ich deshalb die Doppelfock setzen, fast immer nahm ich mein etwas verkleinertes Groß, welches ich mir eigens für die Weltumsegelung hatte anfertigen lassen. Dazu kam die normale, die kleine Fock.

Ich hatte viel zu tun mit der Zubereitung von Mahlzeiten und der Navigation; daneben hörte

Der durch Elektrolyse völlig verrostete Dieselmotor wurde in Kapstadt repariert.

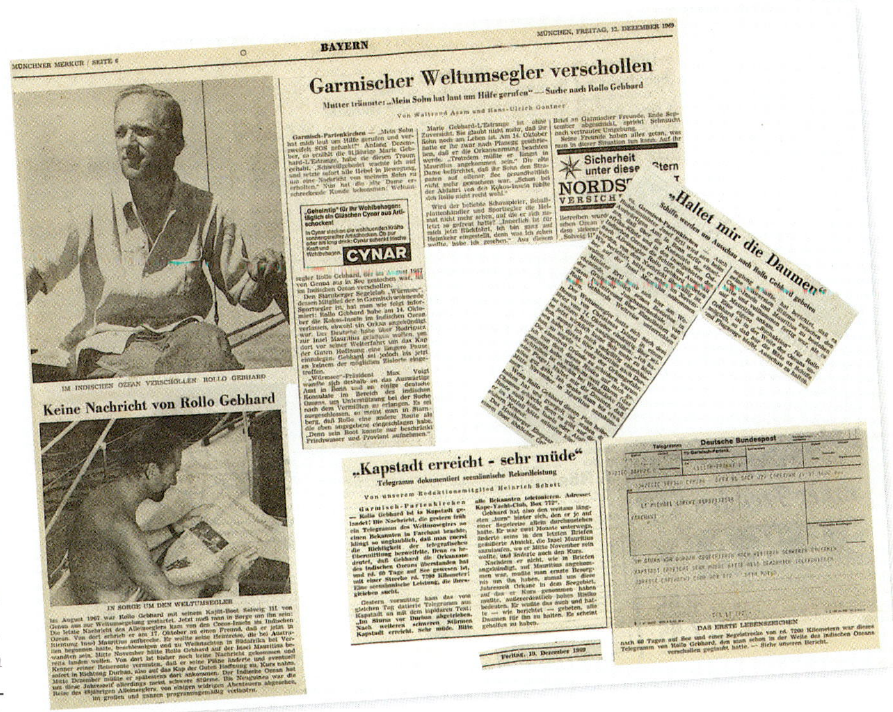

Zwischen Durban und Kapstadt, vor dem berüchtigten Kap der Guten Hoffnung, geriet ich in starken Gegenwind und Stürme, galt in Deutschland sogar als verschollen.

ich Radio oder las ein Buch. Segel und Takelage erforderten ständige Kontrolle. Täglich befühlte ich die extrem gespannten Schoten und sah nach den Schäkeln, die durch die ständige Bewegung im Seegang über jedes normale Maß hinaus belastet wurden. Seit Beginn der großen Fahrt hatte ich mir vorgenommen, auch mein Leben an Bord wenn möglich mit der Filmkamera festzuhalten, hatte aber anfangs den damit verbundenen Arbeitsaufwand unterschätzt: Kamera, Stativ und Fernauslöser aus den Koffern holen, eines nach dem anderen an Deck oder in der Kajüte montieren, danach die eigenen Bewegungen ausprobieren, die ich aufnehmen wollte, die richtigen Ausschnitte festlegen und schließlich die Aufnahmen per Fernauslösung beginnen. Das bedeutete eine Stunde Arbeit für eine halbe Minute Film – wenn alles gut ging. Am Ende war ich dann der erste Alleinsegler, dem es gelungen war, den Ablauf und die Erlebnisse einer Weltumsegelung im Film festzuhalten.

Nach 37 Tagen auf See tauchten die Umrisse von Tahiti im Morgendunst auf, und am nächsten Morgen steuerte ich vorsichtig zwischen gut markierten Riffen in den inneren Hafen von Papeete. Eine der angenehmsten, glücklichsten Überfahrten meines Lebens lag hinter mir.

Auf Tahiti waren damals noch keine modernen Bauten hochgezogen worden. Nur das Gebäude der Post war ein Neubau. Im Park daneben standen die Krupp-Kanonen von Graf Luckners Seeadler, und an der großartig angelegten Uferstraße fand man noch den alten, weltberühmten Tanzpalast »Quinn's«, in dem sich schon Gauguin als Stammgast vergnügt hatte.

Die französischen Behörden verstanden sich ausgezeichnet mit den polynesischen Menschen, deshalb herrschte Harmonie in Verwaltung und Regierung. Noch immer wurde der Verkehr zu den Nachbarinseln mit den romantischen alten Schonern aufrechterhalten, die zwar mit Motor liefen, aber auch Segel trugen.

Die Atmosphäre war einmalig, und die Franzosen sorgten durch äußerst strenge Einwanderungsgesetze dafür, dass Tahiti das Paradies blieb, das es seit den Zeiten von Kapitän Cook über so viele Jahre gewesen war.

Am 30. Oktober 1968 war ich in Papeete angekommen und hatte die Monate November bis März, die so genannte schlechte Jahreszeit, in der Hauptstadt Polynesiens verbracht. Wenn es auch gelegentlich starke Regenfälle gab und die Hitze oft unerträglich schien, so genoss ich doch jeden Tag. Und wenn es je eine Frage gewesen wäre, ob sich der enorme Aufwand und die Risiken einer Weltumsegelung gelohnt haben, so wären die Tage auf Tahiti Grund genug gewesen, die Frage deutlich zu bejahren.

Meine wichtigste selbst gestellte Aufgabe während dieses dreijährigen Abenteuers war jedoch ein Besuch bei Tom Neale, dem weltbekannten Robinson der Südsee. Ich hatte sein Buch gelesen und war begeistert von der Lebenseinstellung

Auch vor Helgoland traf ich noch hohen Seegang und Windstärke 6–7 an. Die Aufnahme des »Inselfotografen« entstand kurz vor der Hafeneinfahrt.

dieses Mannes, von seinen Fähigkeiten und seiner Bescheidenheit. Ich legte meine Route von Anfang an so fest, dass ich die winzige Insel von Tom, das Atoll Suwarow, ansteuern konnte.
Seit rund 20 Jahren lebte der Einsiedler auf dem nur 800 m langen und 200 m breiten Eiland, hunderte Seemeilen von der nächsten bewohnten Insel entfernt. Nur zweimal im Jahr kam ein Schoner mit Lebensmitteln zu ihm.

Nach meinem Abschied von Tahiti und einem kurzen Aufenthalt auf dem nahen Bora Bora wollte ich Suwarow ansteuern. Wind und Seegang blieben erträglich, schwierig war in diesem Fall nur die Navigation. Das Atoll ragt nur etwa zwei bis drei Meter über den Spiegel der See hinaus. Hinzu kamen die Palmen, deren Wipfel man aus einiger Entfernung erkennen konnte. Mehr nicht.
Nun war es mit den Sextantwinkeln der Sonne, gemessen von einem kleinen Boot aus, doch so, dass selbst genaue Berechnungen immer noch eine Fehldistanz von etwa 10 bis 15 Seemeilen zuließen. Aus solcher Entfernung konnte man aber die kleine Insel nicht erkennen. Verschiedene Strandungen von Fischdampfern auf dem Riff waren der Beweis. Während der Annähe-

rung machte ich eine Messung nach der anderen und stellte jeweils neue Berechnungen an. Groß war dann meine Erleichterung und ebenso die Aufregung, als der grüne Streifen von Suwarow endlich sichtbar wurde.
Mir war richtig feierlich zumute, als ich in der Lagune ankerte und Tom in seinem kleinen Kanu auf mich zukam. Fast stockte mir der Atem! Das war einer jener Augenblicke, die Bedeutung für mein ganzes Leben behielten.
Da saß dieser rüstige 70er, dessen Buch in 27 Sprachen übersetzt worden war und den zu kennen oder gesehen zu haben nur wenige Menschen sich rühmen konnten, in seiner Badehose auf der schmalen Bank des Kanus und blickte kaum zu mir herüber. Besucher empfand er grundsätzlich als Störung im Frieden seiner Einsamkeit. Doch nach einigen Tagen wurden wir Freunde, und ich lernte von ihm eine Menge über die Südsee-Inseln und ihre Bewohner. Er hatte Zufriedenheit, vielleicht sogar eine seltsame Art von Glück gefunden.
Noch einmal, ein paar Jahre später auf meiner zweiten Weltumsegelung, sollte ich Gelegenheit haben, mit ihm über unser Dasein zu philosophieren. Kurze Zeit später ist Tom dann leider in einem Krankenhaus auf Rarotonga gestorben.
Man kann sich kaum einen größeren Gegensatz vorstellen als das Leben des Mannes, der einen Weg zur Harmonie mit der Natur suchte, und meinem anschließenden Besuch bei den Steinzeitmenschen von Neuguinea.
Diese lebten seit Jahrtausenden in vollkommener Harmonie mit der Natur und wurden von Geschäftemachern gezwungen, sich mehr und mehr

Auf mich wartete in Cuxhaven der von meinem Filmproduzenten Heinz Bibo vorbereitete Empfang. An der Steuerbord-Saling sind die Stander von »Trans-Ozean« und des »S.C.W. Starnberg« gesetzt.

Begrüßung durch Helgolands Bürgermeister Rickmers (rechts oben).

Hurra! Meine Weltumsegelung ist vollendet.

Im Trans-Ocean Club in Cuxhaven: Neben mir Claus Hehner, erfolgreicher Teilnehmer an mehreren Ozean-Regatten. Auch Dr. Hannes Lindemann, mein großes Vorbild, war erschienen.

HANSESTADT HAMBURG

Montag, 27. Juli 1970 – Nr. 171 – DIE WELT – Seite 11 – H

Wie eine Nußschale wirkte das 7,25 Meter lange und 2,25 Meter breite Boot selbst auf der Elbe noch

Fotos: Conti-Press

Großer Empfang im Wedeler Jachthafen

Erfahrene Segler bezeugten Rollo Gebhard ihren Respekt

Mit dem Geheul der Nebelhörner der im Jachthafen liegenden Boote, mit Böllerschüssen und Leuchtsignalen wurde gestern in Wedel der 49 Jahre alte Weltumsegler Rollo Gebhard begrüßt. Nach dreijähriger Reise über 40 000 Seemeilen interpretierte der aus Garmisch-Partenkirchen stammende Gebhard auf seine Weise den Begriff vom Einhandsegeln. Unter dem gerefften Großsegel lief sein 7,40 Meter langer Kunststoffkreuzer „Solveig III" in die Hafeneinfahrt, von Gebhard im Stehen lässig mit der linken Hand gesteuert, während er lachend mit der rechten winkte.

Allein, die Fahrt vor dem steifen achterlichen Wind in das Hafenbecken war für das Begrüßungskomitee von Seglern und Offiziellen inszeniert, denn den letzten Teil des Törns um den Erdball hatte Rollo Gebhard im Schlepp einer Motorjacht die Elbe stromaufwärts hinter sich gebracht.

Der gebürtige Dresdner, der in seiner Wahlheimat Bayern durch den Verkauf von Schallplatten für seine Einhand-Weltumseglung dazuverdiente, erinnerte bei seiner Ankunft in Wedel eher an einen Heiligenschnitzer als an einen Wikinger: Das lange Haar war aus dem schmalen Gesicht nach hinten gekämmt, der Vollbart war nicht trutzig genug.

An seiner großartigen Leistung ändert das allerdings nichts. Erfahrene Segler, die schon manchen Sturm abgeritten haben, drückten ihm respektvoll die Hand. Sie applaudierten, als er auf dem Bootssteg an ihnen vorüberging, und gleich neunmal begrüßten sie ihn mit kräftigen „Hipphipphurra".

Seltene Auszeichnung

Ausdruck des Respektes vor der Leistung des „Wikinger aus Bayern", wie Gebhard noch vor seiner Ankunft auf Helgoland getauft wurde, ist die goldene Ehrenplakette der Kreuzer-Abteilung des Deutschen Segler-Verbandes, die Hans-Otto Schümann gestern bei der offiziellen Begrüßung auf dem gleichen Rasenstück überreichte, auf dem vor drei Jahren das Hamburger Weltumsegler-Ehepaar Koch empfangen worden war. Diese Ehrenplakette wird für Gebhard auch das wertvollste Präsent sein; sie wird nur selten verliehen.

„Is dös a Freid"

Geschenke und herzliche Reden gab es für Gebhard schon viele, seit er auf Helgoland zum ersten Male einen deutschen Hafen anlief. Gestern nachmittag in Wedel waren es gleich sieben Begrüßungsansprachen. Zum zweitenmal empfangen wurde er vom Bürgermeister von Garmisch-Partenkirchen, Schumpp. In Wedel sprach er sehr offiziell und hochdeutsch, in Cuxhaven hatte er am Sonnabend laut ausgerufen: „Jo mei, is dös a Freid."

Rollo Gebhard, der von Beruf eigentlich Schauspieler ist, schmiedet schon neue Reisepläne. Er findet es „schade, daß die schöne Zeit vorbei ist", und er sagt in seiner ruhigen Art vor sich hin: „Ich habe mir da schon etwas Neues ausgedacht." Bevor er neue Pläne verwirklicht, wird er für einige Zeit von den Decksplanken auf einen Platz an der Schreibmaschine wechseln. Die Abenteuer seiner Reise will er für eine stattliche Summe einer Illustrierten schildern. dr

Vor der deutschen Küste: Rollo Gebhard (rechts) wird von Freunden begrüßt

Nach 60000 km rund um den Globus:

Auf dem Starnberger See kam der Weltumsegler ins Schwitzen

Weißwürste und Faßbier beim Empfang für Rollo Gebhard

Von ANDREAS RICHTER — tz Starnberg

Durchs Mittelmeer, über den Atlantik, kreuz und quer durch den Pazifik, über den Indischen Ozean, wieder den Atlantik hinauf — und über den Starnberger See: Das ist die atemberaubende Route des Garmischer Allein-Weltumseglers Rollo Gebhard (49). Gestern legte der Seeheld aus Bayern in Starnberg ab zur letzten Etappe seiner Weltumseglung. Kurs: Seeshaupt.

Und es war nicht die einfachste. „Hier ist es zwar nicht ganz so gefährlich wie im Südpazifik, aber dafür nervenaufreibend", meinte der bärtige Garmischer, wischte sich den Schweiß von der Stirn und schaute verzweifelt nach einem Windhauch aus.

Nach den hochoffiziellen Weltumsegler-Empfängen im hohen Norden, wurde Rollo Gebhard in seinem heimatlichen Hafen begrüßt. Bei Weißwürsten und Faßbier waren Max Voigt, Vorsitzender des Yachtclubs Würmsee, Starnbergs Landrat und Bürgermeister ungeheuer stolz auf „ihren" Weltumsegler aus Bayern.

Nach 60 000 Kilometern, die sein nur 7,25 Meter langes „Condor"-Boot durch die Ozeane gepflügt war, legte das Schiff unter „Ahoi"-Rufen und Böllern ab. Das letzte mal bei diesem Riesen-Abenteuer.

Doch diesmal konnte der Einhand-Segler nicht „das befreiende Gefühl" genießen, abzusegeln und „die oft böse und erdrückende Zivilisation" hinter sich zu lassen.

Ein Kuß für den Weltumsegler

Fotos: Pszollo

Rollo Gebhard bekam von Max Voigt (r.) die goldene Ehrennadel des SC Würmsee

JEDER AUF SEINEM GEBIET EIN MEISTER

Kegler-Weltmeister Josef Beck, das Tanz-Weltmeisterpaar Peter und Hanni Neubeck, Oberbürgermeister Dr. Hans-Jochen Vogel, Hochsprungmeisterin und Rekordlerin Karen Mack, Weltumsegler Rollo Gebhard und Schützen-Weltmeister Gottfried Kustermann

DIE Yacht NR. 18

Dreimal großer Hafen für Rollo Gebhard

Die „immerwährenden" Kochs bekamen eine kleine Willkommensfeier in Wedel. Wilfried Erdmann kam völlig unangemeldet, ja man wußte nicht einmal, daß es ihn überhaupt gab.
Rollo Gebhard aber kam uns nie lange aus Sicht, und pünktlich wie ein Liniendampfer kam er heim. Jeder wußte, wann. Wir fuhren ihm dreimal entgegen zum Großen Hafen

Helgoland empfing Rollo Gebhard mit Sonnenschein

Doch auf der Insel stand er unter ständiger Bewachung der „Quick"-Reporter, die sich am Hafen mit den „Sexy"-Reportern stritten, wer hier was zu fotografieren habe

Begeisterte Zeitungsberichte meldeten meine Heimkehr.

Empfänge in Hamburg und später in Garmisch-Partenkirchen machten die Heimkehr vollends zu einem einzigen großen Fest. – Mein Freund Michael Lorenz fuhr mich in seinem Porsche durch die Straßen von Garmisch (rechts).

Die *Solveig III* stand zwei Tage lang vor dem Rathaus von Garmisch-Partenkirchen, und die Jugend ließ es sich nicht nehmen, das berühmt gewordene Boot eingehend zu bestaunen.

der Zivilisation und ihren Gefahren auszuliefern. Es war für mich erschütternd zu sehen, wie die Papuas, die aus ihrem Wesen und ihrer Seele heraus wunderbare Kunstwerke schafften, ihr Gefühl für Kunst völlig verloren, wenn sie mit Massenware aus Europa konfrontiert wurden. Ein Beispiel dafür war die Verwendung von Kronenverschlüssen der Bierflaschen anstelle von kunstvoll bearbeiteten Muscheln als Kopfschmuck.

Dagegen war Nacktheit für die Bewohner der riesigen Urwälder eine Selbstverständlichkeit, während Nacktheit für uns als körperliche und sinnliche Herausforderung empfunden wird. Dass bei so fundamentalen Unterschieden der Lebensbetrachtung bei mir tiefes Mitleid mit diesen Menschen entstand, versteht sich von selbst. Ähnliche Empfindungen hatten schon einige der ersten Entdecker gehabt, wie Kapitän Cook und sein deutscher Wissenschaftler Georg Forster, die meinten, es wäre vielleicht besser für die Menschen der Südsee gewesen, nicht »entdeckt« zu werden. Solche Gedanken über die Vergänglichkeit unserer Errungenschaften nahm ich mit auf die nun folgende, bis dahin längste und gefährlichste Ozeanpassage meines Lebens.

Schon in der Torres-Straße und vor den Küsten Neuguineas geriet ich an die Grenzen meiner Kraft. Der Passat erreichte hier erstmals Sturmstärke, vielleicht weil er sich mit dem Monsunwind verbanden, in dessen Bereich ich hineinsteuerte.

Nur bruchstückhaft konnte ich in meinem Radio auf Kurzwelle die Berichte von der ersten Mondlandung hören, da die Verständlichkeit durch das Donnern und Rauschen der See gegen den Bootskörper stark beeinträchtigt war.

Auch hatte ich Sorgen mit meinem Motor. Beim Bau des Bootes war wie für den Auspuff auch für den Verstellpropeller kein geeignetes Material verwendet worden. Es ging nichts mehr! Keine Umdrehung der Schraube und daher auch keine Umdrehung des Motors. Also auch keine Lichtmaschine zum Nachladen der einen – ohnehin viel zu schwachen – Batterie.

Für die Beleuchtung der Kajüte hatte ich auch bisher Petroleumlampen eingesetzt, und auf die Navigationsbeleuchtung konnte ich verzichten. Eine Reparatur des Motors und des Antriebs war jedoch zu meinem Schrecken in Neuguinea nicht möglich. Mit klopfendem Herzen und Gedanken über diese Überfahrt begann ich die 120 Tage lange Passage, die mich entgegen meiner Planung nach Kapstadt führen sollte.

Anerkennung von Oberbürgermeister Hans-Jochen Vogel, München (rechte Seite oben links). Widmung von Bundespräsident Gustav Heinemann (rechte Seite oben rechts). Auf der Hanseboot im Gespräch mit dem damaligen Bundesinnenminister Hans-Dietrich Genscher (rechte Seite unten).

Zielhafen war Durban an der Ostküste Südafrikas. Nachdem ich die berüchtigte und navigatorisch außerordentlich schwierige Torres-Straße durchfahren hatte, geriet ich im Indischen Ozean in totale Flaute. Zwei Wochen dauerte die Qual. Die Sonne stand senkrecht über mir, die Hitze war kaum auszuhalten, und der Zeitverlust hatte zur Folge, dass ich auf die geplanten Zwischenstopps auf Christmas Island, Mauritius und Reunion verzichten musste. Ich konnte von diesen Inseln auch nicht, wie angekündigt, Briefe an meine Freunde und meine Mutter senden. Keinesfalls durfte ich nämlich in die Orkanzeit hineingeraten, die Anfang Dezember beginnt. Ich entschloss mich deshalb, Durban direkt anzusteuern.

So lange war ich noch nie allein auf See gewesen. Ich geriet dieses eine Mal auch seelisch aus dem Gleichgewicht. Über 100 Tage nur Wasser und Himmel!

Ich fing an, die Politiker, aber auch die Sprecher der Nachrichtensender zu hassen, sah sie nur noch als nutzlose Verkünder einer hilflosen Politik. Kopfschmerzen und Zahnweh belasteten meinen Körper. Doch endlich, am Abend des 30. November, es war der 1. Advent, erkannte ich am Horizont das Leuchtfeuer von Durban. Geschafft!

Doch dann geschah das Unfassbare: Der Wind schlief ein, und ich wurde vom Agulhas-Strom nach Süden abgetrieben. Jetzt hätte ich dringend den Motor gebraucht, um die wenigen Meilen zur Hafeneinfahrt zurückzulegen, aber er ließ sich nicht starten. Die Batterie war leer, ich konnte in der Nacht keine Lichter führen! Am nächsten Tag trieb mich stürmischer Nordwind noch weiter nach Süden.

Nach zwei Tagen brachte mich ein kräftiger Südwind nochmals vor die Hafeneinfahrt von Durban, doch bald setzte der Wind wieder aus, und unhaltbar, gnadenlos trieb SOLVEIG III nochmals nach Süden. Das Spiel wiederholte sich noch ein drittes Mal, dann musste ich Durban aufgeben, denn Lebensmittel und Wasser wurden knapp. Bis Kapstadt aber benötigte ich noch Vorräte für drei Wochen.

Es wurde eine Angst- und Schreckensfahrt. Sturm folgte auf Sturm, selbst große 100 000-Tonnen-Tanker kamen in Schwierigkeiten, das hörte ich später in Kapstadt. Ein Fischtrawler strandete vor der Küste, in nur wenigen Metern Abstand zum Felsufer, aber niemand konnte gerettet werden. Als ich am 17. Dezember an der Pier des Royal Cape Yacht Club festmachte, erfuhr ich, dass man mich in Deutschland für verschollen hielt. Später las ich in den Zeitungen die Nachrufe.

Meine Ankunft wurde umgehend an die deutsche Botschaft in Johannesburg gemeldet, und am nächsten Tag erschien ein Legationsrat Frömbling, der eigens angereist war, um meine Identität zu prüfen.

Erst danach war ich offiziell wieder am Leben. Fast alle deutschen Zeitungen berichteten über meine glückliche Ankunft, und ich erhielt viele Briefe von Freunden aus der Heimat. Auch Heinz Bibo meldete sich und bat, ich solle ihm Gelegenheit geben, meine Filme anzusehen, die bei meinem Freund Michael in Garmisch lagerten. Der Royal Cape Yacht Club und seine Mitglieder bemühten sich rührend um mein Wohl und ließen mir jede erdenkliche Hilfe zukommen. Es war wunderbar, so aufgenommen zu werden. Nur das Zahnweh machte mir zu schaffen. Die Schmerzen zwangen mich, die vielen schönen Einladungen abzulehnen. Sogar einen Onkel von Carlowitz, einen Verwandten meiner Mutter aus Sachsen, lernte ich kennen. Er wollte mir sein Weingut zeigen, mich sogar auf eine Reise nach Mozambique in den größten Naturpark der Welt mitnehmen – aber ich musste auf alles verzichten. Ich konnte weder sitzen noch stehen, bis der Zahn nach Weihnachten endlich gezogen wurde. Am 25. Februar verließ ich den Hafen von Kap-

stadt. Die Deutsche Schule mit Schülern und Lehrern bildete Spalier auf der großen Hafenmauer. Eine Musikkapelle war erschienen. Es wurde ein großer Abschied! Die letzte Etappe meiner Fahrt lag nun vor mir: 3000 Seemeilen bis zum Äquator, dann nochmals 6000 Seemeilen bis zur Insel Madeira.

Von dort begann ich am 17. Juni die Überfahrt nach England. Danach Kurs Heimat! Auf Helgoland, in Cuxhaven und in Wedel bei Hamburg bereiteten mir die deutschen Segler einen Empfang, den ich nie vergessen werde. Niemals hat es später so etwas wieder gegeben. Es war ein überwältigendes Fest, eine Begrüßung durch hundert Yachten. Das ZDF, das meine Filme bereits gekauft hatte, berichtete über die Ankunft in der »Heute«-Sendung.

Auch am Starnberger See und in Garmisch-Partenkirchen wurde ich enthusiastisch begrüßt. Hans Kilian, der Vorsitzende des Olympischen Komitees in Garmisch, veranstaltete einen Empfang, und ich erhielt eine hohe Auszeichnung.

Einige Jahre blieb ich an Land und versuchte zunächst – ohne Erfolg – meinen Laden in Garmisch zu retten. Die Angestellten hatten das Geschäft mit höheren Schulden belastet, als mich die gesamte Weltumsegelung gekostet hatte. Ich musste verkaufen! Vor allem auch mein Haus, um die Schulden zu bezahlen. Das tat weh, aber ich wurde dadurch auch frei, meine Zukunft neu zu gestalten und mich von materiellen Werten zu lösen.

Das Boot, die Solveig III und eine gesunde finanzielle Reserve aus dem Erlös des Hauses waren die Grundlagen für einen neuen Lebensabschnitt.

Die Ankündigung der Bibo-Film KG: Einhand-Weltumsegelung erstmals im Fernsehen. Die Sehbeteiligung betrug damals 47 % (links oben).

Ehrenurkunde des Landkreises Garmisch-Partenkirchen, gez. von Landrat Nau (oben).

Bildbericht der »Quick« über die Weltumsegelung (links unten).

Freunde über Rollo Gebhard

Heinz Bibo

In meinem Berufsleben als Film- und Fernsehproduzent habe ich mit vielen bedeutenden Menschen zusammenarbeiten dürfen, Großen wie Federico Fellini, Marcello Mastroianni, Klaus-Maria Brandauer, Martin Sheen, Armin Müller-Stahl, Harald Juhnke u. a., die durch ihre Persönlichkeit und Leistung ein weltweites Publikum faszinieren und die ich bewundere...
Der Weltumsegler Rollo Gebhard ist auch einer der Großen und zur Legende in der Geschichte des deutschen Segelsports geworden. Mit seinen außergewöhnlichen Einhandreisen in einem kleinen Boot ist er der erste Weltumsegler, der es unternahm, dieses Abenteuer zu filmen. Ich bin stolz, diesem mutigen Mann begegnet zu sein und mit ihm das Abenteuer Weltumsegelung erstmals im Fernsehen einer breiten Öffentlichkeit vermittelt zu haben. Und das kam so...
Wir schreiben das Jahr 1966. Wir sind eine Seglerfamilie (39/40) mit 2 Jungen (8 und 18)

Filmproduzent Heinz Bibo und Rollo Gebhard anlässlich eines Empfangs in Hamburg.

Deutsch-amerikanische Feierstunde am Grab der großen Segelfliegerin Hanna Reitsch in der Rhön. In der Mitte Hessens Ministerpräsident Oswald. Unter den Ehrengästen Neil Armstrong, der erste Mann auf dem Mond, und Rollo Gebhard. Armstrong zu Rollo: »Niemals würde ich es wagen, in einem so kleinen Boot um die Welt zu segeln!«

und hatten gerade unsere neue Kiel-Segelyacht übernommen, eine CONDOR 7,25 mit der Baunummer 35, gebaut von dem renommierten Konstrukteur Helmut Stöberl, der als erster deutscher Bootsbauer die optimalen Rumpflinien revolutionär per Computer errechnete. Diese unglaublich stabile und schnelle kleine Segelyacht sollte noch Aufsehen erregen.

Wir kamen gerade von unserem ersten großen Mittelmeertörn zurück, als mich Helmut Stöberl anrief und mir von Rollo Gebhard und seinem wagemutigen Projekt Einhand-Weltumsegelung erzählte. »Ich baue für ihn eine CONDOR. Wollen Sie ihn nicht kennen lernen?« Ich wollte.

Ich war beeindruckt von Rollos Unternehmungsgeist und Mut, der schon mit einer kenterbaren Hansa-Jolle das Rote Meer und mit einem nur 5,60 m kleinen englischen Segelkreuzer eine Einhand-Atlantik-Überquerung geschafft hatte. Ich glaubte an diesen Mann und seine Pläne. Wir vereinbarten, seine erste Allein-Weltumsegelung fürs Fernsehen zu verfilmen. Stöberl baute Rollo seine 7,25 m-CONDOR Nr. 77 mit der alten runden Heckform. Rollos Reise begann 1967.

Mein Plan, ihm 16-mm-Film-Kameras zum Dreh an Bord mitzugeben und in den wichtigsten Häfen von ARD-Teams Storys mit ihm drehen zu lassen, war nicht realisierbar. Der bei der ARD für den deutschen Segelsport zuständige NDR lehnte ab. Man meinte, bis Rollo Gebhard nach drei Jahren zurück sei, wären die ersten Menschen auf dem Mond gelandet, und da sei Weltumsegelung »kein interessantes Thema mehr«. Ein Trugschluss! Übrigens, die Wege Rollos und der Astronauten sollten sich noch kreuzen.

So musste auf Super-8 mm-Format zurückgegriffen werden, das damals aber noch nicht im Fernsehen gesendet werden konnte. Ich war sicher, eine technische Lösung zu finden, bis Rollo heimkehren würde. Ich blieb mit ihm in Kontakt, und als er nach drei Jahren St. Helena erreicht hatte, kabelte er mir seine Ankunft in Madeira. Wir flogen ihm entgegen und drehten dort alle Szenen vom Boot für die zweiteilige ZDF-Produktion – professionell im 16-mm-Format. Seine Ankunft und der Empfang in Cuxhaven und Hamburg waren triumphal. Die beiden ZDF-Sendungen von der Weltumsegelung wurden zu einem überwältigenden Medienereignis mit 47% Zuschauer-Quoten und zum »Telesieger der sechsten TV-Woche 1971«.

Ich könnte über viele Episoden mit Rollo berichten. In lebendigster Erinnerung aber bleibt mir seine Begegnung mit Neil Armstrong kurz nach der Rückkehr in Deutschland. Als Armstrong auf dem Mond landete, schwamm Rollo noch in seiner Nussschale auf dem Pazifik ein paar hundert Meilen von Neuguinea entfernt. In seinem Weltempfänger verfolgte er aufgeregt die Live-Übertragung der Landung des ersten Menschen auf dem Mond und träumte nicht einmal davon,

Original-Signatur von Neil Armstrong. Rollo Gebhard begegnete ihm noch ein zweites Mal, anlässlich einer IBM-Veranstaltung in Stockholm, zu der beide eingeladen waren.

diesem Menschen eines Tages die Hand zu schütteln.
Zwei Jahre später: Neil Armstrong besucht Hessen, der Ministerpräsident lädt mich zu einem Empfang ein. Unter den Ehrengästen ist Rollo Gebhard. Als Astronaut und Weltumsegler sich begrüßen, fasst Armstrong an seine Stirn und sagt nachdenklich: »Niemals würde ich es wagen, in einem so kleinen Boot die Welt zu umsegeln. Das ist mir viel zu gefährlich!« Rollo stutzt einen Augenblick und erwidert lächelnd: »Niemals würde ich es wagen, mich in einer solchen Kapsel auf den Mond schießen zu lassen.« Zwei Menschen der Zeitgeschichte, wie sie gegensätzlicher kaum sein könnten, bezeugten ihren tief empfundenen Respekt voreinander. Ich denke, eine größere Anerkennung aus berufenem Munde für die Leistungen des deutschen Weltumseglers Rollo Gebhard ist kaum denkbar.
Rollo Gebhard hat wie kein anderer vor ihm die Träume und Sehnsüchte eines Millionenpublikums angeregt, das aus beruflichen, familiären oder finanziellen Gründen nicht aus starren Alltagspflichten aussteigen und Brücken hinter sich abbrechen kann …
Wir sind alte Freunde geworden, Rollos erste Weltreise hatte im Rüdesheimer Yachtklub ihren Ursprung, er hat seine dritte Weltumsegelung dort beendet und ist Ehrenmitglied unseres RYC. Wir sind alle stolz auf unser großes Vorbild …

Heinz Bibo
Rüdesheim, im April 2005

Der Wendepunkt: mit Angelika um die Welt

Mein erstes Buch »Ein Mann und sein Boot« schilderte meine zweite Weltumsegelung.

Jahrelang hatte mich Angelika auf meinen Vortragsreisen begleitet. Dabei wurde ihr Wunsch, auch eine Weltumsegelung zu erleben, so stark, dass wir ein größeres Boot suchten und auf »Große Fahrt« gingen. – Angelika in der Cooks Bay auf Moorea. Die jungen Frauen auf Moorea tragen jeden Abend nach Sonnenuntergang einen Blütenkranz im Haar. Ich brachte einen besonders hübschen Kranz für Angelika an Bord (rechte Seite).

»Unter Segeln um die Welt« hieß mein Fernsehfilm, der von ZDF und ORF mehrmals gesendet wurde und bei der ersten Ausstrahlung eine Einschaltquote von 50 % erreichte! Die SOLVEIG III und unsere Erlebnisse wurden dadurch Millionen von Menschen bekannt! Das brave Boot stand danach im Hof der Werft Rambeck in Starnberg. Dort, das wusste ich, konnte sie vollständig überholt und die Ausrüstung verbessert werden. Die Kosten dafür würde ich aus dem Erlös meines Hauses aufbringen. Und noch eine positive Seite des Verkaufs: Nach Rückzahlung der Schulden blieb genug übrig, um eine zweite Weltumsegelung zu finanzieren.

Während meiner Vortragsreisen hatte ich anlässlich einer Veranstaltung für die VHS Gmund am Tegernsee eine junge Frau kennen gelernt. Sie war damals noch Schülerin und war auf Veranlassung und in Begleitung ihrer Großmutter in die Veranstaltung des Weltumseglers gekommen. Sie saß in einer der ersten Reihen neben dem Projektor, also in meiner unmittelbaren Nähe. Während meines Vortrags sah ich in ihre wunderbaren Augen, und es war ohne Zweifel die berühmte »Liebe auf den ersten Blick«! Deutlich konnte ich erkennen, dass sie sich intensiv für meine Segelabenteuer interessierte. Am Ende der Filmvorführung sprach ich sie an und gab ihr meine Anschrift. Dabei war ich mir im Klaren, dass der Altersunterschied eine engere Freundschaft keinesfalls zulassen würde. Dennoch erhielt ich einen kurzen Brief von ihr, und wir verabredeten uns zum ersten Mal. Da mich meine Vortragsreisen auch nach Oberbayern führten, trafen wir uns von Zeit zu Zeit wieder.

Weder Angelika Zilcher, so hieß die bildhübsche Schülerin, noch ich selbst wollten unsere seltenen Kontakte völlig abbrechen lassen. Dazu waren unsere Gefühle bereits zu stark geworden. Warum auch? Wir unterhielten uns sehr harmonisch und fühlten diese schwer zu beschreibende Sehnsucht, einander näher zu kommen. Natürlich bestanden keinerlei Verpflichtungen, und als ich vier Jahre später eine zweite Weltumsegelung begann, hatten wir nicht einmal Gelegenheit zu einem Lebewohl.

Noch einmal segelte ich allein über die Meere der Welt, denn ich hatte inzwischen von vielen Inseln und Völkern erfahren, die ich nicht kannte, deren Menschen und ihre Geheimnisse mich aber besonders beschäftigten. Ich wollte meine Erfahrungen, speziell im Inselreich des Pazifischen Ozeans, erweitern und vervollkommnen.

Außerdem hatte ich in Garmisch nach dem Verkauf meines Hauses und des Geschäfts keine Verpflichtungen mehr, konnte mich also sehr leicht lösen und zur SOLVEIG III zurückkehren, die ich inzwischen als mein Heim empfand.

Während dieser Weltumsegelung blieb ich mit Angelika in Briefkontakt, und noch vor der Heimkehr verabredeten wir uns zu einem Treffen an der Küste Englands. Was aus der nun enger gewordenen Freundschaft einmal werden sollte, wussten wir beide nicht, aber der noch heimliche Wunsch nach einem Zusammenleben entwickelte sich immer stärker.

Auch von dieser zweiten Erdumrundung hatte ich reiches Filmmaterial mitgebracht, das zunächst von meinem Produzenten Heinz Bibo für

Angelika verfasste vom ersten Tag unserer Reise an Fahrtberichte für die Zeitschrift »Journal für die Frau«.

Im Hotelbett ständig aufgewacht. Dachte, ich bin in der schwankenden Koje . . . Am Geburtstag JOURNAL EXKLUSIV springe ich vor Freude ins Wasser

Unser großes Abenteuer – Tagebuch (III.)

New York zum Geburtstag

Geschafft! Nach fünf gefahrvollen Monaten auf See haben der Weltumsegler Rollo Gebhard (62) und die Lehrerin Angelika Zilcher die amerikanische Ostküste erreicht! Kurz vor New York feiert sie ihren 32. Geburtstag an Bord der Solveig IV. Für JOURNAL FÜR DIE FRAU schreibt sie Tagebuch über ihre mutige Reise über die Weltmeere

Als Rollo Gebhard, berühmter Weltumsegler und erfolgreicher Buchautor (»Ein Mann und sein Boot«, »Seefieber«), nach zweijähriger Pause Ende Mai 1983 von Travemünde aus erneut in See sticht, hat er das erste Mal eine Frau an Bord: seine Freundin Angelika Zilcher, die ihn zuvor auf seinen Vortragsreisen durch die Bundesrepublik Deutschland begleitet hat.

Ein mutiger Entschluß. Für Angelika ist die geplante Weltumsegelung der erste Segeltörn überhaupt. Wie kräftezehrend die Segelei auf hoher See ist, bekommt die junge Frau aus Bad Wiessee schon bald zu spüren. Stürme schütteln die Solveig durch. Angelikas Speiseplan wider Willen: Zwieback mit Tee ...

Am 67. Tag, 100 Meilen vor Neufundland, gerät die 13-m-Yacht »Solveig« plötzlich in einen Orkan und kentert! Mit dem demolierten Schiff – alles über Bord gespült, was nicht niet- und nagelfest war – erreichen Angelika und Rollo dennoch am 81. Tag den schützenden Hafen von St. John's, Kanada.

82. Tag – Haben uns erst mal in St. John's im »Newfoundland« einquartiert. Für zwei Nächte. Das Hotel-Zimmer mit Badewanne und Heizung. Bin gleich zweimal in die Wanne gehüpft – nachmittags und abends. Das Gefühl, unbegrenzt warmes Wasser zur Verfügung zu haben, ist einfach unbeschreiblich.

83. Tag – Nachts ständig aufgewacht. Rollo auch. Dachten, wir sind in der schwankenden Solveig auf dem Ozean. Um 10 Uhr gefrühstückt. Ist das schön, sich bedienen zu lassen! Draußen Kälte, Nebel, Regen, während wir im Warmen sitzen, einen heißen Tee schlürfen und uns um nichts, aber auch gar nichts kümmern müssen. ▷

Aufregender Moment vor riesiger Kulisse: die Yacht Solveig vor Manhattan. Erschöpft, aber glücklich: Angelika und Rollo. Wiedererkannt? »Rechts, das bin ich«, sagt sie zu ihrem »Gemälde«

138 JOURNAL FÜR DIE FRAU

... plötzlich JOURNAL EXKLUSIV ein gewaltiger Knall, wie bei einer Explosion! Rollo wagt sich an Deck – und sieht ein Bild der Verwüstung ...

Unser großes Abenteuer – 2. Folge

Allein mit ihm im Eismeer

Die Geschichte einer Weltumsegelung: Zwei Jahre lang will die Lehrerin Angelika Zilcher, 31, aus Bad Wiessee mit Einhandsegler Rollo Gebhard, 62, unterwegs sein. Für JOURNAL FÜR DIE FRAU schreibt sie Tagebuch. Diesmal über die gefährlichste Etappe von Island nach Neufundland und über eine dramatische Kenterung

Der Mann: Rollo Gebhard, zweifacher Weltumsegler, hat schon über 100 000 km auf See zurückgelegt. Die Frau: Angelika Zilcher (rechts, an Bord der Solveig). Die Weltumsegelung ist ihr erster Segeltörn überhaupt

JOURNAL FÜR DIE FRAU 73 ▷

neue ZDF-Sendungen verarbeitet wurde. Danach begann für mich die große Aufgabe, meine Filme für die geplanten Vortragsreisen neu zu schneiden und zu vertonen. Was lag näher, als dass Angelika und ich versuchten, diese Arbeit gemeinsam anzupacken?
Wir lebten zunächst in zwei Appartements im Arabella-Hochhaus in München. Für den Herbst war meine erste Tournee festgelegt. Die großen Reisen gemeinsam mit Angelika im Wohnmobil konnten beginnen!
Das Leben mit täglichen Fahrten von Stadt zu Stadt und von Land zu Land glich in mancher Beziehung dem Alltag in einem Boot.
Auch im Arabellahaus wohnten und arbeiteten wir später auf engstem Raum zusammen in einem Zimmer. So planten wir, erst zögerlich, dann immer bestimmter, eine gemeinsame Weltumsegelung. Die Finanzierung des Unternehmens war gesichert, da Angelika es geschafft hatte, für mein erstes Buch einen Vertrag mit dem Molden–Verlag in Wien zu vermitteln. Unter dem Titel »Ein Mann und sein Boot« erschien es bereits im Herbst 1980 und wurde in Deutschland und Österreich ein Bestseller. Zu diesem Erfolg trugen die neuen Fernsehsendungen des ZDF und des ORF erheblich bei, auch waren die Filme der ersten Weltumsegelung bei den Zuschauern noch nicht vergessen. Für den Schnitt und die Vertonung der Fernsehfilme und das Sprechen des Kommentars war meine jahrelange Bühnenerfahrung eine wichtige Voraussetzung gewesen.
Während der ausgedehnten Vortragsreisen hatten wir Zeit und Gelegenheit, alle Einzelheiten einer neuen Weltumsegelung zu besprechen und das für uns ideale, größere Boot zu suchen. Unsere Wahl fiel auf eine Hallberg Rassy 42, eine Qualitätsyacht aus Schweden. Dabei entschieden wir uns für die Ausführung mit zwei Masten, also für eine Ketchtakelung, damit die Handhabung des Großsegels auch bei hartem Wind und Seegang noch beherrschbar bleiben würde. Ich konnte damals nicht ahnen, welche Bedeutung diese Entscheidung schon bald für unser Überleben haben würde.
Der Start zu dieser meiner dritten Weltumsegelung war für das Frühjahr 1983 vorgesehen. Bis kurz vor der Ausfahrt hielt ich noch Vorträge, doch endlich war es dann so weit, dass ich in Lübeck an Bord der SOLVEIG IV gehen konnte. Angelika hatte bereits alle nötigen Vorbereitungen für unser Wohnen und Schlafen im neuen Schiff getroffen.
Wir unternahmen noch einen Großeinkauf an hochwertigen Lebensmitteln, dann begann nach kurzem, aber feierlichem Abschied in Travemünde die große Fahrt. Wir ahnten damals noch nicht, für wie viele Jahre wir uns von der Heimat verabschiedeten.

In New York erhielt ich vom deutschen Generalkonsul Hartmut Schulze-Boysen das Bundesverdienstkreuz überreicht.

Unser neues Boot, die SOLVEIG IV, eine Hallberg Rassy 42, bewährte sich bestens und überstand sogar eine Kenterung vor Grönland ohne Mastbruch (folgende Doppelseite)!

Ich hatte eine völlig neue Route ausgearbeitet, denn ich wollte einmal in meinem Leben auf den Spuren der Wikinger über Norwegen, Island und Grönland nach Amerika segeln. Doch unsere Sterne standen schlecht, wir hatten Pech. 1983 war ein außergewöhnlich stürmischer Sommer im hohen Norden. Schon in Norwegen, wo wir längere Zeit im Hafen von Bergen warten mussten, um die Überfahrt nach Island zu beginnen, hatte es heftig geweht. Windstärke 7 herrschte fast jeden Tag.

Angelika verhielt sich großartig. Sie war noch nie in ihrem Leben gesegelt und setzte nun alles daran, alle wichtigen Handgriffe für die Segelführung zu erlernen und daneben die notwendigen Haushaltsarbeiten auch bei grobem Seegang zu bewältigen. Ihre Seekrankheit hatte sie schon in den ersten Tagen überwunden, als wir das Boot nach kurzem Zwischenstopp in der schwedischen Werft auf die offene See hinaussteuerten. Ich wusste nun endgültig: Ich hatte die ideale Gefährtin gefunden!

Wir blieben einige Tage im Hafen von Reykjavík, um auf eine Besserung des regnerischen und stürmischen Wetters zu warten. Am 1. August hieß es dann: »Leinen los!« Wir segelten in Richtung Grönland und Neufundland. Drei oder vier Tage hatten wir normales Wetter mit Windstärke drei bis vier, dann begann der Wind wieder von Stunde zu Stunde stärker zu werden. Ich war das gewöhnt, hatte es schon oft erlebt. Vielleicht wirkte es hier, vor Grönland, bedrückender, weil sich die See grün-grau heranwälzte und der dunkelgraue Himmel keinen Sonnenstrahl durch-

Im Passat setzten wir statt der Doppelfock ein verkleinertes Großsegel und die ausgebaumte »kleine« Fock.

ließ. Ich hielt Kurs auf die Südspitze Grönlands, um dort in einem der tiefen Fjorde Schutz zu suchen.

Doch wir sollten Grönland niemals erreichen! Der Wind legte in drohender Weise zu. Sehr rasch stieg die Stärke bis zur vollen Acht auf dem Instrument. Das war für mich ein Alarmzeichen. Sofort bargen wir alle Segel, und ich hatte gerade noch Zeit, die Vorsegel in ihre Beutel zu packen und an Deck festzuzurren, dann brach das Unheil herein. Zum ersten Mal seit der Rundung des berüchtigten Kaps der Guten Hoffnung erlebte ich wieder Wind der Stärke neun und zehn.

Als die ersten Wellenberge heranrollten und fauchend über Deck donnerten, fragte Angelika entsetzt, aber ruhig: »Sag mal, ist das noch normal?« Ich antwortete, dass das Boot diese Brecher aushielt und uns somit keine unmittelbare Gefahr drohte. Danach sprach sie kaum mehr. Es wurde Abend, und der Wind ließ nicht nach, sondern legte noch zu, zeitweise auf Stärke elf. Die Wellen türmten sich auf, die Brecher zischten nicht mehr, sondern donnerten von Zeit zu Zeit über das Boot. Mehrere Stunden saßen wir uns gegenüber in der großen Kabine, dem Salon, sprachen wenig und hielten uns verzweifelt fest, um nicht bei einem Sturz verletzt zu werden. Die großen Wellenberge wurden gewaltiger, aber seltener. Keinesfalls durfte einer von uns, vor allem nicht Angelika, jetzt an Deck kriechen, ganz gleich, was geschehen würde. Die Gefahr, über Bord geschleudert zu werden, war zu groß. Gegen 22.00 Uhr sagte ich: »Wir sollten versuchen, ein wenig zu schlafen. Wir werden morgen

Auf den San-Blas-Inseln vor Panama zeigte ich Angelika die schönsten Strände.

Dank der Bemühungen der Naturschützer (Darwin-Gesellschaft) findet man auf den Galapagosinseln noch immer die urwelthaften Seeleguane (oben) und zahllose andere Tiere, die keinerlei Scheu vor dem Menschen zeigen. Stundenlang spielten wir am Strand einer der entlegensten Vulkaninseln mit Vögeln und Seelöwen (unten), während SOLVEIG IV am Ankerplatz auf unsere Rückkehr wartete.

Auf den Galapagosinseln beeindruckten uns bizarre Vulkanfelsen.

unsere ganze Kraft brauchen, um den Tag durchzustehen.« Müde und kraftlos fielen wir auf unsere Kojen.

Was dann geschah, ist in Worten kaum zu schildern: Ein Krach, ein furchtbarer Krach, Holz splitterte, schwere Gegenstände flogen durch die Räume, knallten irgendwo dagegen, das Boot begann sich zu drehen, sehr langsam, ich rollte auf die seitliche Wand und weiter bis an die Decke, blieb dort einen Augenblick – wie lange, weiß ich nicht – liegen und rollte dann zurück. Wir waren gekentert, und die Yacht hatte sich wieder aufgerichtet!

Ich war sicher, wir würden sterben. Der Schlag war zu hart gewesen, irgendwo musste ein Leck entstanden sein. Die arme Angelika! Sie hatte noch keine Freude, kein großes Erlebnis auf der Weltumsegelung genossen und sollte schon am Beginn der Reise das Ende erleben? Ein schrecklicher Gedanke. Sie hatte sich mir anvertraut, hatte an meine Fähigkeit geglaubt, jeder Bedrohung standhalten zu können – aber auch meine Erfahrung hatte sie nicht schützen können. Wir lagen wie gelähmt, keiner sprach ein Wort. Ich ließ mich von der Koje gleiten und kroch auf allen vieren in den Salon. Stehen war unmöglich, zu wild schleuderte das Boot in alle Richtungen. Unter mir stieg das Wasser, klatschte hin und her. Die Bodenbretter lagen umgedreht, ebenso alle anderen Gegenstände wie Matratzen, Polster, Kanister, Schubladen mit Inhalt, Seekarten und vor allem hunderte von Konservendosen und sonstige Lebensmittel, die alle unter den Bänken verstaut gewesen waren.

Pitcairn Miscellany
Sponsored by the Pitcairn Island School, South Pacific Ocean
VOLUME 26 NUMBER 5 MAY 1984

Zeitung der 42 Bewohner von Pitcairn (links).

Die berühmte Bounty unter Segeln (Mitte).

»Bounty Bay«, die Bucht, in der das stolze Schiff in Brand gesetzt und versenkt wurde. Wir gehören zu den sehr wenigen Europäern, die Erlaubnis erhielten, mehrere Tage auf Pitcairn zu verweilen und das seltsame Leben der Bewohner zu beobachten (unten).

Weit im Süden des Pazifik steuerten wir die geheimnisvolle Osterinsel an, die keinen sicheren Ankerplatz bietet. Wie zur Zeit von Kapitän Cook und seinem deutschen Wissenschaftler Forster haben die riesigen Steinfiguren ihr Geheimnis bis heute bewahrt (linke Seite).

Unsere Freundin Parmela auf Tahiti (oben).

Blumen und Mädchen, eine Südseeidylle am Strand (unten).

In der Lagune von Bora Bora. Auch Angelika war von der Schönheit der Südseeinsel so überwältigt, dass wir uns spontan entschlossen, unseren Aufenthalt in Polynesien um ein Jahr zu verlängern (rechts).

Unterwegs über die Lagune von Bora Bora zu einem der Motus, den kleinen Koralleninseln auf dem Riff.

Keinen Laut, keinen Schrei hatte ich von Angelika gehört. Langsam kam auch sie gekrochen, fragte leise: »Geht das Boot jetzt unter?« Meine hilflose Antwort: »Ich weiß es nicht« nahm sie ruhig hin. Ich fragte mich: Woher kam das Wasser? Hatten wir wirklich ein Leck? Ich wusste es nicht, wir mussten erst Platz schaffen!

Als es Tag wurde, waren wir noch immer mit Aufräumen und Pumpen beschäftigt. Angelika verhielt sich heldenhaft. Ohne ein Wort der Klage oder einen Seufzer arbeitete sie unentwegt, ein Stück nach dem anderen aus dem Weg zu räumen oder über Bord zu werfen.

Im Lauf der nächsten Stunden stellte sich heraus: Wir hatten kein Leck! Die Masten standen noch, die Segel lagen in ihren Beuteln an Deck, das Ruder ließ sich bewegen. Die Solveig iv war segelfähig! Aber die gesamte Technik wie Petroleumherd, Heizung, UKW-Funkgerät, Antennen, Selbststeuerung und Satelliten-Navigation waren unbrauchbar geworden; Deckshaus und Rettungsinsel hatte die See über Bord gerissen. Als ob er diesen Schlag noch mit ganzer Kraft hätte ausführen wollen und dann zur Ruhe gehen, so hatte sich der Sturm beruhigt. Das Boot trieb hilflos in der noch immer beängstigend hohen See. Was ging in Angelika vor? Stand sie unter Schock? Wollte sie die Reise schnell beenden? Nie mehr auf ein Boot gehen? Ich fragte: »Was sollen wir jetzt tun? Das Boot ist

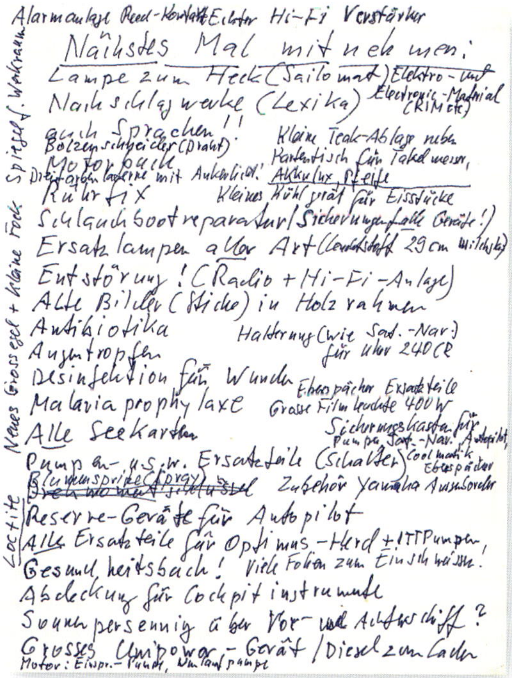

Wenn ich Zeit und Ruhe hatte, notierte ich den möglichen Bedarf für künftige Fahrten.

segelfähig, aber wir müssten von Hand steuern, bei eisiger Kälte, Tag und Nacht. Welchen Kurs traust du dir zu: In drei Tagen können wir auf Island zurück sein, oder wir segeln weiter, 800 Seemeilen nach Neufundland.«

Ihre Antwort werde ich nie vergessen: »Selbstverständlich segeln wir weiter!« rief sie mit fester Stimme.

Ich versicherte ihr, unsere Positionen auch mit dem Sextanten feststellen zu können. Aber davon wollte sie nichts hören. Zu groß war ihre Angst vor einer Enttäuschung.

Es folgten 16 Tage und 16 Nächte in Kälte, Sturm und Ungewissheit. Wir lösten uns stündlich am Ruder ab, dabei standen wir im Freien, dem eisigen Wind voll ausgesetzt. Unsere Kleidung wurde nass, wir konnten uns nicht aufwärmen, nicht einmal heißen Tee oder Suppe kochen, denn der Herd war aus der Verankerung geflogen. Aber das Wunder geschah: Wir erreichten St. John's auf Neufundland, fanden Werkstätten, die die nötigen Reparaturen ausführten, und setzten nach zwei Wochen die Reise fort. Die Parole hieß jetzt: nach Süden! So schnell wie möglich nach Süden, bevor uns der Winter einholte!

Wir erreichten zunächst New York, wo ich in einer schönen Feier vom deutschen Generalkonsul im Namen von Franz Josef Strauß das Bundesverdienstkreuz überreicht bekam.

Durch den Intracoastal Waterway, den ich noch von meiner Alleinfahrt her gut kannte, kamen wir in die Karibische See und nochmals auf die herrlichen Inseln. Ein neues Jahr hatte begonnen, und wir gelangten in ein neues Seegebiet.

Durch den großen Kanal segelten wir in den Golf von Panama und von dort zu den Galapagos, um später eine Insel anzusteuern, die schon seit langem ganz oben auf meiner Wunschliste stand: die rätselhafte und von Yachten bis dahin kaum jemals angelaufene Osterinsel.

Von den Galapagos steuerten wir dem Südostpassat entgegen und hatten mehrere Wochen gegen Wind und Seegang zu kämpfen. Es war eine schwere Überfahrt.

Umso stärker wirkte dann das Erlebnis, als nach langen Tagen auf See die sagenumwobene Osterinsel wie ein Traumbild zwischen Dunst und Wolken vor uns sichtbar wurde. So muss den Polynesiern in ihren Kanus zumute gewesen sein, als sie auf großen Entdeckungsfahrten die Umrisse einer Insel erkannten. Zwar erlebten wir die Osterinsel noch in einem Zustand, der an die Forschungen Thor Heyerdahls erinnerte, doch von der polynesischen Urbevölkerung war nicht ein einziger Nachkomme mehr am Leben. Es waren die mehrfachen Invasionen von der Küste Chiles aus und die damit verbundenen Kämpfe und Epidemien, die dazu führten, dass die Menschen der Osterinsel und mit ihnen das Wissen um die Geheimnisse der monumentalen Statuen verloren ging. Ihre Armut war schon zur

Mein Buch »Leinen los, wir segeln um die Welt!«, welches die Weltumsegelung mit Angelika schilderte, wurde ein Bestseller. Ich fand mich unerwartet auf der Titelseite des »Börsenblattes«.

Auf dem Riff dieses Eilands verlor 1916 der deutsche Seeheld Graf Luckner sein Kaperschiff SEEADLER.

In der schönsten Bucht der Welt. Die Cooks Bay auf Moorea. Hier verbrachten wir viele Monate unseres Seglerlebens (vorhergehende Doppelseite).

Zeit des Besuchs von James Cook 1773 erschütternd gewesen.

Der deutsche Forscher Georg Forster, der damals als wissenschaftlicher Begleiter Cooks als einer der ersten Europäer auf die Osterinsel kam, schrieb von den »riesenhaften Monumenten« und meinte dazu: »Man muss wohl annehmen, dass sie Überbleibsel vormaliger Zeiten sind, denn die Zahl der Bewohner haben wir niemals höher als auf 700 ansetzen können, und sie alle haben fast keinen Augenblick ihres Lebens zu etwas anderem übrig, als sich den notdürftigsten Unterhalt für ihr Dasein zu beschaffen.«

Es war Mai geworden, der Südwinter hatte sich noch nicht zurückgezogen, und es wurde grausam heiß. Aber wir genossen dennoch die Tage auf der Insel und ließen es uns nicht nehmen, die berühmten Vulkane zu besuchen und die mächtigen Statuen zu bewundern, obwohl sie zum großen Teil schon seit langer Zeit zerstört waren. Sie müssen einst Symbole eines tiefen Glaubens gewesen sein, der später verloren ging und dessen Anhänger brutal vernichtet wurden. Es war wohl das Ende einer kleinen Welt, auf der die Menschen kaum mehr überleben konnten. Ich empfand die Osterinsel als einen Schauplatz unermesslichen Leids und Unheils.

Da wir Anfang Juli auf Tahiti eintreffen wollten, um zusammen die Festlichkeiten anlässlich des französischen Nationalfeiertags zu erleben, gerieten wir wieder in Zeitnot. Trotzdem wollten wir als weiteren Höhepunkt unserer Weltum-

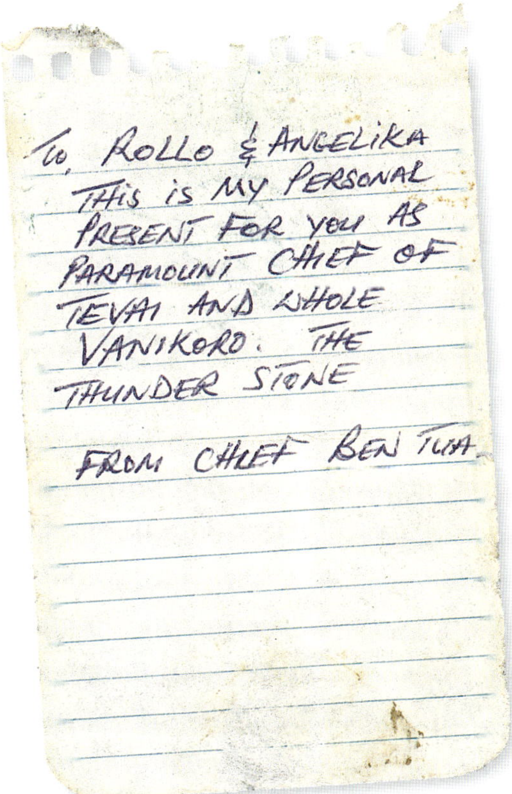
To, ROLLO & ANGELIKA
THIS IS MY PERSONAL
PRESENT FOR YOU AS
PARAMOUNT CHIEF OF
TEVAI AND WHOLE
VANIKORO. THE
THUNDER STONE

FROM CHIEF BEN TUA

Ben Tua, der weise Häuptling von Vanikoro. Er schenkte mir zum Abschied einen »Donnerstein«, einen ovalen Stein, der »nicht von Menschen gemacht wurde«, als Geschenk des Himmels, als Talisman. Ich trage ihn immer bei mir.

segelung das im Gegensatz zur Osterinsel bis dahin fast unbekannte Inselchen Pitcairn besuchen, auf dem noch immer Nachkommen der Meuterer von der berühmten BOUNTY leben sollten.

Mit voller Überlegung hatte damals Fletcher Christian, der Anführer der Meuterer, diese unzugängliche Insel als Versteck ausgewählt. Er ließ sogar das Schiff verbrennen, damit seine Masten nicht verraten konnten, dass die Insel bewohnt war.

Der Versuch, auf Pitcairn zu landen, scheitert auch heute noch in vielen Fällen. Die Brandung auf den Felsen des mitten im Pazifik gelegenen Eilands ist dramatisch, ja tödlich und nur bei ruhigem Wetter mit Spezialbooten überhaupt möglich. Wir blieben in gutem Abstand von der weiß schäumenden Brandung und nahmen Kontakt über Funk mit dem Postmeister von Pitcairn auf.

Er schlug uns vor, auf der anderen Seite der Insel zu ankern, weil nur dort eine kleine Sandbank sei. Tatsächlich fanden wir die Flachstelle, und er holte uns später mit dem Brandungsboot der Insel ab.

Die Lebensverhältnisse in dem einst selbst gewählten Gefängnis waren katastrophal. Unter den 48 Einwohnern, die wir antrafen, waren viel zu wenige Frauen, denn welche Frau möchte sich auch für längere Zeit auf dieser winzigen Insel einsperren lassen? Auch die meisten Kinder verlassen Pitcairn, sobald sie die Grundschule,

Papeete erstaunlich modernisiert, aber die Menschen Polynesiens waren die Gleichen geblieben: fröhlich, gastfreundlich und stolz auf ihre Kultur und Lebensart. Sie vermittelten uns das Gefühl, im Paradies gelandet zu sein.
Wir beide – und ganz besonders Angelika – waren in der Tat so begeistert von den Inseln der Südsee, dass wir spontan beschlossen, unsere Reise zu verlängern. Und so wurden aus den geplanten zwei am Ende sieben Jahre für unsere Weltumsegelung.
Noch während der wettermäßig günstigen Jahreszeit segelten wir weiter in die wenig bekannten Inseln Melanesiens und besuchten dort die völkerkundlich besonders interessante Insel Ambrym in der Vanuatu-Gruppe, den früheren Neuen Hebriden. Ambrym ist bekannt wegen seiner großen Baumtrommeln, den so genannten Ambrym-Trommeln.
Es gelang uns, vor einem Küstendorf der Insel einen geschützten Ankerplatz zu finden und

Ein Jäger auf Vanikoro zeigt mir seinen Bogen, mit dem er auf Jagd nach wilden Schweinen geht.

die von einer Lehrerin betreut wird, abgeschlossen haben.
Nur die strenge Sekte der Adventisten mit ihrem Pfarrer hielt die Ordnung aufrecht. Als Einnahmequelle dienten die malerischen, in Österreich gedruckten Briefmarken und neuerdings auch alle möglichen selbst gebastelten Souvenirs, die an die Passagiere von Kreuzfahrtschiffen verkauft wurden. Auch große Schiffe können hier nicht ankern, sondern müssen vor der Insel auf und ab fahren. Ein Brandungsboot kommt dann längsseits, falls das Wetter es erlaubt. Nur selten ist die See so ruhig, dass auch einige Passagiere an Land gehen und Pitcairn betreten dürfen.
Wir blieben zwei Tage und setzten dann, glücklich, dass es uns gelungen war, für das ZDF wertvolle Filmszenen aufzunehmen, die Überfahrt fort. Für die Marquesas-Inseln blieb uns diesmal keine Zeit, und so segelten wir ohne weiteren Stopp nach Tahiti. Ich fand die Hauptstadt

Auf Vanikoro ließ uns Ben Tua an alten Bräuchen und Geisterfesten teilnehmen. Die »Geister« gehen auf Stelzen, um höher und größer zu wirken.

einige Freundschaften zu schließen. In Begleitung eines jungen Mannes brachen wir zu einer Expedition auf in ein Dorf in den mit Urwald bewachsenen Bergen der Insel. Dort, so sagte man uns, habe es noch vor kurzer Zeit, vor weniger als einer Generation, bei bestimmten Festen echten Kannibalismus gegeben.
Das Dorf war von der zivilisierten Welt völlig abgeschnitten, der Häuptling ließ keine Verbindung zu anderen Dörfern zu, in denen die christliche Mission Einfluss hatte. Deshalb musste der junge Mann einige Tage vor unserem Aufbruch allein zu den »Urmenschen« gehen, um eine Genehmigung für unseren Besuch zu erwirken.

Einen Tag später stiegen wir dann mit ihm zusammen auf den Berg, brachten die üblichen Geschenke mit und durften dann einer Tanz-Zeremonie beiwohnen, die das Urigste war, was ich je erlebt hatte, und die wohl kaum ein Europäer jemals zu Gesicht bekommen hatte.
Nicht ohne eine gewisse Angst sahen wir den Tänzen zu und waren glücklich, etwas über die Lebensumstände eines unbekannten melanesischen Volkes erfahren zu haben. Im Mittelpunkt ihres Glaubens steht das »Mana«, eine geistige Kraft, die jedem Menschen innewohnt, die aber sehr verschieden stark ausgeprägt oder erworben ist.

Eine Abordnung von Männern und Frauen auf der Insel Owo Raha in den Salomonen überreicht mir eine Götterstatue, die auf der noch nicht christianisierten Nachbarinsel am First des Festhausdaches als »Schutzpatron« angebracht war und deshalb für ein neues Fest nicht mehr verwendet werden darf.

Solveig IV verlässt die Lagune von Moorea und steuert auf die offene See. Im Vordergrund: das Schlauchboot auf dem Kajütdach.

Das Mana eines Häuptlings, das auf bestimmte Gegenstände, Kunstwerke oder auch geschnitzte Figuren übertragen werden konnte, sollte dem Stamm nach seinem Tod erhalten bleiben. Daher fand man in vielen Hütten, aber auch im Urwald Holzfiguren, in denen das Mana bedeutender Menschen erhalten blieb. Ich sah darin eine gewisse Parallele zu den berühmten Gräbern der Pharaonen in Ägypten.

Die Inseln Ambrym und Pentecost sind wohl allen Völkerkundlern, die sich mit der Südsee befasst haben, ein Begriff. Ich bin stolz darauf, dass ich zu den wenigen Europäern gehöre, die mit den dortigen melanesischen Stämmen über längere Zeit in Verbindung standen. Dort begann ich auch, interessante Werkzeuge und Kunstwerke zu sammeln, um diese später in einer Ausstellung in Deutschland zeigen zu können. Wir wollten nach Ambrym, wo wir uns lange aufhielten, noch weitere, besonders abgelegene Inseln in der Gruppe der Salomonen aufsuchen und ankerten vor Vanikoro. Die Insel hat eine für die Südseegeschichte sehr markante Vergangenheit, denn dort verlor La Perouse, der berühmteste französische Südseeforscher, seine Schiffe und sein Leben. Mitsamt seinen Besatzungen fiel er 1788 dem überall herrschenden Kannibalismus zum Opfer. Eine im Busch angebrachte kleine Steintafel erinnert noch heute an den großen französischen Entdecker und Wissenschaftler. Erst 1962 wurden die letzten Überreste seiner Schiffe auf dem Riff der Insel gefunden.

Im Zweiten Weltkrieg hatten die Amerikaner dort einen Flughafen angelegt und am Strand Geschütze in Stellung gebracht, um eine Landung der Japaner unmöglich zu machen. Eine alte Kanone stand noch in der Brandung, als ich die Insel zum ersten Mal besuchte.
Diesmal wollte ich mehr von Vanikoro erfahren. Wir hatten von einem Dorf gehört, in dem die traditionelle Kultur und der alte Naturglaube noch weitgehend erhalten waren. Dort lebte Ben Tua, der Oberhäuptling von Vanikoro, ein bedeutender und weiser Mann.
Sein Dorf war wegen der ausgedehnten Korallenriffe mit dem Boot schwer zu erreichen (von Land aus über die Berge überhaupt nicht), aber nach einigen Stunden Anfahrt hatten wir es geschafft. Wir ankerten dicht vor dem Strand, fanden einen jungen Mann, den Sohn von Ben Tua, und der führte uns zu seinem Vater. Wie ein kleiner Buddha saß der weißhaarige Mann mit gekreuzten Beinen in seiner Hütte. Er sprach kein Englisch, aber sein Sohn übersetzte, und so lernten und erfuhren wir sehr viel aus seinem Leben und über die Insel. Manche wichtige Kunde erhielt ich von Ben Tua, der als junger Mann in Australien gelebt hatte und später, als sein Vater starb, zurückkehrte nach Vanikoro, um das Häuptlingserbe anzutreten und seine Untertanen vor den gefährlichen Einflüssen der Zivilisation zu schützen.
Es waren diese Begegnungen, deretwegen ich noch einmal in die Südsee gesegelt war. Das Naturvolk auf Vanikoro war offiziell christlich missioniert, und die Leute gingen sonntags auch in eine kleine Kirche, aber in ihrem Herzen blieben sie dem alten Glauben treu. Der gab ihnen die Kraft, mit dem mühsamen Leben in der Natur, ohne Fahrzeuge, Straßen oder Kaufläden, sogar ohne Streichhölzer, fertig zu werden.
Jahrelang waren wir bereits in der Inselwelt der Südsee unterwegs. Angelika hatte sich zu einer begeisterten, in jeder Beziehung einmaligen Partnerin im Boot und an Land entwickelt. Ihre ständige Aktivität beschränkte sich keineswegs auf den Haushalt, sondern umfasste die gesamte Technik des Schiffs einschließlich des Funkverkehrs und der Kamera-Arbeit für unseren Film. Deshalb wollte ich vor dem Ende unserer Weltumsegelung ein seit langem erträumtes, aber allein nie gewagtes Abenteuer beginnen: eine Fahrt in den nördlichsten Teil des Pazifik, nach Alaska. Schon der Kontrast zur Südsee war ein großer Anreiz für das riskante Unternehmen.
Es ging jetzt darum, die zweimonatige Überquerung des Pazifiks von Süd nach Nord und später wieder zurück ohne Stopp durchzuhalten. Warum musste die Fahrt ohne Aufenthalt gemacht werden? Die Erklärung ist einfach: das Wetter! Der Sommer in Alaska ist kurz und die Schönwetterzeit im Süden, in Polynesien, ebenfalls begrenzt. Zwischen diesen Perioden aber musste die Überfahrt erfolgen.
Wir starteten im Mai von unserer geliebten und schönsten kleinen Insel, einer zweiten Heimat in der Südsee, von Owa Raha in den Salomonen, und rechneten damit, Anfang Juli zwischen den Eisbergen Alaskas anzukommen.
Die Marshall-Inseln und Hawaii ließen wir an Backbord beziehungsweise an Steuerbord liegen und waren uns bewusst, dass wir die gleichen 5500 Seemeilen auch wieder zurücksegeln mussten, dass wir also insgesamt 11 000 Seemeilen zusätzlich zur Weltumsegelung zu bewältigen hatten.
Zu einer solchen Extraleistung gehörte schon eine Partnerin wie Angelika. Dass sie nach der bitteren Erfahrung der Kenterung vor Grönland überhaupt bereit war, mit mir in die Sturmzonen des Nord-Pazifik zwischen Japan und den Aleuten zu segeln, zeugte von einer unglaublichen Einsatzfreude und von völligem Vertrauen in unsere Fähigkeit, auch extreme Belastungen auszuhalten.
Wir hatten zu Anfang der Überquerung Schwie-

rigkeiten mit dem Wetter, denn der sonst so zuverlässige Passat ließ uns im Stich. Dennoch erreichten wir im Juli den Hafen von Sitka, der ehemals russischen Hauptstadt Alaskas, und konnten uns bis Ende August an der größtenteils unberührten und wunderbaren Natur begeistern. Alaska wurde für uns zum Top-Erlebnis der Weltumsegelung, und wenn uns nach der Rückkehr gelegentlich die Frage gestellt wurde, wohin wir am liebsten noch einmal segeln würden, so dachten wir beide ohne lange Überlegung an das ungebändigte Naturwunder Alaska. Auch von meinen Filmen ist sicherlich der von der gigantischen Landschaft Alaskas geprägte Teil der schönste und interessanteste. Später verfasste ich auch zwei großformatige Bücher, in denen ich vom Naturerlebnis Alaska berichtete. Wir entschlossen uns deshalb, die Solveig IV den Winter über in Alaska zurückzulassen und erst im folgenden Jahr, nach einem zweiten Alaska-Sommer, die lange Überfahrt nach Süden anzutreten.

Nochmals überquerten wir den Pazifik und ankerten nach zwei Monaten auf See wieder vor Owa Raha in den Salomon-Inseln. Dort hörten wir in den Übertragungen der Deutschen Welle vom Fall der Mauer in Berlin und dem Beginn der Wiedervereinigung Deutschlands. Es war ein eigenartiges Gefühl, von einem weltgeschichtlichen Vorgang zutiefst berührt zu werden, aber unter Menschen zu leben, die von den Geschehnissen, ihren Voraussetzungen und möglichen Folgen keine Ahnung hatten. Es kam mir vor, als ob wir uns auf einem anderen Stern befänden. Mir wurde auch klar, dass ich mich noch immer als »Dresdner« fühlte. Ich konnte während der

Augenblicke des Glücks: wilde und doch zahme Papageien im Urwald der Salomo-Inseln. Manche Dörfer halten die schönen und menschenfreundlichen Tiere in der Nähe ihrer Hütten.

Dieses geplankte, mit Naturleim (aus Fruchtsäften) ohne Nägel wasserdicht verbundene Kanu konnten wir erwerben. Es liegt heute in unserem Haus und ist noch immer schwimmfähig (linke Seite).

Auf der berühmt-berüchtigten Insel Malaita (wegen ihrer aggressiven Urbewohner besonders gefürchtet) wurde noch das althergebrachte »Muschelgeld« hergestellt. Es wird noch heute als »Brautpreis« verwendet. Wir sahen dort auch menschliche Schädel. Haie sind heilig, werden vom Priester gerufen und verehrt.

Von den Salomonen aus segelten wir nonstop über den Pazifik nach Norden – bis Alaska. Wir fanden dort Einsamkeit pur – ein faszinierendes Naturparadies (folgende Doppelseite).

Sendungen kaum meine Tränen zurückhalten. Seit 1943, meinem letzten Urlaub während des Krieges, war ich nicht mehr in meiner Heimatstadt gewesen. Jetzt öffneten sich die Grenzen, und ich hatte nur noch den einen Wunsch: möglichst bald Dresden wiederzusehen.

Alles würde sich jetzt ändern. Die Parole hieß deshalb: so schnell wie möglich zurück nach Deutschland, keine weiteren Inseln mehr anlaufen!

Angelika krönte meine Überlegungen mit dem Vorschlag: »Lass uns doch diese halbe Weltumsegelung nach Hamburg als große sportliche Herausforderung durchhalten, ohne eine Insel oder einen Hafen anzulaufen!« Ich war zunächst völlig verblüfft und fragte zurück: »Willst du das denn wirklich? Es bedeutet sechs Monate auf See ohne einen Stopp. Ist das dein Ernst?« Aber Angelika antwortete begeistert: »Ja, natürlich. Dann können wir unter vollstem Einsatz segeln. Ich möchte das wenigstens einmal erlebt haben.«

Nur zögerlich stimmte ich zu, vergaß aber eine entscheidende Tatsache: dass nämlich unser Boot nicht mehr neu war und dass alle Geräte bereits seit vielen Jahren dem Salzwasser und dem tropischen Klima ausgesetzt gewesen waren.

Ein paar Tage später holten wir in unserer geliebten Bucht vor dem Dorf Utupua auf Owa Raha den Anker auf und segelten nach Cairns in Nordaustralien. Dort begannen wir mit den Vorbereitungen für unser wahnsinniges Unternehmen. Die meisten Arbeiten schafften wir allein, aber verschiedene Reparaturen am Boot mussten von Fachleuten ausgeführt werden. Das Lager der Propellerwelle musste ausgetauscht werden, und auch den mehrfachen Anstrich mit Antifouling überließ ich den dortigen Arbeitern. Ebenso ließ ich einen großen Trichter aus Tuch zum Auffangen von Regenwasser beim Segelmacher anfertigen.

Im Herbst begannen wir die große Nonstop-Fahrt über drei Ozeane, die uns in sechs Monaten nach Deutschland zurückführen sollte. Während ich mich um die technischen Einrichtungen des Bootes kümmerte, fiel Angelika die schwierige Aufgabe zu, Lebensmittel für ein halbes Jahr einzukaufen. Sie plant nicht gern voraus, und so war dieser Großeinkauf für sie eine besonders schwere und verantwortungsvolle Aufgabe, die sie aber glänzend bewältigte.

Heinz Bibo, mein Filmproduzent, und sein Sohn Werner waren eigens angereist, um die Solveig IV mit einer zusätzlichen 16-mm-Kamera auszurüsten und den Start für das Fernsehen zu dokumentieren. Als ich durch die Korallenwand des Großen Barriereriffs steuerte, spürte ich einen deutlichen Druck in der Magengegend. Das war einfach die Angst vor den unberechenbaren Ereignissen, die unweigerlich vor uns lagen.

Schon nach wenigen Tagen zeigte sich auch ein erster Totalschaden: Unser neues Satelliten-Navigationsgerät, auf das ich so stolz war, denn es war eines der ersten seiner Art, gab seinen Geist auf und wurde auch nie wieder aktiv. Das war eine unerwartete Belastung für die gesamte

Fahrt, denn ich musste wieder zum Sextanten greifen und meinen jeweiligen Standort, wenn die Sonne oder die Gestirne überhaupt zu sehen waren, mithilfe der astronomischen Tafeln selbst ausrechnen. Die nächste große Belastung widerfuhr uns im Indischen Ozean, vor den Küsten Indonesiens, als der Passat aussetzte und wir für zwei Wochen in totaler Flaute lagen.
Die Hitze wurde immer unerträglicher, und der halbe Liter Wasser, den wir uns pro Tag genehmigten, reichte kaum, den ärgsten Durst zu löschen. Wir litten … Angelika versuchte immer, mir zu helfen, indem sie von ihrem Anteil weniger trank. Wegen unserer knappen Wasserreserven wagten wir nicht, mehr als einen Liter am Tag zu verbrauchen.
Als der Wind wieder einsetzte, überquerten wir den riesigen Ozean ohne besondere Vorkommnisse. Die Wellen waren hier so hoch, dass das Boot von jedem Kamm in rasanter Fahrt zu Tal schoss. Diese brutalen Bewegungen musste das Ruder aushalten, ich kontrollierte deshalb jeden Tag über längere Zeit, ob die Anlage der elektronischen Steuerung dem Druck noch gewachsen war.
An Mauritius und Madagaskar vorbei ging die flotte Fahrt Tag und Nacht nach Westen. Südlich von Madagaskar wurde das Wetter zuneh-

Pfahlbaudorf auf Malaita. Die Dörfer wurden auf Korallenblöcken und Pfählen in die Lagune gebaut, um sich gegen Piratenüberfälle von anderen Inseln und vom Hinterland besser schützen zu können. Wir versagten uns einen zweiten Besuch der Lagune.

Einer der gigantischen Gletscher, aus der Luft fotografiert. Der Pilot des gecharterten Flugzeugs erfüllte meine Wünsche, war aber nach dem Flug völlig geschafft, da er immer wieder dicht an die Felsen und über das Eis hatte fliegen müssen (links).

An Deck der Solveig IV. Wir hatten die Segel meist geborgen, da wir uns in den Fjorden wegen der starken Gezeitenströme und dem oft plötzlich wechselnden Wetter mit dem Motor bewegten (oben).

Zwischen Felsen und Eisbergen steuerten wir neugierig und aufgeregt in die tiefen Buchten Alaskas bis zu ihrem Scheitel hinein. Die Wassertiefe war überall ausreichend, aber kleine und große Gletscherteile wurden vom Tidenstrom herangeschoben und versperrten zeitweise die Durchfahrt.

mend unbeständig. Ein paar hundert Meilen vor dem Kap der Guten Hoffnung gerieten wir in den ersten Sturm mit Windstärken von zehn und darüber. Die Wellenberge waren jetzt riesig und von weißem Schaum bedeckt, aber breit und weniger steil als im Norden. Der Wind fegte wohl nicht über eine so lange Strecke wie vor Grönland.

Außerdem bekamen wir zum ersten Mal kräftigen Regen und konnten mithilfe unseres Segeltuchtrichters den Wassertank bis obenhin auffüllen. Die Wassersorge waren wir damit los, aber andere Schäden machten sich bemerkbar. Angelika vollbrachte eine wahre Heldentat, als sie trotz der wilden Bewegungen, die das Boot vollführte, auf den Besanmast kletterte, um das Kabel der UKW-Antenne neu zu befestigen, das der Wind losgerissen hatte. Drei Monate auf See lagen inzwischen hinter uns. Damit hatten wir die Hälfte unserer vorgesehenen Fahrzeit glücklich bewältigt.

Die zweite Hälfte würde schwieriger werden. Denn wenn das Boot bei starkem Wind weit über lag, konnte ich sehen, dass sich unzählige Muscheln am Rumpf angesetzt hatten. Und diese Muscheln waren nicht klein, wie ich es von früheren Fahrten her kannte, sondern richtig große, dicke Exemplare und bis zu zehn Zentimeter lang. Als wir den Rumpf später in einer deutschen Werft reinigen ließen, sagte man uns:

»Solchen Bewuchs haben wir noch nie gesehen. Wir mussten mit Spezialgeräten arbeiten, um die Muscheln zu beseitigen.«

Das wirkte sich erheblich auf unsere Geschwindigkeit aus. Wie konnte das geschehen? Die Ursache war einfach: Aufgrund neuer Naturschutzgesetze hatte man die Verwendung von Gift in der Antifoulingfarbe deutlich eingeschränkt, sodass der Schutz gegen Bewuchs nur noch halb so lange wirksam war.

Konnten wir unter diesen Voraussetzungen unseren Törn wie geplant beenden? Es gab nur eine Lösung: mit zusammengebissenen Zähnen durchhalten! Meine Stimmung sank gewaltig und ließ sogar Zweifel am Sinn der ganzen Unternehmung aufkommen.

Doch noch kamen wir mit jedem Tag trotz dieser Hemmnisse der Heimat ein Stück näher. Statt anfangs 80 bis 100 schafften wir zwar nur noch 50 bis 70 Seemeilen von Mittag zu Mittag, aber wir konnten einigermaßen Kurs halten.

Unsere Nerven waren auch sonst stark belastet, denn Tag und Nacht mussten wir das Boot und seine Instrumente überwachen. Mit Schrecken sah ich, dass das Großsegel einen Riss bekommen hatte, der sich täglich vergrößerte. Bis zur nördlichen Halbkugel hielt es noch, dann mussten wir das Tuch bergen, und Angelika setzte sich tapfer auf die Decksplanken und begann das morsche Tuch Stich um Stich zusammenzuflicken. Unter Aufbietung aller Kräfte hielten wir weiter durch, doch die Strapazen hatten uns ermüdet. Irgendwelche Spannungen zwischen uns beiden hatte es niemals gegeben, im Gegenteil: Wir versuchten, uns gegenseitig zu stärken. Auch hatten wir ein klares, gemeinsames Ziel, das wir nie aus den Augen verloren: Nach Rückkehr wollten wir aktiv für den Delfinschutz arbeiten und die Gründung einer Organisation zur Rettung der Delfine in die Wege leiten.

In Alaska hatten wir nämlich erfahren, dass Millionen der intelligenten und menschenfreundlichen Tiere in riesigen Treibnetzen zugrunde gingen, die von asiatischen, aber hauptsächlich von japanischen Fischern ausgelegt wurden. Wir sahen darin die Gefahr einer Ausrottung dieser wertvollen Säugetiere und eine Bedrohung des gesamten Lebens in den Weltmeeren. In Deutschland wusste kaum jemand von dem grausamen Tiermord. Deshalb wollten wir auf jeden Fall die Öffentlichkeit über das mörderische Vorgehen der asiatischen Fischer aufklären.

Am Kap der Guten Hoffnung gerieten wir, wie schon bei meinen beiden ersten Umrundungen, in stürmisches Wetter und kämpften eine Woche lang gegen schweren Seegang und Wind bis Stärke zehn. Eine zusätzliche Gefahr bedeutete

Wir hatten uns für Alaska ein zeltartiges Deckshaus anfertigen lassen, um uns gegen die Eiseskälte der Gletscher zu schützen. Segel konnten wir ohnehin nur selten setzen.

Manchmal sahen wir Bären nahe am Ufer, aber vor direkten Begegnungen mit den größten Raubtieren der Welt hatte man uns in den Forstämtern dringend gewarnt.

Während unserer sechsmonatigen Nonstop-Fahrt von Australien nach Emden erlebten wir oft stürmisches Wetter, besonders am Kap der Guten Hoffnung.

der oft beängstigende, in den letzten Jahren stark angewachsene Schiffsverkehr. Einheiten aller Größen kreuzten unseren Kurs, überholten oder steuerten direkt auf das kleine Boot zu. Konnten sie es von ihrer hohen Brücke aus nicht erkennen? Unsere Nerven jedenfalls waren aufs Äußerste angespannt, auch fing die Einsamkeit an, uns empfindlicher zu machen für Ereignisse, die von außen auf uns einwirkten. Dazu zählten vor allem die Vorbereitungen für den Irak-Krieg, die uns Tag und Nacht beschäftigten.

Als dann die heiße Phase begann und die Amerikaner zum Angriff übergingen, war für Angelika die Welt nicht mehr in Ordnung. Sie bekam einen Schwächeanfall und war für zwei Tage nicht ansprechbar. Der Gedanke, dass ein neuer Krieg unter Beteiligung europäischer Staaten ausgebrochen war, schien ihr unerträglich. Zum Glück erholte sie sich rasch und ging umso mehr in der Arbeit am Boot auf.

Obwohl wir nach Rundung des Kaps sehr nahe, auf Sichtweite, am Hafen von Kapstadt vorbeisegelten, dachte Angelika nicht daran, die Fahrt zu unterbrechen. Unser Erfolgserlebnis, das berüchtigte Kap besiegt zu haben, hob ihre Stimmung und gab ihr Kraft, über die Küstenfunkstation Kapstadt mit ihrer Mutter am Tegernsee zu telefonieren.

Als größtes Problem belastete uns der ständig zunehmende Muschelbewuchs am Unterwasserschiff. Unsere durchschnittliche Geschwindigkeit sank von fünf bis sechs Knoten auf drei bis vier Knoten. Auch die Fähigkeit des Bootes, hoch am Wind zu segeln, war stark eingeschränkt. Im besten Fall konnte ich noch 70° an den Wind gehen.

Dabei hatten wir gerade auf dem letzten großen Abschnitt zwischen Äquator und Englischem Kanal ständig Gegenwind. Der Nordostpassat kannte keine Gnade! Als wir uns dem Eingang zum Englischen Kanal näherten, fühlte ich deutlich, dass ich an die Grenzen meiner seelischen Kräfte gelangt war. Dabei war es nicht so sehr die Einsamkeit auf See, die mich belastete, sondern viel mehr die zunehmenden Ausfälle der Geräte an Bord. Das Schiff gehorchte wegen der Muscheln, die natürlich die Strömung des Wassers am Rumpf beeinflussten, nicht mehr zuverlässig dem Ruder. Ein Instrument nach dem anderen gab wegen Korrosionsschäden seinen Geist auf. In der Nordsee fiel zum Schluss sogar

Der Sextant war mein tägliches Arbeitsgerät, denn mindestens zweimal am Tag berechnete ich mit seiner Hilfe unsere Position. Zwar besaßen wir ein Satelliten-Navigationsgerät, aber nur selten zeigte es einen genauen Standort (links).

Malerische Wölkchen am tiefblauen Himmel: Während unserer Nonstop-Fahrt über drei Ozeane erlebten wir jedes nur mögliche Wetter (rechte Seite).

noch der Kompass aus! Er brach aus seiner Halterung, denn der Messingrahmen war völlig korrodiert, bestand nur noch aus Krümeln und landete eines Tages im Cockpit. Ich musste einen kleinen Handkompass einsetzen, um den Kurs zu bestimmen.

Endlich nahten die letzten Wochen. Ich fühlte, dass mir und Angelika diese Fahrt mehr abverlangt hatte, als wir gedacht hatten. Aber trotz aller aufgetretenen Schwierigkeiten hatten wir es geschafft – ein Wunder! Wie mit unseren Freunden verabredet, kreuzten wir am 4. Mai vor dem Hafen von Emden.

Und dort, in der Einfahrt, erlebte ich den für mich schönsten Augenblick: Auf einem Motorschiff sah ich Angelikas Mutter und rief ihr in Gedanken zu: »Hier hast du deine Tochter wieder, ich habe sie dir gesund und voll Lebensfreude zurückgebracht!«

Mir fielen Zentnerlasten von der Seele. Eigentlich konnte ich mich erst jetzt so richtig freuen und stolz sein auf die längste und erfolgreichste Segelreise meines Lebens.

Als wir erschöpft und mit wackeligen Beinen in Emden an Land stiegen, entdeckte ich als Erstes ein Plakat der »Gesellschaft zur Rettung der Delphine«. Unser Freund Hermann Fröschl hatte, als wir noch auf See waren, bereits aktiv die Vorbereitungen für den Delfinschutz in die Wege geleitet. Jetzt lag es an uns, die Menschen über den millionenfachen Tiermord in den Meeren aufzuklären und für unsere wichtige Mission zu gewinnen.

Viele bekannte Gesichter begrüßten uns; der Musiker Erwin Brandl aus München hatte es sich nicht nehmen lassen, mit seiner bayerischen Blaskapelle nach Emden anzureisen und für uns aufzuspielen. Mein Produzent Heinz Bibo war wieder zur Stelle und drehte Aufnahmen von unserer Einfahrt in den Hafen für das ZDF, als uns die Emdener Segler mit ihren Yachten entgegenkamen und mit Winken und Applaus begrüßten. Es waren Stunden der Begeisterung, aber für mich auch Stunden der Nachdenklichkeit.

Was hatten wir in den vergangenen sechs Monaten nicht alles erlebt! Zu wenig hatte ich bedacht, dass man eine derart lange Fahrt ohne die Reparaturmöglichkeiten einer Werft nur mit einem neuen Boot und mit neuen Segeln antreten sollte. Tuch, das schon jahrelang der Sonne ausgesetzt war, kann zu leicht reißen. Auch wäre ein Funkgerät mit guter Leistung sicher nützlich gewesen, um Auskünfte übers Wetter oder Reparaturmöglichkeiten am Motor oder den verschiedenen Pumpen einholen zu können. Aber hier kämen wir schon wieder in einen sehr fragwürdigen Bereich, denn man kann nicht alles vorhersehen. Unsere Verpflegung war dank Angelikas Sorgfalt ideal gewesen, nur die Wasserknappheit hätten wir vielleicht mit mehr zusätzlichen Kanistern oder einem speziellen Tank vermeiden sollen. Andere Maßnahmen waren richtig gewesen, wie zum Beispiel das strenge Verbot für Angelika, an Deck zu gehen ohne vorherige Abmeldung. Auch ich selbst hatte ihr immer Bescheid gesagt, wenn ich die Kajüte verlassen wollte.

Ich war zutiefst dankbar, dass unsere außergewöhnliche Überfahrt trotz aller Schwierigkeiten ohne schwere Schäden oder gar einen Unfall zum guten Ende kam. Wir waren beide glücklich in dem Gefühl, auf unserer Reise mehr erlebt zu haben, als wir jemals zu hoffen gewagt hätten. Als die Solveig am Hafenkai vertäut war und ich nach 187 Tagen zum ersten Mal wieder den Fuß an Land setzte, diesmal auf heimatlichem Boden, stach ein kleiner Schmerz in meiner Brust. Denn ich wusste, dass dieser Augenblick das Ende eines dreißigjährigen Lebensabschnitts war. Aber die Berührung mit dem heimatlichen Boden bedeutete auch einen glücklichen Beginn, die Möglichkeit, auf neuem Kurs neue Ziele anzusteuern.

Völlig erschöpft und lange nicht rasiert grüßte ich vor Emden die uns entgegenkommenden Yachten (linke Seite).

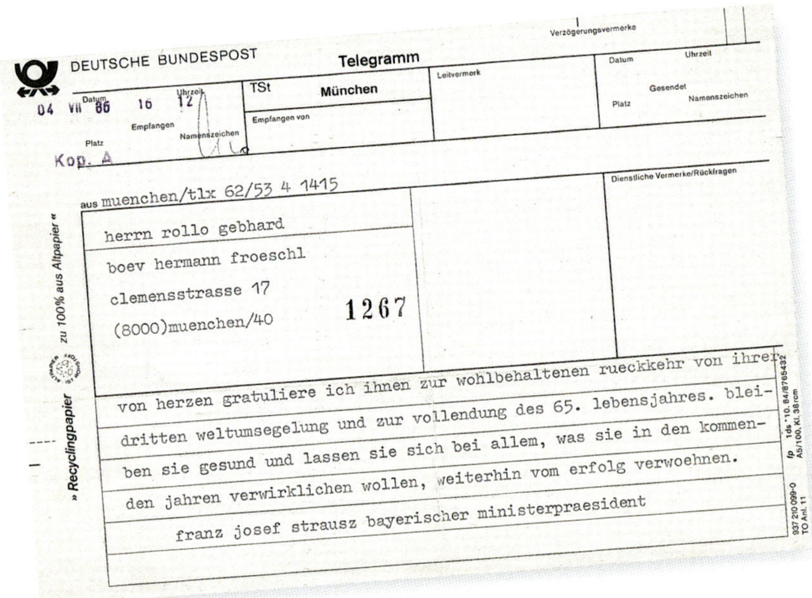
DEUTSCHE BUNDESPOST Telegramm

Verzögerungsvermerke

Datum Uhrzeit 04 VII 86 16 12 — TSt München — Leitvermerk

Empfangen von

Platz — Kop. A

aus muenchen/tlx 62/53 4 1415

Dienstliche Vermerke/Rückfragen

herrn rollo gebhard
boev hermann froeschl
clemensstrasse 17
(8000)muenchen/40

1267

von herzen gratuliere ich ihnen zur wohlbehaltenen rueckkehr von ihrer
dritten weltumsegelung und zur vollendung des 65. lebensjahres. blei-
ben sie gesund und lassen sie sich bei allem, was sie in den kommen-
den jahren verwirklichen wollen, weiterhin vom erfolg verwoehnen.

franz josef strausz bayerischer ministerpraesident

» Recyclingpapier zu 100% aus Altpapier «

Grußtelegramm von Ministerpräsident Franz Josef Strauß (links).

Auf der Messe in Düsseldorf kam Bayerns Staatsminister Dr. Thomas Goppel zu einem Gespräch an Bord der Solveig IV *(unten).*

Im Hafen von Emden endete meine dritte Weltumsegelung (ganz unten).

Weltumsegler Gebhard kommt nach Bremen

Goldener Kompaß für 16 010-Seemeilen-Nonstopfahrt

Bremen (bus). Der Weltumsegler Rollo Gebhard zählt zu den Skippern, die am Sonnabend auf dem Hochseeseglerabend im Bremer Rathaus für besondere Leistungen auf hoher See preisgekrönt werden. Rollo Gebhard, der aus München anreist, erhält für eine 16 010-Seemeilen-Nonstopfahrt von Cairns/Australien nach Emden den Goldenen Kompaß, die höchste alljährlich von der Segelkameradschaft „Das Wappen von Bremen" vergebene Auszeichnung. Der 70 Jahre alte Skipper wird als einziger auswärtiger Segler ausgezeichnet. Alle anderen Langfahrtpreise – Silberner Globus, Tanja-Pokal und Perlia-Jugendpreis – sind Bremer Skippern und Mannschaften zuerkannt worden.

Von der Segelkameradschaft »Das Wappen von Bremen« erhielt ich als außergewöhnliche Auszeichnung den »Goldenen Kompass« verliehen.

Die von Helmut Stöberl konstruierte Solveig III, die mich zweimal um die Welt und um das Kap der Guten Hoffnung getragen hatte, bei Flaute und Sturm, bei Sonne und Regen, erhielt einen wohl für immer geschützten Liegeplatz im Deutschen Schifffahrtsmuseum in Bremerhaven.

Rollo Gebhard umrundete mit »Solveig III« zweimal die Welt – Jetzt Abschied

Weltumsegler schenkte sein Boot dem Museum

Zahlreiche Cuxhavener kamen nach Bremerhaven

Bremerhaven lni/rhc. – Der Weltumsegler Rollo Gebhard (66) aus Garmisch nahm zum zweiten Mal Abschied von seinem Boot »Solveig III«, das er dem Deutschen Schiffahrtsmuseum in Bremerhaven übergab. Strahlend stand er noch einmal für die Fotografen in der Halle auf seinem Boot und ließ zum letzten Mal Flagge und Wimpel setzen. »Ich komme wieder, denn das Boot ist ein Stück von mir«, sagte Gebhard, der auch in Cuxhaven ein alter Bekannter ist, denn er ist sowohl Ehrenmitglied in der Seglervereinigung Cuxhaven (SVC) als auch beim Verein zur Förderung des Hochseesegelns, Trans-Ocean (TO), der seinen Heimathafen an der Elbmündung hat. In Cuxhaven wurde er von TO bereits mehrfach für seine herausragenden Leistungen ausgezeichnet.

Eigentlich habe er sich von 1979 nach seiner zweiten Weltumseglung, auf der er in viereinhalb Jahren 80000 Kilometer zurücklegte, von dem 7,30 m langen Fahrtenkreuzer vom Typ »Condor« verabschiedet. Das war auf dem Rathausplatz in Regensburg, dem Ausgangspunkt der nach Gebhards Worten ungewöhnlichsten Reise, die je ein Weltumsegler allein gemacht hat. Nachdem er den Erdball einmal umrundet hatte, habe er »noch mal eben einen Schlenker« von Kapstadt über Südamerika in die Nebelgebiete von Neufundland gemacht, erzählte der bärtige Segler. Die Reise endete dann nach einer Süßwasserpartie von Cuxhaven über Flüsse und Kanäle auf einem Tieflader, der die »Solveig III« von Nürnberg nach Regensburg brachte.

Mit dem Boot, das Gebhard bis zur Übergabe an das Museum einem Kieler Jachtclub überlassen hatte, war er bereits im Sommer 1967 zu seiner ersten Weltreise aufgebrochen. In drei Jahren legte er 30000 Seemeilen zurück. Damit ist er der erste Deutsche, der zweimal allein die Welt umsegelte. Er überstand zahllose Stürme und Kollisionen mit einem Großtanker und einem Wal. Auf dem Suwarrow-Atoll freundete er sich mit …

chen Reisen nicht die Tage, sondern die Nächte zählen. Aber aufhören kann er nicht. Seit 1983 ist er mit seiner Lebensgefährtin Angelika Zilcher auf seiner dritten Weltumseglung auf der »Solveig IV«, die zur Zeit während der Orkanzeit im Pazifik in einer geschützten Bucht der Salomo Inseln bei Neuguinea liegt. Mitte März soll es mit einem 6000-Seemeilentrip nach Alaska weitergehen. »1990 sehen wir uns in Bremerhaven wieder«, verabschiedete sich Rollo Gebhard.

Eine bemerkenswert große Delegation aus Cuxhaven war zu der Veranstaltung ins Schiffahrtsmuseum gereist. SVC-Kommodore Vollrath Fulfs gab zum letzten Mal das Kommando »Heiß Stander«, woraufhin Helmut Bellmer als TO-Vizepräsident die Stander von TO sowie der SVC und des Starnberger Würmsee-Yachtclubs hißte. Anschließend würdigte TO-Vorsitzender Dr. Jörn Ulrich Bachmann im Vortragssaal des Museums vor großer Kulisse die hochseeseglerischen Leistungen des Weltumseglers. Bachmann betonte auch, wie sich »Solveig III«, die eigentlich für Binnengewässer gebaut wurde, auf den Weltmeeren bewährt habe.

Rollo Gebhard lieferte seine »Solveig III«, mit der er zweimal die Welt umsegelte, jetzt als Geschenk im Deutschen Schiffahrtsmuseum Bremerhaven ab. TO-Foto

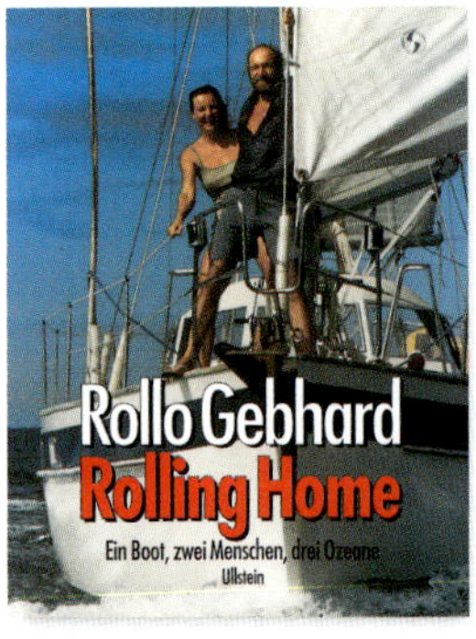

Sieben Jahre auf den Weltmeeren: Über unsere Erlebnisse schrieb ich drei Bücher.

Freunde über Rollo Gebhard

Helmuth Hörmann

Es wird immer wieder und in jeder Generation Menschen geben, die zu Vorträgen strömen, die mit gespannter Aufmerksamkeit auf den blicken, der so packend erzählen kann und die mit spitzen Ohren bereit sind, jedem Wort und jedem Diapositiv das abzugewinnen, was man so erträumt. Rollos Vorträge – schon vor 40 Jahren – waren die Initialzündung für mich. Kunststück! Denn damals war man in Berlin noch eingemauert und voller Freiheitsdrang, sich mal so richtig »satt« zu segeln.

Von Rollo zum Plan und vom Plan zur Wirklichkeit dauerte es Jahre, und dazwischen liegt die Ostsee, die Nordsee und jede Menge Arbeit, bis wir uns im Mittelmeer wieder trafen. Damals segelten wir brav und vorsichtig täglich immer an der Wand entlang. Natürlich hatten wir alle Scheine, dazu Hiscock, Koch, den Baader und das Schwerwettersegeln von Adlard Coles verschlungen, aber der »innere Schweinehund« war nicht totzukriegen.

Da lagen wir nun in Gibraltar – Sprungbrett oder Endstation – mit viel Angst im Bauch. Der Atlantik, der große Atlantik. Sollen wir oder sollen wir nicht? Und da waren die andern Kumpels mit derselben Angst. Ausgenommen einer, fast der Kleinste unter uns »Seevögeln«, Rollo mit seiner SOLVEIG III. Er kam »diesmal« die Donau herunter, war durch das Schwarze Meer und das ganze Mittelmeer bis nach Spanien gesegelt.

Rollo sitzt am Kai und repariert seinen Hondagenerator. Wir hatten uns schon vorher in Malaga getroffen, wo er uns in seinem Mietwagen die Gegend zeigte. Verdammt, dachte ich, Rollo ist vielleicht der richtige Mann für meinen »Schweinehund im Bauch«.

»Rollo, ich krieg das Kribbeln vor dem Atlantik nicht los. Diese lange Strecke See. Ich hab echt Schiss. Was soll ich tun? Ich kann nicht mehr schlafen, ich hab eine solche Unruhe in mir, ich bin so unsicher wie noch nie, ich fühl mich einfach nicht gut genug für eine Atlantiküberquerung.«

Rollo sieht mich mit seinen blauen, durchdringenden Augen an, dann geht sein Blick zu meinem Boot und wieder zurück zu mir. »Helmuth, dass du das Boot und das Segeln beherrschst, weiß ich. Hast du schon einmal eine Tag- und Nachtfahrt unternommen?«

»Klar, Rollo, hab ich auf der Ostsee, war kein Problem.«

»Gut, dann stell dir vor, du machst wieder eine solche Tag- und Nachtfahrt, nur vielleicht dreißig mal hintereinander!«

Und so hat Rollo mir mit dieser Erklärung den »inneren Schweinehund« ausgetrieben.

Viele Male haben sich danach unsere Kurse gekreuzt, oder wir segelten irgendwie parallel. In Tahiti wollten wir 14 Tage bleiben. Er aber meinte: Ihr könnt doch nicht durch den schönsten Teil einer Weltumsegelung rasen. Wir haben seinen Rat befolgt und blieben 16 Jahre (dafür sind wir nur Halbwelt-Umsegler).

Aber es war ein wirklich guter Rat. Danke, Rollo!

Neuseeland, Bay of Islands, im Januar 2005

Helmuth und Anne Hörmann.

Neue Aufgaben

Die Solveig VII, eine Classic Sturdy 400 AC, Motorkreuzer aus Stahl
Bauwerft: Linssen Yachts, Maasbracht, NL 6050 Niederlande
Konstrukteur: Jos Linssen
Länge über alles: 12,40 m
Breite: 4,05 m
Tiefgang: 1,35 m
Wasserverdrängung: 14,5 t
Motor: Volvo Penta 6-Zylinder Turbo Diesel 145 PS TAMD 41
Kraftstofftank: 2 x 800 l und 1 x 200 l
Schlauchboot: Zodiac Cadet mit Außenborder Honda 4-Takt 2 PS
Heizung: Eberspächer D 5 LC
UKW Funkgerät: Shipmate RS 8315
Wassertank: 2 x 200 l
Generator: 220 V 2500 Watt Volvo Aquapower

Sollten die sieben Jahre Weltumsegelung unsere erste und letzte gemeinsame Fahrt gewesen sein? Nein! Angelika und ich hatten gemeinsam den Wunsch, neue Länder zu besuchen, neue Gewässer zu entdecken, Kulturen und Menschen auch im guten alten Europa kennen zu lernen. Ein neuer Lebensabschnitt sollte beginnen!
Dazu wünschten wir uns auch ein neues Boot, denn Reisen innerhalb Europas auf Flüssen und Kanälen wollte ich nicht mit einem Segelboot unternehmen, das für die Befahrung flacher Gewässer, für enge Kanäle und Schleusen nicht geeignet ist.
Meine alte Heimat – Dresden – hatte ich nach der Wende wiedergefunden und dorthin konnte ich auf dem Wasserweg von Hamburg aus gelangen! Erste Fahrtziele waren damit vorgegeben, aber zunächst wollten wir unsere neu gegründete »Gesellschaft zur Rettung der Delphine« zu einer schlagkräftigen Organisation aufbauen.
Zunächst galt es, die Öffentlichkeit in Deutschland über den millionenfachen Mord an Delfinen aufzuklären und Wege aufzuzeigen, wie die

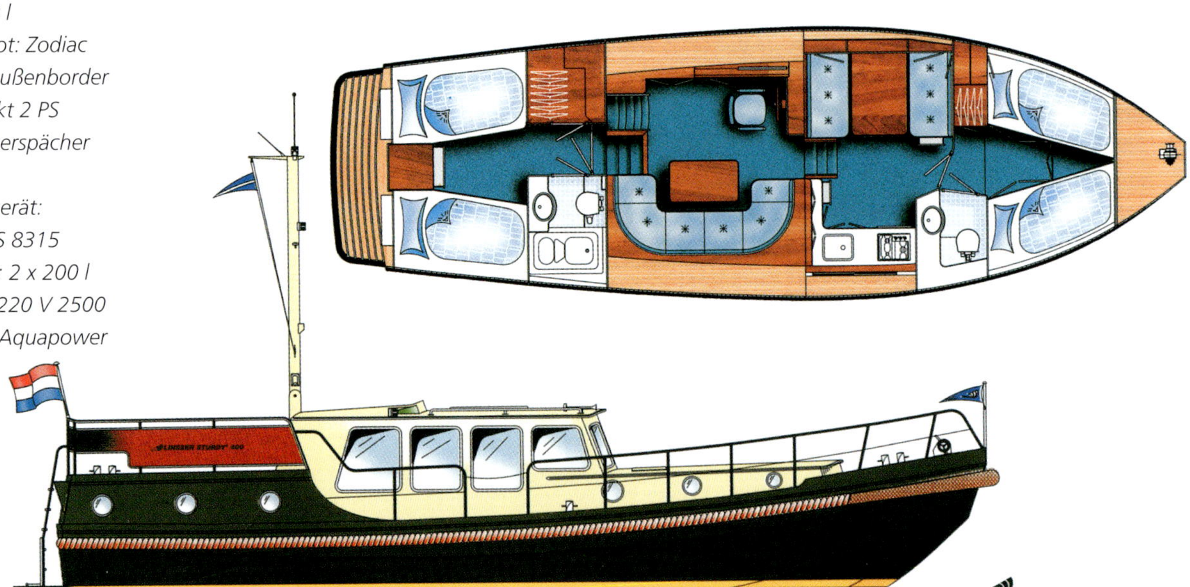

Wir haben ein neues Schiff gefunden und ein neues Aufgabengebiet: Nach Ende des Kalten Krieges erkunden wir die Wasserwege, Landschaften, Kulturen und Menschen in Europa (rechte Seite).

Wiedersehen mit Dresden nach 45 Jahren Trennung. Ich durfte meine SOLVEIG V vor der Brühlschen Terrasse neben den Schiffen der »Sächsischen Dampfschiffahrt« festmachen.

In der Mark Brandenburg glitten wir durch stille Wiesen und verträumte Wälder.

Massentötung der intelligenten Säugetiere, die bei den alten Griechen einst unter dem besonderen Schutz der Götter gestanden hatten, zu verhindern wäre.

Delfine waren mir schon in den Zeiten meiner Alleinfahrten zu besonders geliebten Begleitern geworden, die mich einmal sogar durch ein alarmierendes Pfeifkonzert vor der nächtlichen Strandung an der Küste Südafrikas bewahrt hatten. Auf der Weltumsegelung mit Angelika fiel uns auf, dass wir auch auf längeren Ozeanpassagen kaum noch Delfine zu Gesicht bekamen. Wo waren die fröhlichen Begleiter geblieben?

Wir erhielten eines Tages eine deutliche Antwort: Nachdem in der Nähe der Hawaii-Inseln unser Boot nachts in einem Netz hängen blieb

und sich nicht mehr steuern ließ, erfuhren wir später von Fischern in Alaska, dass in jeder Nacht bis zu hundert Kilometer lange Treibnetze (Driftnets) von japanischen Fischdampfern ausgeworfen wurden, um den begehrten Tunfisch zu fangen. In diesen Netzen aber verfangen sich nicht nur Tunfische, sondern unzählige Meerestiere, vor allem Delfine, daneben auch kleine Wale, Schildkröten und massenhaft Seevögel als so genannter »Beifang«.
Viele dieser Tiere sind schutzwürdig oder gehören zu den bedrohten Arten, werden aber dennoch als Beifang getötet, vernichtet und verenden qualvoll in den überlangen Netzen.
Entsetzt hörten wir die Berichte der Fischer. Aber wie konnten wir von Deutschland aus gegen den Einsatz dieser Netze in den Ozeanen vorgehen? Uns wurde schnell klar, dass ein Erfolg nur über den Umsatz, also den Gewinn der großen Fischereiflotten, erreicht werden konnte. Auf Bitten oder Warnungen würden die Firmen nicht reagieren.
Nur wenn der Verkauf von Tunfisch zurückging und der Einsatz der großen Netze und Fangschiffe nicht mehr lohnte, nur dann würde man den Tunfisch wieder wie vordem gezielt und in »normalen« Netzen fangen. So nutzten wir nach unserer Ankunft in Emden jeden Auftritt im Fernsehen und im Rundfunk, um über das Leiden und Sterben der Delfine zu berichten, und ich bat die Zuschauer, möglichst keine Tunfischkonserven mehr zu kaufen.
Es war nicht einfach, der neu gegründeten »Gesellschaft zur Rettung der Delphine« (GRD) das nötige Grundkapital zu verschaffen, doch mit der Zeit fanden sich großherzige Gönner,

Erinnerungen an die Kindheit. Der Eingang und die Zugbrücke über den tiefen Wallgraben von Schloss Kuckuckstein, den ich schon als Fünfjähriger bewundert hatte.

Schmale Kanäle und weite Seen prägen die Landschaft Brandenburgs. Die Umgebung von Berlin gehört zu den schönsten Wassersportgebieten Europas und der Welt (rechts und vorhergehende Doppelseite).

Wiedersehen mit Berlin. Niemals hätte ich gedacht, einmal mit einem eigenen Boot vor dem Reichstag festmachen zu dürfen (unten).

Tierliebhaber und Delfinfreunde, die unsere GRD nach und nach lebensfähig und schlagkräftig machten. Ihnen sei an dieser Stelle von Herzen gedankt!

Meine Sehnsucht nach langen und erlebnisreichen Fahrten auf den großen und herrlich schönen Wasserwegen Europas wuchs noch weiter, je mehr ich mich mit Karten und Beschreibungen der Flüsse und Kanäle befasste. Fast alle bedeutenden Städte und Kulturzentren sind an Wasserwegen gelegen. Dagegen hatte ich die großen Ozeane, die weiten Meere und ihre Küsten mit meinen Segelbooten bereits über viele Jahre befahren, kannte fast alle wichtigen Häfen. Das Segeln als romantisches Erlebnis hatte zudem durch die rasante technische Entwicklung weitgehend an Reiz für mich verloren. Der Schiffsverkehr auf offener See nahm ständig zu und damit die Gefahr einer Kollision, vor allem in der Nacht. Auch tagsüber konnte das Segelboot von der Kommandobrücke eines großen Schiffes zwar gesehen werden, aber auf die Beachtung des Wegerechts und ein Ausweichen vor dem Segler war kein Verlass. Entsprechende Informationen hatte ich von Kapitänen der Frachtschiffe mehrfach erhalten.

In den Häfen schränkten neue Vorschriften die eigene Entscheidungsfreiheit mehr und mehr ein, auch wurden immer öfter und immer höhere Liegegebühren erhoben. Für mich war es auch ein großer Unterschied, ob mir beim Einsteuern in eine von Palmen und weißen Stränden umgebene Bucht ein kleines Holzboot mit der Flagge des Landes am Heck entgegenkam und dann der

Mein erstes Buch nach den Weltumsegelungen: Die Gewässer der alten Heimat.

Arzt, der Zöllner und ein Polizist an Bord kletterten und mich fragten, ob ich eine gute Überfahrt gehabt hätte und dann die Dokumente für mich ausfüllten, oder ob ich mich nach langer Überfahrt über Funk bei einem unfreundlichen Polizeibeamten melden musste, der mir verkündete, dass eine Einklarierung heute nicht mehr möglich war, und dass wir deshalb auch vorläufig nicht an Land gehen dürften. Wo blieb da die Romantik und der Bezug zu den alten Zeiten der Segelschifffahrt?

Ich hätte eine völlig neue Einstellung zu meinen Segelreisen gewinnen müssen.

Aber wenn schon neu – so dachte ich –, dann besser ganz neu: neue, verlockende Fahrtziele und ein neues Boot! Es sollte zu langen Reisen auf Flüssen und Meeren fähig sein und uns auch die Fahrt durch Kanäle und Schleusen erleichtern. Anfangs dachte ich an einen Motorsegler, konnte mich dann aber mit einem kombinierten Boot nicht anfreunden. Zu viele Nachteile des Segelboots hätte ich beibehalten. Dagegen spielten Wind und Segel bei Binnenfahrten nur eine untergeordnete Rolle. Unsere Wahl fiel daher auf ein Boot, das mein Freund und damaliger Tourneeleiter Hermann Fröschl auf der »boot« in Düsseldorf für mich gefunden hatte: ein gediegenes holländisches Stahlboot, gebaut auf der renommierten Linssen Werft in Maasbracht. Es war eine Linssen Sturdy 36, die mir vom ersten

Augenblick an gefiel und die alles das besaß, was ich mir an Vorteilen von einer Motoryacht versprochen hatte.

Das erstklassig ausgestattete Schiff mit seinem kräftigen Volvo-Diesel besaß alle Voraussetzungen für Langfahrten und würde uns zudem auch ein angenehmes Leben zu zweit an Bord ermöglichen. Besonders gefiel mir der Salon mit seinen großen Fenstern, die uns freien Ausblick über die Landschaft in allen Richtungen ermöglichen würden. Der geräumige Schlafraum im breiten Heck und die großen Stauräume für Ausrüstung boten genügend Platz für umfangreiche Film- und Fotogeräte sowie Werkzeug, Ersatzteile und Kleidung. Der Tiefgang der schweren Stahlyacht und der reichliche Kraftstoffvorrat würden dabei auch Fahrten über die offene See zulassen.

Erstes Reiseziel sollte meine alte Heimat Dresden sein und anschließend die an Sachsen angrenzenden »neuen« Bundesländer. Denn nicht nur mein geliebtes Dresden wollte ich besuchen, sondern auch Seebäder an der Ostsee und auf der Insel Rügen, in denen ich als Schüler unvergesslich schöne Ferientage mit meiner Mutter und meinem damals noch kleinen Bruder verbracht hatte.

Dabei machte ich es mir zur Aufgabe, den Wassersportlern im Westen mit einem Buch und einem Fernsehfilm Anreiz zum Besuch der für sie noch wenig bekannten und einzigartig schönen Wasserwege im Osten der Bundesrepublik zu geben.

Mit dem Umstieg auf die Motoryacht brach für

Die Kreidefelsen von Rügen weckten Erinnerungen an glückliche Ferientage mit meiner Mutter und Bruder Vidar (links).

Rügen statt Papeete

Weltumsegler Rollo Gebhard über die Pläne mit seinem neuen Motorboot

BOOTE: Warum sind gerade Sie, als einer der bekanntesten Segler der Nation, aufs Motorboot umgestiegen?

Gebhard: Die Idee schwebte schon seit drei bis vier Jahren in mir. Ich liebe es, neue Herausforderungen anzunehmen, und dieser Umstieg gehört dazu. Eine vierte Weltumsegelung hätte keine neuen Reize mehr; mit dem Motorboot will ich nun etwas völlig anderes in Angriff nehmen. Außerdem fiel der Entschluß auch etwas altersbedingt. Mit 70 Jahren hat man nicht mehr unbegrenzt Zeit – man muß kurzfristiger denken und planen.

BOOTE: Wie sind Sie gerade auf die Linssen 36 gekommen?

Gebhard: Ich suchte ein unkompliziertes, robustes Fahrtenboot, ähnlich wie meine „Solveig", eine Rassy 42. Und die Linssen scheint mir genau diese Voraussetzungen zu erfüllen. Sie ist urig, besitzt keinen überflüssigen Luxus und keine Spielereien.

BOOTE: Haben Sie bereits Erfahrungen mit Motorbooten?

Gebhard: Nein, aber ich bin auf meinen Reisen sehr viel Motor gefahren, auch bi[…] Meine zweite Weltumse[…] habe ich zum Beispiel auf d[…] nau angefangen und vier […] später mit der Etappe Cux[…] Nürnberg beendet. Auch […] tracoastal Waterway in den […] die Wasserstraßen in Alas[…] Vancouver nach Anchorag[…] die sibirische Insel Nova […] gehörten zu meinen Mot[…] vieren. Insofern bedeute[…] Umstieg keine allzu große Umstellung für mich.

BOOTE: Welche Reisen planen Sie mit dem Motorboot?

Gebhard: Ab April nächsten Jahres werde ich gemeinsam mit Angelika Zilcher für etwa sechs Monate alle für Motorboote zugänglichen Gewässer der ehemaligen DDR befahren. Ich bin in Dresden aufgewachsen und habe oft auf Rügen meine Ferien verbracht. Nach der Grenzöffnung kam mir dann die Idee, diese Reise, die zum Teil zurück in meine Jugend führt, zu unternehmen.

BOOTE: Sie kennen fast alle Reviere dieser Welt. Was reizt Sie gerade an diesem?

[…] neuen Bundesländer.

BOOTE: Wird es auch von dieser Reise wieder ein Buch geben?

Gebhard: Ja, und zwar in Ihrem Verlag Delius Klasing. Gleich nach Beendigung der Fahrt werde ich meine Eindrücke […] zu beitragen, daß die Infrastruktur für den Wassersport in den neuen Bundesländern verbessert wird.

BOOTE: Haben Sie noch Zeit für die „Gesellschaft zur Rettung der Delphine", die Sie vor einiger Zeit ins Leben gerufen haben?

Gebhard: Ich bin hier zugegebenerweise nicht mehr so stark engagiert wie in der Anfangsphase. Aber das ist auch nicht mehr nötig. Mit meinem Namen und Einfluß habe ich dafür gesorgt, daß die Gesellschaft einer breiten Öffentlichkeit bekannt wird. Inzwischen läuft sie mehr oder weniger von selbst. Und: wenn es Probleme gibt, bin ich natürlich jederzeit erreichbar.

BOOTE: Bald wird ihr Motorboot geliefert. Wird Ihnen dann der Abschied von Ihrer „Solveig IV" schwerfallen?

Gebhard: Der Verkauf, sprich die Trennung von meiner Hallberg-Rassy wird ganz bitter für mich werden. Ich habe mehrere Jahre auf ihr verbracht. Genauso schwer aber fiel mir der Abschied von der Südsee. Ich habe insge-

GOOD-BYE, SEGELN

Die Umsteiger des Jahres: Rollo Gebhard und Angelika Zilcher.

20

Schweriner Volkszeitung

Heute mit Wochenend Magazin

Sonnabend, 3. Juli 1993 — Mecklenburgische Zeitung — 1 DM/Nr. 152/48

Unabhängige Tageszeitung für das Land Mecklenburg-Vorpommern

Weltumsegler auf Entdeckungsfahrt zwischen Elbe und Oderhaff

Rollo Gebhards neuestes Abenteuer vor unserer Haustür

Er hat alle großen Ozeane und fast alle Meere der Welt mit dem Segelboot durchquert. Drei Weltumsegelungen hat er bestanden, zwei davon mutterseelenallein. In etwas mehr als 30 Jahren hat er gut 150 000 Seemeilen zurückgelegt: Rollo Gebhard, 71, Deutschlands berühmtester Weltumsegler. Jetzt ist er auf Entdeckungsreise auf Flüssen, Kanälen und Seen vor unserer Haustür, zwischen Elbe und Oder. Bis zum 15. September.

„Länger geht es nicht", bedauert er schon jetzt. Der Verlag drängt. Das Buch soll bald fertig sein.

Mitte Juni legte er mit seinem Boot an der Marstallhalbinsel in Schwerin an. Gelegenheit zu einem Plausch an Bord der Solveig V.

Den Kindheitstraum noch wahrgemacht

wie bei der dritten Weltumsegelung mit seiner Frau Angelika – das ist eine nahezu unvorstellbare psychische und physische Belastung. „Die Ungewißheit, was da noch kommt, der ständige Schlafmangel, das strapaziert die Nerven bis zu Depressionen", sagt er. Ein Auge muß man auf See ständig offenhaben. Und Angelika, seine Frau, scherzt: „Abnehmen ohne Fasten […]

Dresdner Neueste Nachrichten

Sonnabend / Sonntag, 8./9. Mai 1993

Rollo Gebhard – in Dresden ging er zur Schule und in die Oper, später wurde er ein berühmter Weltumsegler

Helden sind doch wieder gefragt

Warum ist bei Dresden die Elbe so gelbe?
Sie härmt sich zuschanden,
bald muß sie aus den Landen.
Und gleich hinter Meißen,
pfui Teufel, liegt Preußen.

Dresdner weltweit

Verschiedene Zeitungen berichteten über unsere Erkundungsfahrt in die neuen Bundesländer.

Unsere zweite Europa-Fahrt mit der Linssen Sturdy 36: Die Metropolen Paris, London und später Stockholm und St. Petersburg waren unser Ziel.

SOLVEIG V vor dem Winterpalast in Sankt Petersburg (rechte Seite).

GSM
МЕЖДУНАРОДНЫЙ РОУМИНГ

mich ein gänzlich neuer Lebensabschnitt an. Angelika und ich hatten den »Bund fürs Leben« geschlossen, und wir freuten uns auf gemeinsame Abenteuer und Erlebnisse, die unsere Kenntnisse erweitern und unser Leben den neuen Verhältnissen auf der Welt, insbesondere in Europa, anpassen sollte.

So begannen wir im Frühjahr 1993 mit unserer Linssen-Sturdy eine mehrmonatige Fahrt nach Sachsen, Sachsen-Anhalt, der Mark Brandenburg, Mecklenburg und Vorpommern. Weitgehende Unterstützung erfuhren wir dabei von meinem Freund Felix Heidenberger, einem ehemaligen Schulkameraden aus Dresden, der sich in seiner Eigenschaft als Reporter des Bayerischen Fernsehens für die professionelle Ausarbeitung und spätere Sendung unserer Filmaufnahmen einsetzte. Wir erlebten eine einmalig interessante Fahrt durch die neuen Bundesländer, eine Fahrt, die niemals mehr wiederholt werden könnte, da wir zu den wenigen ersten Yachten gehörten, die die großen Ströme und fast alle befahrbaren kleineren Gewässer im einstigen »Mitteldeutschland« besuchten. Darunter auch Kanäle und Flüsse, die bis dahin von der russischen Armee und der Nationalen Volksarmee (NVA) für zivile Fahrzeuge gesperrt waren. Es gab damals noch kaum negative Vorurteile

In den Finnischen Schären fanden wir gut geschützte, idyllische Ankerplätze.

gegenüber den »Wessies«, und wir hatten auch wegen der vorerst wenigen Boote praktisch keine Sorgen um gute Liegeplätze. Überall wurden wir als willkommene Gäste freundschaftlich aufgenommen. Unvergesslicher Höhepunkt: In Dresden hatte Felix von der Direktion der »Weißen Flotte« die für ein Sportboot wohl einmalige Erlaubnis erwirkt, neben den Fahrgastschiffen an einem der großen Pontons an der Brühlschen Terrasse im Zentrum der Altstadt festzumachen.
Mir standen damals Tränen in den Augen, als ich dicht hinter mir die Umrisse der Semper-Oper sah und neben uns die ehemalige Hofkirche.

Über unsere Expedition mit der neuen Linssen Sturdy 400 zum Schwarzen Meer schrieben Angelika und ich jeweils ein eigenes Buch und produzierten einen Film mit dem BR.

Auf der Fahrt die Donau abwärts besuchten wir nach Wien auch Budapest (unten).

SOLVEIG am Eisernen Tor (vorhergehende Doppelseite).

Die sagenumwobene Türkenburg Golubac am Eingang zum Eisernen Tor.

Angelika machte sich sogar Sorgen, ob ich noch in der Lage wäre, mein Boot richtig zu manövrieren. Nie hätte ich mir als Schüler träumen lassen, einmal mit meinem Schiffchen an diesem berühmten Platz neben der Augustusbrücke liegen zu dürfen!

Wir setzten unsere Erkundungsfahrt bis Rügen fort, und auf dem Weg zurück in die Elbe lernte ich auch den Müritz-See kennen, wo mein Vater in seiner Jugend um 1875 ein Bootshaus besaß und wo sein Ruderboot lag, ein »Einer«, von dem er mir oft erzählte.

Große Teile Deutschlands hatten wir so auf eigenem Kiel befahren, und ich konnte manche glückliche Erinnerung an Kindheit und Schulzeit auffrischen.

Während meiner Segelreisen in ferne Länder traf ich gelegentlich auf deutsche Segler, die mich fragten: »Warst du eigentlich schon einmal in … ?«, und dann nannten sie ihre Lieblingsreviere in Deutschland oder Skandinavien. Nach jedem Gespräch nahm ich mir vor, diese besonders interessanten Fahrtziele »später einmal« zu besuchen. Jetzt war endlich die Zeit gekommen, mir diese Wünsche zu erfüllen. Ich suchte in Atlanten und Yachtführern, um die jeweils geeignetste Route für uns zusammenzustellen. Wo anfangen? Dresden und Berlin hatten wir besucht. Jetzt sollten Paris und London folgen. Unser Wasserweg führte zunächst vom Rhein in die Mosel und weiter nach Frankreich und Paris. Ein Erlebnis besonderer Art war die Erkundung der französischen Kanäle. Sie erforderte viel Zeit und Kraft, denn fast alle Kanäle in Frankreich steigen über die hügelige Landschaft auf und ab und sind deshalb mit Schleusen geradezu überhäuft. Wir schafften einmal 35 Schleusen an einem Tag! Der Berufsverkehr ist dagegen in Frankreich so gut wie eingeschlafen, es gibt auch meist keinen Schleusenaufseher mehr, der die Tore bedient. Deshalb bekommt in den kleinen Kanälen jedes Boot einen eigenen Begleiter zugewiesen, der die Schlüssel zum Öffnen der Tore bei sich trägt und dann einen Tag lang mit einem Motorrad neben dem Boot herfährt, um die Tore zu öffnen. Eine weitere Besonderheit sind die großen Kanal-Tunnel, deren Durchfahrung viel Konzentration und wegen der langen Wartezeiten oftmals auch einige Zeit beansprucht. Als wir uns schließlich Paris näherten, fühlten wir uns in Siegerlaune, und die Spannung stieg von Stunde zu Stunde. Paris! Die große Stadt an der Seine!

Irgendwie war es unwirklich für mich, mit rauschender Bugwelle durch die Metropole zu kreuzen. Wir bewunderten das großartige Stadtbild, den Eiffelturm und die Kathedrale Notre-Dame und die vielen prächtigen Bauwerke, die sich vom Wasser aus besonders eindrucksvoll präsentierten. Nicht zu vergessen die vielen schönen Brücken, zwischen denen wir auf- und abglitten. Geradezu sensationell ist der Sportboothafen gestaltet. Er wurde neben dem Arsenal und dem Place de la Concorde angelegt, von den Bahnhöfen der großen Metro-Linien und dem Louvre nur wenige Schritte entfernt.

Einen Besuch des weltberühmten Museums ließen wir uns natürlich nicht entgehen und genossen überhaupt jede Stunde in der an Kunstwerken so reichen Stadt. Man liegt mit dem Boot gut geschützt, auch vor unwillkommenen Besuchern, in einem geräumigen Bassin, das durch einen kurzen Tunnel mit der Seine verbunden ist. Bei längerem Aufenthalt könnte ein Bootsfahrer die großartigen Kunstsammlungen und Museen der Reihe nach besuchen und hätte jeden Abend sein Schiff, seine Wohnung, im nahen Hafen zur Verfügung.

Ihre romantische Felsküste und hohe Berge machten die Halbinsel Krim zum beliebten Ferienziel der Zarenfamilie.

Wir setzten unsere Fahrt Seine-abwärts fort, nach Rouen zuerst und dann nach Le Havre. Von dort aus überquerten wir den Englischen Kanal und steuerten in die Themsemündung. Dieser Übergang von einem Arm des Weltmeers in die Mündung des Themsestroms erfordert eine Menge Erfahrung und kostete mich Nerven wegen der zahlreichen Sandbänke, über die der Fluss mit kräftiger Strömung hinwegzieht. Dann aber führt die Themse ohne weitere Schwierigkeit in das Herz der einstigen Hauptstadt der Welt. Manche Erinnerung an meine Wochen in London vor dem Ausbruch des Krieges 1939 wurde wach!

Und auch hier fand ich einen Sporthafen, dessen luxuriöse Ausstattung und ideale Lage neben dem Tower für den interessierten Besucher alles bietet, was man sich wünschen kann. Über die Themse, diesmal abwärts, und die Nordsee kehrten wir auf den Kontinent zurück, und nach einem Besuch der Hansestädte Hamburg und Lübeck begannen wir unsere Skandinavienreise durch den Göta-Kanal von Göteborg bis Stockholm.

Damit ging der Sommer 1995 langsam zu Ende, und wir suchten uns in der Nähe der Hauptstadt Schwedens ein geeignetes Winterlager. Mit wenig Aufwand konnten wir die SOLVEIG V an Land heben lassen und in eine geheizte Winterhalle stellen. Rückblickend wurde mir klar, dass wir auf den Flussfahrten unglaublich viel gesehen und erlebt hatten, dass unsere schönsten Hoffnungen noch übertroffen worden waren und dass ich meinen Entschluss, die SOLVEIG V zu verkaufen und auf einen Motorkreuzer umzusteigen, keineswegs bereuen musste. Im Gegenteil! Angeregt durch unsere wunderbaren Erlebnisse, begannen wir, unsere gemeinsamen Planungen für die nächsten Jahre weiter auszudehnen. Wir beschlossen, statt unsere Skandinavienreise in Stockholm oder Helsinki zu beenden, der alten Zarenmetropole St. Petersburg einen Besuch abzustatten und als Krönung unserer Nordlandfahrt einen Blick nach Russland zu riskieren. Tatsächlich konnten wir dann auch die nötigen Verbindungen in München und St. Petersburg aktivieren, um dieses damals noch schwierige Ziel zu erreichen.

Auf der Brücke der SOLVEIG VII mit dem Direktor des Naturparks »Donaudelta«. Hier leben Vögel und Tiere, die nirgendwo sonst in Europa anzutreffen sind.

Stadtbild und Menschen in St. Petersburg, wo wir nicht nur eine aufregende und interessante Woche verbrachten, sondern auch neue Freunde gewannen, begeisterten uns derart, dass wir weitere Unternehmungen im Osten Europas auf unseren Wunschzettel setzten.

Da die GRD im Begriff war, eine Schutzaktion für Delfine an der Küste der Halbinsel Krim zu unterstützen, dachten wir an eine Verbindung dieses Projekts mit einer Donaufahrt bis zur Mündung ins Schwarze Meer. Was mir die Donau so interessant machte, waren Überlegungen, die ich in meiner Ankündigung für die Reise kurz zusammenfasste:

Vor 3000 Jahren hatten griechische Seehelden, die Argonauten, die Strände des Schwarzen

Abendstimmung im Donaudelta (folgende Doppelseite).

An der Küste der Ukraine kam eine Trachtengruppe an Bord und beschenkte uns zum Willkommen mit Brot und Salz.

Eine der malerischen Buchten an der Felsküste der Krim.

Meeres, des Pontos Euxinos, befahren, später die Römer, die mit ihren Legionen sogar die Donau aufwärts bis zum Eisernen Tor vordrangen.
Wieder 1500 Jahre später unternahmen die Wikinger, die »Rus«, von Skandinavien aus Erkundungs- und Eroberungsfahrten auf dem Dnjepr, dem Don, der Wolga und über das Schwarze Meer bis Konstantinopel (Istanbul). Im Russischen Reich gründeten die Zaren auf der Krim nicht nur den Kriegshafen Sewastopol, sondern auch die Seebäder Jalta und Aluschta. Danach entfernten sich die Küsten des Schwarzen Meeres aus dem Blickfeld der Westeuropäer, denn der Eiserne Vorhang ging nieder.
Erst nach der Wende las man wieder von Moldawien, von Kasachstan oder von der Walachei. Unbekannter waren uns die Küsten des Schwarzen Meeres als die entlegensten Inseln im Pazifik! Seit ich 1975 zum ersten Mal mit SOLVEIG III die Donau bis zu ihrer Mündung befahren hatte, wünschte ich mir eine weitere Reise auf dem herrlichen Strom. Diesmal wollte ich viel Zeit zur Verfügung haben, um die landschaftlichen Schönheiten der Donau und ihre Sehenswürdigkeiten voll genießen zu können.
Nach der Wende öffnete sich der Eiserne Vorhang auch für die Donau-Staaten, und damit war es möglich geworden, eine zweite Donaufahrt zu unternehmen. Für uns bedeutete dies weniger Grenzkontrollen und keinen Zwangsumtausch mehr. Aber leider herrschten damals in Jugoslawien noch unsichere Zustände, und ich hatte Bedenken, allein mit einer jungen Frau dieses kritische Gebiet zu durchfahren. Es schien mir ratsam, auf der Strecke durch Jugoslawien zwei Freunde an Bord zu nehmen, um beweglicher zu werden und bei Landgängen immer eine Wache an Bord zu wissen.

Unterwegs zur Küste des Kaukasus.

Dafür aber war eine Crew von vier Personen notwendig, und so bestellte ich in der Linssen-Werft ein größeres Boot, eine Sturdy 42 mit vier Schlafplätzen und mehr Stauräumen. Angelika taufte dieses ideale Boot auf den Namen SOLVEIG VII, und mit ihr begannen wir unsere Donau–Schwarzmeer-Reise in Regensburg.

Die Fahrt durch Ungarn, Jugoslawien und Bulgarien verlief ohne Zwischenfälle, von einigen Zollschikanen abgesehen, und wir freuten uns über das außergewöhnliche Erlebnis, als erstes Sportboot im ukrainischen Donaudelta begrüßt zu werden. Dieser östliche Teil des Deltas war früher sowjetisches Staatsgebiet gewesen und deshalb für alle ausländischen Schiffe gesperrt.

Bei unserer Ankunft in der Ukraine wurde eine große Feier für uns veranstaltet mit Abendessen und attraktiven Bedienungen in Landestracht. In der Ukraine ging es uns auch später so gut, dass wir die Reise verlängerten und mehrere Häfen zusätzlich anliefen, vor allem an der landschaftlich malerischen Küste der Krim. Wir besuchten natürlich Jalta, aber auch die Häfen Balaklava und Feodosija, die Stadt des berühmten Malers Aiwasowsky.

Als es Herbst wurde, gingen wir nach Balaklava zurück und ließen dort unser Boot in guter Obhut von Freunden den Winter über liegen.

Im Frühjahr setzten wir die Fahrt fort und überquerten das Schwarze Meer bis zur russischen Küste des Kaukasus. In dem bekannten russischen Seebad Sochi waren wir zum ersten Mal Gast in einem russischen Yachtklub und dort ermöglichte man uns ein sensationelles Erlebnis: Wir erhielten die Erlaubnis, einen ganzen Tag lang in der noch immer geheimen und versteckten Stalindatscha zu verbringen, zu filmen und zu fotografieren.

In dieser speziell für den großen Diktator ausgebauten, mit Tarnfarbe fast unsichtbar gemachten Villa erlebte Stalin den denkwürdigen 22. Juni 1941, den Beginn des deutschen Einmarsches in die Sowjetunion. Das mit einer Reihe von »Spezialitäten« gesicherte Gebäude erlaubte dem stets von Angst gepeinigten Herrscher, seinen Urlaub im Schutz von Leibwächtern und umfangreichem Bewachungspersonal zu verbringen.

Von Sochi aus verließen wir am Ende unserer Reise Russland in Richtung auf die türkische Küste und Istanbul. Nicht weit von Sochi mündet der große Don in das Asowsche Meer. Für mich lag es nahe, den Verlauf des Stromes im Atlas zu studieren, und dabei wurde mir klar, dass der Don wiederum durch einen Kanal mit der Wolga verbunden ist.

Das also war der gigantische Wasserweg, das Kanalsystem, das es den großen Schiffen erlaubte, von der Ostsee zum Schwarzen Meer zu gelangen. Ob auch wir diesen längsten und größten Binnen-Wasserweg Europas einmal befahren könnten? Von St. Petersburg bis Istanbul, von Wolgograd bis Rostow am Don wäre das eine Route quer durch Russland!

Wieder setzten wir uns mit russischen Freunden in Verbindung, um eine Genehmigung zu erhalten, die für nicht-russische Schiffe gesperrte Route dennoch fahren zu dürfen. Tatiana, eine Freundin in Sankt Petersburg, erklärte sofort, dass es ausgeschlossen sei, eine solche Genehmigung zu erhalten. Hingegen deutete sie eine heimliche Möglichkeit an, wie wir dennoch auf Wolga und Don fahren konnten. Eine grandiose Aussicht! Auf der Wolga nach Wolgograd!

Am 12. April 2001 verließen wir den Hafen von Travemünde, um über die Insel Gotland zunächst Helsinki anzusteuern. Dort stieg der russische Pantomime Andrey Alexander an Bord, der die Expedition in den nächsten Monaten als Kameramann und Dolmetscher begleiten sollte.

Was hatte man mir über Russland nicht alles erzählt, wie oft war ich gewarnt worden! Nun sollte in Sankt Petersburg unsere SOLVEIG VII in ein russisches Schiff verwandelt werden und eine

Nach der Überquerung des Schwarzen Meeres und Durchfahrt durch den Bosporus: Ankunft in Istanbul! Angelika am Ruder (linke Seite).

Unser größtes Abenteuer: die Durchquerung Russlands von West nach Ost. Auf Wolga und Don gelangten wir zum Kaspischen Meer und danach zum Schwarzen Meer. Im Norden des Onega-Sees besuchten wir ein Weltwunder: die Holzkirche von Kischi (folgende Doppelseite).

Freunde über Rollo Gebhard

Volker Kirchgeorg

Meinem Freund Volker Kirchgeorg, dem erfahrenen Industriekaufmann, verdanke ich wertvolle Ratschläge.

Wann das war, weiß ich nicht mehr, es muss so Anfang der 1980er-Jahre gewesen sein. Wo es war, weiß ich aber noch genau. Es war im Arabella-Hotel – dem unförmigen Klotz in Bogenhausen – im Café. Am Tisch saß ein bärtiger Mensch, gegerbte Haut mit einem traurigen Blick. Wir kamen ins Gespräch, und ich erfuhr, dass er Rollo Gebhard heißt und um die Welt segelt. Was die Seefahrt anbetraf, bewunderte ich Graf Luckner, einen Mann der Telefonbücher zerreißen konnte und mit einem großen Segelschiff die Meere durchpflügte. So war es aus der »Fox Tönende Wochenschau« im Kino vor vielen Jahren zu erfahren. Bei Tee und Gebäck öffnete Rollo mir eine Welt, die ich bisher nicht kannte …

Im Verlauf des Gesprächs erzählte er später von einem Prozess über nicht gezahlte Honorare, den er zwar gewonnen hatte, doch durch geschickte Manipulationen des Gegners weder sein Geld erhalten habe, und damit nicht genug, auch noch die Anwalts- und Gerichtskosten übernehmen musste. Aus meiner langjährigen Tätigkeit als Verkaufschef bei einem großen Konzern gab ich ihm einen Rat, an den er mich noch heute, wenn wir uns sehen, immer wieder mit einem gewissen Schmunzeln erinnert.

Damals begann eine Freundschaft mit oft langen Pausen. Für mich waren es dann immer aufregende Begegnungen. Nach der letzten Weltumrundung und den Städtereisen durch Europa sprachen mich Rollo und Angelika auf das neue Projekt, die Reise von der Nordsee bis ins Schwarze Meer, an. Da gewannen sie mich für etwas, was ich noch nie vorher gemacht hatte. Etwas Spannendes und sicher Einmaliges in meinem Leben. Bei den Vorbereitungen konnte ich etwas mithelfen, aber das Unerwartete war, dass mich Rollo und Angelika einluden, zwei Wochen auf der Donau mitzufahren. Eine wunderbare Reise, die beide in ihren Büchern einmalig schildern.

Mitzuhelfen bei der Präsentation der Bücher im Literaturhaus im Jahr 2000 war natürlich wieder eine neue Herausforderung und ein großer Beweis ihres Vertrauens.

Für mich war es ein Erlebnis, auf das ich nicht mehr verzichten möchte. Dabei sollte es natürlich nicht bleiben. Das nächste Projekt – verrückt, aber genial – war eine Reise mit dem Schiff von der Ostsee durch Russland ins Schwarze Meer.

Es gäbe noch vieles über die Freundschaft mit Rollo und Angelika zu berichten. Für mich sind diese beiden Menschen ein Glückstreffer in meinem Leben.

Mit den allerbesten Wünschen

München, im Dezember 2004

russische Registrierung erhalten. Tatiana hatte die nötigen Vorbereitungen getroffen und so geschah die »Verwandlung« wie verabredet.
Am Abend vor dem Start brachte unser russischer Steuermann Ed die kyrillischen Buchstaben und Nummern der Registrierung am Bug des Bootes an. Ich bereitete die frisch genähte russische Flagge vor, die wir dann am frühen Morgen feierlich setzten. Niemand hatte den Flaggenwechsel beobachtet. Mit klopfendem Herzen startete ich den Motor. Möglichst unauffällig und voller Erwartung schlichen wir uns leise vom Liegeplatz im Yachtklub in die Große Newa, den inneren Hafen von Sankt Petersburg. Am Heck wehte stolz das russische Banner! Niemand konnte uns jetzt als Deutsche erkennen. Es begann ein gewagtes Abenteuer, die aufregendste Fahrt meines Lebens! Vorbei am Winterpalast und dem Kreuzer Aurora, dessen Kanonen den Beginn der Revolution signalisiert hatten, gelangten wir zunächst in den Ladogasee und später in den Onegasee, die beiden größten Seen Europas. Von dort führt ein Kanal in die Wolga, an deren Oberlauf, in Rschew, ich 1942 als Wachsoldat mit dem Gewehr über der Schulter durch das Wasser des Flusses gewatet war! Unbeschreibliche Gefühle und Gedanken gingen mir durch den Kopf, als ich nun auf einem eigenen Boot den Strom abwärts glitt.
Tatsächlich gelangten wir nach Moskau. Nie werde ich vergessen, wie ich in der Abenddämmerung an der roten Backsteinmauer des Kreml entlangsteuerte, wie wir unter einer Brücke in Moskau übernachteten und wie wir am nächsten

Die kritischsten Tage unserer Russland-Expedition: Nach einer illegalen Fahrt auf der Moskwa lagen wir gefangen in Moskau. Die Solveig VII saß auf Grund, streng bewacht!

Angelika und Rollo Gebhard (m.) bei der Buch-Präsentation mit Leitendem Ministerialrat Bernd-Joachim Pantze (l.) und Michail Logwinow. Foto Bernd Lindenthaler

Buch-Premiere wurde ein Fest der deutsch-russischen Freundschaft

Ehepaar Gebhard präsentiert in München „Zauber der Wolga"

VON JENS HENDRYK DÄSSLER

Bad Wiessee / München – Keiner der zahlreichen deutschen und russischen Gäste (viele aus dem Landkreis), die jüngst in den Hypo-Komplex im Münchner Maffai-Block gekommen waren, hatte den Eindruck, an einer Marketing-Veranstaltung für ein neues Buch teilgenommen zu haben: Das Weltumsegler-Ehepaar Angelika und Rollo Gebhard aus Bad Wiessee und der russische Freund des Paars, Andrey Alexander, machten die Buch-Präsentation zu einem Spiegel dessen, was der Inhalt des Werks vermitteln will – Verständnis für die Menschen im Riesenreich. Und so geriet der Abend zu einer bunten deutsch-russischen Veranstaltung, in deren Zentrum die Freundschaft beider Nationen stand – getragen durch die anwesenden Besucher.

„Zauber der Wolga – Abenteuer unter russischer Flagge", so der Titel des im Delius Klasing Verlag soeben erschienenen, reich bebilderten 352-Seiters. Das Buch schildert die illegale Reise, die das Trio im vergangenen Jahr durch russische Gewässer unternahm (wir haben berichtet). Dabei musste das Schiff der Gebhards, die Solveig VII, pro forma unter russische Flagge gestellt werden, um überhaupt in die russischen Gewässer zu kommen.

Im Rahmen des Abends wurden auch Ausschnitte einer begleitenden Film-Dokumentation gezeigt, die im Bayerischen Fernsehen zu sehen sein wird. Russische Folklore-Tänze präsentierte das Zentrum Russischer Kultur in Bayern (MIR), mit fesselnden Pantomime-Vorführungen glänzte Andrey Alexander. Das Peters Quartett von der Staatsoper Moskau nutzte die faszinierende Akustik in den Räumlichkeiten der HypoVereinsbank, um von verschiedenen Stellen aus so lebhafte wie anrührende Weisen zu singen.

„So, das isses", meinte Leitender Ministerialrat Bernd-Joachim Pantze, als er in Stellvertretung des Bayerischen Wirtschaftsministers Otto Wiesheu hinters Rednerpult trat und das Buch auf selbiges legte. „Ihnen gelang eine Expedition, die vor 20 Jahren undenkbar gewesen wäre", würdigte Pantze die Leistungen der drei Abenteurer. Das Ehepaar Gebhard sei als Botschafter Deutschlands und Europas aufgetreten, habe nicht nur eine maritime Pionierleistung vollbracht, sondern auch viele Kontakte geknüpft. Michail Logwinow, Beauftragter Bayerns in Moskau, würdigte ebenfalls die Leistungen der Gebhards für Verständnis und Freundschaft zwischen beiden Völkern. Grußworte sprach auch Christian Ludewig, Vertreter des Verlags.

Präsentation von Angelikas Buch und TV-Film »Zauber der Wolga« im Literaturhaus München.

Morgen von der Polizei aufgebracht und festgesetzt wurden. Unter Polizeiaufsicht musste ich meine Solveig VII am Ufer auf Grund setzen, denn die Befahrung der Moskwa mit einem Sportboot ist auch für russische Boote nicht erlaubt. Nur auf Befehl der Polizei konnten wir wieder freikommen, und jeden Tag betete ich leise, dass auch dieses Abenteuer ein gutes Ende nehmen möge!

Tatsächlich gelang es uns, in Begleitung der Polizei nach acht Tagen die Stadt wieder zu verlassen.

Von der Moskwa kehrten wir in die Wolga zurück, glücklich, dass uns dieser Abstecher gelungen war. Aber mit jedem Kilometer, den die Solveig VII auf dem Strom abwärts glitt, kamen wir Wolgograd, dem einstigen Stalingrad, näher. Für mich als ehemaligem Soldaten der Wehrmacht war der Gedanke, den Ort der größten Schlacht des Zweiten Weltkriegs kennen zu lernen, ausgesprochen bedrückend. Zudem hatte man uns überall, auch in Moskau, vor Stalingrad gewarnt. Dort könnten wir nicht auf freundschaftliche Gefühle gegenüber Deutschen hoffen, wie wir sie bisher überall, besonders in Dörfern und kleinen Städten, in Klöstern und Kirchen, aber auch in Museen und in Gasthäusern gefunden hatten.

Wir erreichten die schon legendäre Stadt an einem sonnigen Vormittag, sahen von weitem das berühmte Denkmal der »Mutter Heimat« und ein Denkmal, das im Strom schwimmend an die Toten erinnern sollte. Wir waren auf alles gefasst, aber nicht darauf, dass uns eine Welle der Freundschaft entgegenschlagen würde. Geradezu kameradschaftlich versuchte jeder, dem wir bei unserem Liegeplatz im Yachtklub begegneten, uns behilflich zu sein, und wir erhielten mehr Einladungen auf die Nachbarboote, als wir bewältigen konnten.

Eine Journalistin hatte am folgenden Tag einen Auftrag vom Fernsehen, und da sie gehört hatte, dass wir im Naturschutz für Delfine tätig waren, nahm sie uns mit in das streng bewachte und auch für Russen total gesperrte Wolga-Kraftwerk. Wir hatten dort Gelegenheit, die Aufzucht der immer seltener werdenden Störe zu beobachten

und zu filmen. In einem Nachbarboot lernten wir den Schuhfabrikanten Igor kennen. Er war besonders gut gelaunt und lebensfroh mit mehreren hübschen Mädchen auf seinem Boot. Angelika fragte ihn, wie er über die Schlacht von Stalingrad und uns Deutsche dachte.
»Natürlich habe ich Respekt vor dem, was geschehen ist«, sagte er mit fester Stimme, »aber für uns sind Deutsche keine schlechten Menschen. Wir sprechen über sie ohne Hass. Wir leben jetzt mit einem anderen Verständnis, auch Stalin ist kein Thema mehr für uns.«
Stalingrad wurde im Krieg vollständig dem Erdboden gleichgemacht. Inzwischen ist die Stadt wieder aufgebaut, aber nicht im alten Stil und daher ohne rechtes Leben. Das berühmte Denkmal ist eine gigantische Anlage. Die Halle darunter, unter der Erde, ist noch eindrucksvoller als die riesenhafte Statue. Es wirkte auf mich wie ein übergroßes Grab.
Dort und überall in Russland hatte ich nie den Eindruck, dass bei den Menschen feindselige Gefühle vorhanden waren. Im Gegenteil. Das gemeinsame Leid hat zwischen Deutschen und Russen ein Gefühl der Verbundenheit hervorgerufen. »Euch ist es genauso gegangen, ihr konntet es auch nicht ändern.« Oder: »Ihr habt ebenso leiden müssen wie wir.« Diese Worte hörte ich oft. Niemals aber eine deutschfeindliche Äußerung.
Ich empfand deshalb für die Russen ähnliche Gefühle in Zusammenhang mit der »Wende«: Unter größten Opfern hatte die Rote Armee den Sieg über Hitler-Deutschland errungen und musste sich Jahrzehnte später, nach der Wende, aus Deutschland zurückziehen.
Mein Kopf war voll bedrückender Empfindungen, als wir die Leinen an der Brücke des Klubs in Wolgograd loswarfen. Ein Ausgleich für die trüben Gedanken an Millionen von Toten auf den Schlachtfeldern war die herrliche Natur. Das riesige Stauwerk oberhalb Wolgograd ist das letzte in der Wolga. Danach fließt der große Strom frei durch die Landschaft, unberührt von Industrie oder Straßenbauten. Die Wolga ist auf ihren letzten 600 Kilometern zu mächtig, als dass man sie hätte zähmen können.
Wir ließen uns auf der kilometerbreiten Wasserfläche dahingleiten, zwischen Wäldern zunächst und später nur noch zwischen riesigen Sandbänken. Es war zauberhaft, wenn die blutrote Sonne hinter den endlosen Dünen unterging! Nach Tagen der Einsamkeit im Stromdelta wurden Häuser sichtbar. Wir näherten uns einer Stadt, sahen Menschen an den Ufern. Sie genossen Freizeit in Zelten und badeten an den Stränden: Wir hatten Astrachan erreicht, den großen Hafen am Kaspischen Meer, die letzte Bastion Europas, denn auf der anderen Seite des Meeres beginnt Asien.
Astrachan ist eine der schönsten Städte Russlands, sauber und gepflegt. Ein gut erhaltener Wall, der Kreml, liegt im Zentrum der Innenstadt. Dort fanden wir erstklassige Geschäfte, es herrschte rege Betriebsamkeit. Leider blieben uns nur fünf Tage, um das romantische, gut erhaltene Astrachan zu erkunden, denn wir hatten einen gewaltigen Umweg auf uns genommen. Nun mussten wir die Wolga stromaufwärts zurückfahren, um bei Wolgograd in den Verbindungskanal zum Don einzusteuern.
Ich hatte die Fahrzeiten genau berechnet. Wenn wir unsere Planung einhielten, würden wir einen Tag vor Ablauf des Visums im Grenzhafen Taganrog am Asowschen Meer eintreffen. Nicht ohne eine gewisse Wehmut sah ich dem Ende unseres Russlandabenteuers entgegen, aber es war nicht möglich gewesen, Visa für mehr als drei Monate zu bekommen. Nun ging es um Stunden, wenn wir die Zeit einhalten wollten – und da geschah es! Einen Tag vor dem Ende der Fahrt, vor der Mündung des Don, versagte die Motorkühlung.
Schlamm war auf flachem Wasser ins Kühlsystem

In meinem neuesten Buch »Unter falscher Flagge« schilderte ich die Schwierigkeiten, die wir in Russland zu bewältigen hatten – und die wunderbare Gastfreundschaft der russischen Menschen.

gesaugt worden, und es gelang mir nicht, die Anlage auszuwaschen. Einen Tag lang versuchte ich verzweifelt, das System zu reinigen – vergeblich! Wir brauchten jetzt Fachleute, Mechaniker. Wir hatten an der privaten Brücke eines Geschäftsmanns festgemacht und baten ihn um Rat und Hilfe. Und wieder geschah ein Wunder der Gastfreundschaft wie man es wohl nur in Russland erleben kann. Igor, der Geschäftsmann, fuhr mit Angelika nach Rostow und alarmierte dort eine Bootsfirma. Die Ingenieure waren mit Reparaturen in der Werksatt beschäftigt, versprachen aber, am selben Abend noch in das 80 Kilometer entfernte Dorf am Don zu kommen, wo wir lagen. Ich glaubte nicht, dass sie die Fahrt wirklich auf sich nehmen würden.

Aber – ich konnte es kaum fassen – gegen Mitternacht traf ein Pkw mit zwei Mechanikern ein, und innerhalb einer Stunde hatten sie das mit Schlamm verstopfte Rohr ausgespült und gereinigt. Als sich die Männer um ein Uhr früh verabschiedeten, bat ich um die Rechnung. »Ach, geben Sie uns, was Sie meinen, wir haben jetzt sowieso in unserer Freizeit gearbeitet.« Wo in der Welt könnte man so etwas erleben? Ich hätte ihnen um den Hals fallen können vor Dankbarkeit, denn nun konnten wir am Morgen pünktlich starten und erreichten den Zollhafen rechtzeitig zum Termin.

Aber uns erwartete ein neuer Schreck. Sascha kam bleich aus dem Zollbüro zurück. Unser Flaggenschwindel war offenbar geworden! Wir hatten keine Papiere von der Einreise, denn da waren wir als deutsche Yacht angekommen, und Tatiana hatte die Dokumente behalten. Jetzt war guter Rat teuer. Das Boot kam offensichtlich aus Deutschland und war nicht verzollt!

Der Chef wollte nun eine horrende Summe als nachträglichen Zoll kassieren. Das wäre sogar rechtens gewesen, denn wir hatten ja unser Schiff offiziell an einen Russen verkauft! Aber nach langer Verhandlung mit Sascha erlaubten uns die freundlichen Beamten, in der Nacht ohne Zahlung auf die offene See hinauszusteuern.

Hier und überall erlebten wir eine Gastfreundschaft, wie ich sie in keinem anderen Land der Welt jemals angetroffen habe! Wenn ich zurückdenke, so wird mir klar, dass wir überall, an jedem Liegeplatz, in jedem Klub und ebenso in Kirchen und Klöstern Einladungen und Auskünfte, in schwieriger Lage auch Unterstützung erhalten haben.

Angelika war vielleicht noch begeisterter als ich über das Verhalten der Russen und versorgte unsere beiden Freunde an Bord, Steuermann Ed und Kameramann Alexander, nach bestem Können. Um den Erfolg der Unternehmung zu sichern, war ihr keine Aufgabe zu mühsam, keine Arbeit zu schwer. Ob es galt, Ed und mich bei Nachtwachen abzulösen oder bei großer Hitze das Ruder zu führen – sie erlaubte sich niemals, müde zu sein, war immer einsatzbereit. Kurzum, ich hatte in ihr eine Frau und Gefährtin gefunden, von der ich als junger Mann nicht einmal zu träumen gewagt hätte.

Bei unserem Erfolg war auch viel Glück im Spiel, und ich wusste wohl, es hätte oft auch anders ausgehen können. Wir beide zusammen vollbrachten aber letztlich eine Leistung, die uns an Ziele führte, die noch kein anderes Sportboot je erreicht hatte. Für mich war es eine Sensation, als uns ein Journalist aus Kasan einmal schrieb, dass wir seit zweihundert Jahren die ersten deutschen Besucher waren, die nach Kasan gekommen seien! Der Aufenthalt dort und die Besichtigung der Universität, in der schon Alexander von Humboldt gewirkt hatte, waren Höhepunkte meines Lebens.

Deshalb denke ich mit großer Dankbarkeit an die Jahrzehnte meiner Abenteuer zurück, und es steht für mich fest, dass die Fahrten in Europa mit den Motorkreuzern das Erlebnis meiner jahrelangen Weltumsegelungen in idealer Weise ergänzt und abgerundet haben.

Freunde über Rollo Gebhard

Sigmar Solbach

Was wäre die deutsche Fahrtensegler-Szene ohne Rollo Gebhard? Mich jedenfalls hat er infiziert und ich bin immer noch von dem Virus befallen. Dafür bin ich ihm von ganzem Herzen dankbar. Schon seine ersten Bücher habe ich verschlungen und mich auf die »wahren« Planken geträumt, die das Leben bedeuten.

Beim Träumen ist es Gott sei Dank nicht geblieben und das Fahrtensegeln ist zu einem festen Teil meines Lebens, zu einer – meine Frau wird das verstehen – echten Passion geworden.

Als ich Rollo dann persönlich kennen lernen durfte, habe ich etwas von der Kraft gespürt , die ihn befähigt, alle diese außergewöhnlichen Taten zu vollbringen und seine Visionen Realität werden zu lassen.

Dass z. B. die Treibnetzfischerei nun endlich weitgehend verboten und geächtet sein wird, ist eines seiner großen Verdienste. Dafür sind ihm sicherlich auch die Delfine, Meeresschildkröten und viele andere Meeresbewohner von ganzem Herzen dankbar.

München, im November 2004

TV-Star Sigmar Solbach unterstützt die »Gesellschaft zur Rettung der Delphine« mit ganzem Herzen.

Rettet die Delphine
ROLLO GEBHARD

Zeittafel

7.7.1921	Geburt in Salzburg
1927–1939	Schulzeit in Bern und Dresden, Abitur am Vitzthumschen Gymnasium
1939–1945	Im 2. Weltkrieg als Soldat in Bulgarien, Rumänien, Russland, Kroatien und Kärnten
1946–1967	Schauspieler am Kleinen Theater in Garmisch-Partenkirchen
1948	Heirat
1948–1949	Hotelfachschule Kermes/München
1948–1970	Inhaber eines Schallplatten-geschäfts in Garmisch-Partenkirchen
1954	Tod der Ehefrau Hildegard
1958/59	Erste größere Segelfahrten auf der Adria
1960/61	Mit 5 m langer Hansa-Jolle SOLVEIG (5,50 m) erste Alleinfahrt von Italien nach Tunesien, Libyen und Ägypten durch das Rote Meer nach Aden. Piratenüberfall im Jemen
1962	Mit 5,60 m Caprice (Sperrholz) SOLVEIG II nach Griechenland
1963/64	Erste Atlantiküberquerung allein mit Caprice SOLVEIG II nach New York (12 000 km)
1967–1970	Erste Weltumsegelung allein (60 000 km) mit SOLVEIG III (7,30 m), Typ Condor der Stöberl-Werft
1971–1974	Verkauf von Haus und Geschäft, Vorbereitung der 2. Weltumsegelung
1975–1979	2. Weltumsegelung allein (80 000 km) mit SOLVEIG III auf neuer Route

1980/81 Erste Bücher »Ein Mann und sein Boot«, inzwischen 8. Auflage, und »Seefieber«

1982/83 Vorbereitung der 3. Weltumsegelung mit Angelika Zilcher

1983–1991 3. Weltumsegelung (120 000 km) mit Angelika Zilcher auf Solveig iv (12,80 m), Typ Hallberg Rassy, sportlicher Höhepunkt: 6 Monate nonstop von Australien nach Europa – 30 000 km auf See ohne einen Hafen anzulaufen

1991 Gründung des gemeinnützigen Vereins »Gesellschaft zur Rettung der Delphine« mit dem Ziel, den Fischfang mit Treibnetzen weltweit zu bekämpfen

1992 Vorbereitung einer Fahrt durch die Gewässer der neuen Bundesländer

1993 Mit Solveig v (10,30 m), Typ Linssen Sturdy 36, 2000 km über Flüsse, Seen und Kanäle zwischen Elbe und Oder

1995/96 Mit Solveig v 5000 km durch die Gewässer Nordeuropas von Paris nach St. Petersburg

1998/99 Mit Solveig vii, Typ Linssen Sturdy 400, über 9 Donauländer ins Schwarze Meer zu den Küsten der Ukraine, Russlands und der Türkei

2001 Mit Solveig vii von der Ostsee bis zum Schwarzen Meer, Erstbefahrung quer durch Russland bis zum Kaspischen Meer unter russischer Flagge und mit russischer Registrierung

2002 Mit Solveig vii von Istanbul über Kreta, Tunesien, Korsika nach Marseille

2003 Mit Solveig vii von Marseille die Rhone aufwärts nach Deutschland, Gesamtstrecke Russland/Europaumrundung: 14 500 km

Auf dem Wasser zurückgelegte Strecke seit 1960: 300 000 km

Auszeichnungen

1963 Barbados	Ehrenmitglied Royal Barbados Yacht Club
1970 Garmisch-Partenkirchen	Goldene Plakette des Olympischen Komitees
1970 Hamburg	Goldene Medaille der Kreuzerabteilung des DSV
1970 Garmisch-Partenkirchen	Goldene Plakette der Gemeinde Garmisch-Partenkirchen
1970 Seeshaupt	Ehrenmitglied Y.C.S. Seeshaupt
1970 Starnberg	Goldene Ehrennadel Stadt Starnberg
1970 Starnberg	Ehrenmitglied S. C.W. Starnberg
1970 Cuxhaven	Ehrenmitglied Trans-Ocean
1970 Cuxhaven	Trans-Ocean Medaille
1971 Cuxhaven	Ehrenmitglied S.V.C. Cuxhaven
1972 Cuxhaven	Silberne Ehrennadel S.V.C.
1972 München	Ehrennadel der Stadt München
1983 München–New York	Bundesverdienstkreuz am Bande
1991 Cuxhaven	Goldener Globus Trans Ocean anlässlich der Nonstop-Fahrt mit Angelika
1992 Bremen	Goldener Kompass Segelkameradschaft
1992 Cuxhaven	Trans-Ocean Preis 1991
1995 Cuxhaven	Silberne Ehrennadel Trans-Ocean

Danksagungen

Während meiner drei Weltumsegelungen, bei ihrer Vorbereitung und während der 16 Jahre, die ich auf den Ozeanen und fernen Meeren gesegelt bin, haben sich zahlreiche Freunde und Bekannte darum bemüht, meine persönlichen Angelegenheiten in guter Ordnung zu halten. Sie sorgten auch dafür, dass ich an Bord lebenswichtige Ausrüstung und Informationen erhielt. Ohne ihre ständige Wachsamkeit und Unterstützung hätte ich meine weiten Fahrten niemals so erfolgreich durchführen und beenden können. Ihnen allen möchte ich anlässlich meines Rückblickes auf interessante, schwere, aber oft auch erfolgreiche Jahre meines Lebens von Herzen danken.

In diesem Sinne möchte ich ganz besonders meinem Freund und Vertrauten Michael Lorenz danken, der meinen Lebensweg seit vielen Jahren begleitet hat. Er half mir, einen festen Fuß in der Heimat zu behalten, und bei der Heimkehr war er sogleich zur Stelle, um einen reibungslosen Ablauf der oft aufwändigen Empfänge zu sichern.

Als ich meine ersten Boote auf dem Starnberger See besaß, waren es die Herren Wiesner als Geschäftsführer der Werft Rambeck und der Präsident der S.C.W., Max Voigt, die meine Begeisterung für den Segelsport in jeder Weise unterstützten und förderten. Als später Anton Dreher, sein Erbe, die Werft Rambeck übernahm, bemühte er sich ebenfalls, meine Belange bei seiner Werft in Starnberg und im Bereich der Deutschen Schiffbauer zu fördern.

Intendant Fritz Rohrbeck und Oskar von Schab waren mir Vorbilder und Lehrer am Theater, denen ich den Sprung vom Geschäftsmann zum Schauspieler zu verdanken hatte. Am Anfang meiner Laufbahn als Filmemacher war es Professor Dr. Ernst Häckel, Leiter der VHS in Garmisch, der meine beruflichen Möglichkeiten als Vortragender erkannte und viele erfolgreiche Veranstaltungen im In- und Ausland vorbereitete. Dem durch seine witzigen und geistreichen Cartoons weltbekannt gewordenen Künstler Tomi Ungerer verdanke ich die Einladung nach New York, eine der wichtigsten Stationen meiner seglerischen Laufbahn.

Helmut Stöberl und die Männer seiner Werft schufen mir ein hervorragendes Boot zu einem Preis, den ich gerade noch aufbringen konnte. Während meiner Weltumsegelungen waren es dann Freundin Birgitta Lundholm und später meine Lebensgefährtin Sigrun Preiss, die mich in einigen der entlegensten Häfen der Welt besuchten und mich mit »Nachschub« an Ersatzteilen und Filmmaterial versorgten.

Danach setzte sich Filmproduzent Heinz Bibo mit großer Begeisterung für eine Zusammenarbeit mit dem ZDF ein und schuf die großen Filme über meine Weltumsegelungen. Er brachte die Wende in mein Leben, und ihm gebührt daher mein ganz besonderer Dank!

Commodore Helmut Bellmer nahm mich mit Freude als Ehrenmitglied in den damals neu gegründeten Verein der Weltumsegler »Trans Ocean« auf und sorgte später dafür, dass SOLVEIG III einen ehrenhaften Platz im Deutschen Schifffahrtsmuseum in Bremerhaven fand. Danke dir, Helmut!

Den bekannten Moderatoren Dieter Kürten (ZDF-Sportstudio) und Herbert Fricke (NDR Hamburger Hafenkonzert) verdanke ich wun-

derbare Gespräche vor Mikrofon und Kamera und damit einen immer größer gewordenen Freundeskreis.
Hans Otto Schümann ehrte mich nach der ersten Weltumsegelung mit einer goldenen Plakette des DSV und bot mir ein Zimmer in seiner Wohnung, damit ich nach drei Jahren auf See endlich wieder eine Nacht an Land schlafen konnte.
Für meine Bücher setzten sich die Verleger Herbert Fleissner, Konrad Delius und Heinz Müller-Crépon mit viel Begeisterung ein, und an ihrer inhaltlichen Gestaltung arbeiteten die Lektorinnen Elisabeth Blay und Jutta Wannenmacher verständnisvoll mit mir zusammen. Auch ihnen sei an dieser Stelle sehr herzlich gedankt.
In Südafrika, den USA und später auch am Rhein betreute mich in freundschaftlicher Weise Legationsrat Hermann Frömbling. Ihm danke ich für tatkräftige Hilfe im Ausland. Während meiner Vortragreisen war es Hermann Fröschl, der sich um die schönsten Säle und vor allem darum bemühte, sie mit Besuchern zu füllen. Seinem Organisationstalent verdanke ich einen großen Teil der Vortragserfolge.
Schulkamerad Felix Heidenberger aus Dresden verhalf mir zu stimmungsvollen Filmszenen von Dresden und der Mark Brandenburg, und Klassenkamerad Dieter Elfreich, wohl mein ältester Freund, übernahm das Lektorat für mein Buch über die unvergessliche Fahrt. Danke dir, Dieter!
Helmuth und Anne Hörmann segelten gleichzeitig mit mir von Malaga nach Panama und bis Tahiti. Dort beendeten sie ihre Weltumsegelung. Wir trafen uns erst wieder, als ich Jahre später mit Angelika um die Welt segelte. Sie öffneten uns Wege und Türen auf Moorea. Seither blieben wir in Verbindung, auch als sie von Tahiti nach Neuseeland »auswanderten«. Macht es weiter so gut, Anne und Helmuth!
Herrn Rassy verdanke ich eine hervorragende HR 42, die er mir zuverlässig für die dritte Weltumsegelung baute und in Tahiti sogar eine vollständige Überholung ermöglichte.
Die neue Episode meines Lebens , unsere traumhaft schönen Fahrten auf den europäischen Meeren und Binnengewässern, das ganz große Abenteuer Russland auf Wolga und Don zu erleben, dazu verhalfen uns unsere Freunde in Holland, die Brüder Jos, Peter und Harry Linssen. Sie konstruierten und vollendeten SOLVEIG V und SOLVEIG VII, die beiden Sturdy Motorkreuzer, hochklassige Boote aus Stahl mit optimaler Einrichtung und Ausrüstung für lange Fahrten über See und auf den großen Strömen Europas: Allein 15 000 Kilometer waren es über die Ostsee und auf Wolga und Don bis zum Schwarzen Meer! 15 000 Kilometer fuhren wir auf dieser Reise ohne eine einzige Panne rund Europa. Ich danke der ganzen Familie Linssen und ihren Mitarbeitern in der großartigen Werft.
Schauspieler Sigmar Solbach trug in beispielhafter Weise dazu bei, die »Gesellschaft zur Rettung der Delphine« aufzubauen und zu festigen. Unser Freund Volker Kirchgeorg begleitete uns auf der Donau in den nach der Wende wieder zugänglich gewordenen Osten Europas und half uns danach unter großem Einsatz bei der Absicherung unserer Russland-Unternehmung. Durch seine Hilfe wurde diese Reise zu unserem bedeutendsten Abenteuer nach der Weltumsegelung. Ganz besonderen Anteil an den gemeinsamen Unternehmungen von Angelika und mir nahm immer meine Schwiegermutter Ilse Zilcher, die ohne Klagen auf unserer fast siebenjährigen Weltumsegelung in Gedanken dabei war und danach bei allen späteren Fahrten als Betreuerin, vor allem aber als heimatlicher Stützpunkt und Verbindungsstelle unersetzliche Hilfe leistete. Danke dir, Ille!
Zu guter Letzt möchte ich mich von ganzem Herzen bei allen Delfinfreunden bedanken, die seit der Gründung der »Gesellschaft zur Rettung der Delphine« dazu beitragen, das Überleben der Meeresgeschöpfe zu sichern.

1993

Mit Motorkreuzer Solveig v in die neuen Bundesländer

Über Elbe, Havel, Oder und Ostsee nach Dresden, Berlin, Stettin, Stralsund, Rügen, Lübeck, Papenburg

Strecke: 1800 km

1995/96

Mit Solveig v in die Metropolen Europas

Köln, Paris, London, Amsterdam, Hamburg, Kopenhagen, Stockholm, Helsinki, Sankt Petersburg, Lübeck

Strecke: 7000 km

1998/99

Donau – Schwarzes Meer mit Solveig vii

Typ Linssen Sturdy 400

Von Maasbracht über Ems-Rhein-Main-Donaukanal nach Regensburg. Start zur großen Osteuropa-Fahrt in Regensburg.
Nach Wien, Budapest, Belgrad, Eisernes Tor, dann: Als erstes Boot nach Izmali zur ukrainischen Mündung der Donau in das Schwarze Meer. Dann Sewastopol, Jalta, Feodosia, Sewastopol. Istanbul (Winter 1998/99), Fortsetzung nach Sewastopol, Jalta, Feodosia, Ketsch, Novorossisk, Sochi, Sinop, Amasra, Istanbul.
1999 als Decksladung nach Rotterdam und Maasbracht.

Strecke: 4200 km

2001-2003

Rund Europa 2001-2003 mit Solveig vii

2001 Als erstes Boot der Welt auf Wolga und Don von Sankt Petersburg bis Moskau und Astrachan am Kaspischen Meer.

2002 Marmara-Meer, Ägäis, Kreta, Malta, Tunis, Sardinien, Korsika, Port Napoleon/ Marseille (Winter 2002/03).

2003 Auf Rhône und Saone in die Mosel und in den Rhein, durch den Mittellandkanal nach Hamburg und Papenburg.

Strecke: 14 500 km

Film und Fernsehen

Vortragsfilme

Gewässer ohne Grenzen · Freiheit auf dem Wasser
Blaue Donau – Schwarzes Meer · Zauber der Wolga

Fernsehsendungen

Solveigs Heimkehr *BR*
Kurs Abenteuer *(dreiteilige Serie) BR*
Zauber der Wolga *(fünfteilige Serie) BR*
Unter falscher Flagge *(zweiteilige Serie) BR*